청삼아동연구시리즈 ⑳

전통유아놀이의 연구와 실제

이기숙 정미라 엄정애 지음

창지사

머리말

전통놀이는 각 민족의 문화와 전통을 지니고 있으며, 민족의 고유한 정신을 지니고 있으므로 국가나 민족은 자신들의 전통놀이를 연구하고 보존하여 어린 세대에게 전수하는 일을 국가의 중대한 과제로 여기고 있다. 특히 글로벌 사회에서는 각국의 문화적 전통과 뿌리를 찾고 가꾸는 일이야말로 민족의 정통성과 문화적 주체성의 기초가 되므로 자국의 고유 문화를 보전하고 전파하는 일의 중요성을 더욱 강조하고 있다.

우리나라 전통사회에서 이루어졌던 유아를 위한 놀이는 농경의례와 관련된 세시풍속뿐만 아니라 우리 민족 고유의 삶의 양식과 생활양식을 반영하는 육아법이나 양육 태도를 함축하고 있다. 따라서 유아교육 현장에서 전통놀이를 실시하는 것은 유아들의 신체 및 인지, 언어, 사회성 발달을 도모할 뿐만 아니라 전통문화를 배울 수 있는 기회를 제공해 주기 때문에 매우 중요하다. 이와 같이 전통놀이가 문화적 교육적으로 가치가 있음에도 불구하고 우리나라에서는 20세기 초 시작된 일제 식민지 지배의 영향으로 우리 전통놀이가 일본이나 서구사회의 놀이로 대체되어 명맥을 유지하기가 힘들었다. 그 결과 우리 놀이의 문화적 정체성이 흔들리게 되었으며, 전통문화와의 단절 문제까지 대두되고 있다. 따라서 단절되었던 놀이문화의 맥을 이어 그 동안 상실되었던 민족정서를 맛볼 수 있도록 유아교육 현장에서 전통놀이를 활성화할 필요가 있다. 이에 국가 차원에서는 물론 시도 교육청을 중심으로 그 동안 유치원 교육과정에 우리 전통문화와 놀이를 반영하여 놀이를 통한 '민족적 정서 함양'과 '전통둔화의 재창조'를 도모하기 위한 시범 프로그램 발표나 연구 개발 등의 작업이 지속적으로 이루어졌다. 그러나 아직 우리나라 유아교육 현장에서 이루어지는 전통놀이는 연중 실시하기보다는 "우리나라"라는 생활주제를 통해 특정 기간에만 실시하는 경향이 있으므로 이를 연중 이루어지는 모든 생활주제와 연계하여 보편화시킬 필요가 있다.

이에 본 저자들은 청삼아동문제연구소의 지원을 받아 전국 단위의 교사를 대상으로 전통놀이의 실시 현황과 그에 대한 교사의 인식을 조사하였다. 그 동안 우리나라 전통놀이의 특성을 이해하고 이웃 나라와 비교하기 위해 일본을 방문하여 일본과 한국의 전통놀이의 실시 현황과 놀이 형태를 비교하면서 우리의 전통놀이를 더욱 정확하게 이해할 수 있게 되었다. 이를 통해 나온 한 · 일 전통놀이 비교 연구물은 『유아교육연구』 26권 3호(2006)에 「한국과 일본 유치원 · 보육시설에서의 전통유아놀이 비교 연구」(이기숙, 정미라, 엄정애)로 발표하였으며, 이는 참고를 위해서 본고의 부록에 수록하였다. 일본에서의 전통놀이 연구 결과는 『교육과학연구』 38권 2호(2007)에 「일본의 유치원 · 보육소의 전통놀이 실시 현황 및 유아교사의 인식 조사 연구」(丸武臣, 丹羽孝, 勅使千)로 발표하였다.

이러한 자료를 기초로 이 책에서는 유아교육 현장에서 흔히 실천되고 있는 전통유아놀이들을 선별하여 각 놀이의 의미와 방법들을 상세히 소개하였다. 이 책을 펴내면서 저자들은 전통놀이가 어제의 놀이가 아니라 바로 오늘, 현대사회에서 필요한 정신과 연관된 민족적 의식이 스며든 놀이라는 법칙을 확인하고, 전통은 불변하는 것이 아니라 역사 발전과 함께 변하고 발전하는 것이며, 어제를 바탕으로 오늘에 재창출해 내는 것임을 확인하게 되었다. 이런 소중한 의미가 있는 전통놀이를 생활 속에서 실천하려는 유아교사는 물론 자녀를 기르는 부모들에게 작은 지침이 되고자 이 책을 펴내게 되었다.

이 책이 나오는 과정에서 많은 분들의 도움과 지원이 있었다. 특히 일본의 전통문화를 이해하고 비교할 수 있는 기회를 준 니와 선생님, 테시 선생님께 감사를 드린다. 또한 많은 자료 수집과 정리를 맡아 준 고은님 박사와 삽화를 그려 준 정은숙 선생에게도 고마운 마음을 전한다. 그러나 무엇보다 이런 작업이 이루어질 수 있도록 지원해 주신 청삼아동문제연구소 최완영 소장님께 감사를 드린다.

2010년 3월

지은이들이

contents

차 례

머리말

제1부 전통유아놀이 연구

Ⅰ. 서 론 11

1. 연구의 필요성 11
2. 연구 목적 및 연구 문제 14

Ⅱ. 전통놀이와 유아교육 15

1. 전통문화와 전통놀이 15
2. 전통유아놀이와 유아교육 18
   1) 전통유아놀이 18
   2) 전통유아놀이의 가치 27
3. 관련 연구 29
   1) 전통유아놀이 연구 29
   2) 유아교육 현장에서의 전통놀이에 대한 연구 32
      (1) 유아교육기관에서의 전통놀이 활용 현황 32
      (2) 전통놀이에 대한 교사 부모 유아의 인식 34
   3) 전통놀이가 유아에게 미치는 효과 검증에 관한 연구 36
      (1) 전통놀이와 유아의 사회 · 정서 발달에 관한 연구 36
      (2) 전통놀이와 유아의 창의성 발달 연구 37
      (3) 전통놀이와 유아의 언어 발달 연구 38
      (4) 전통놀이와 유아의 인지 발달 연구 38
      (5) 전통놀이와 유아의 신체 발달 연구 39

Ⅲ. 연구 방법 40

1. 연구 대상 40
2. 연구 도구 44
3. 연구 절차 46
   1) 문헌 조사 및 전문가협의회 46
   2) 설문지 조사 46
   3) 연구 결과 분석 46

Ⅳ. 연구 결과 47

1. 선정된 62종 전통유아놀이 실시 여부 47
   1) 유치원 소재지에 따른 전통유아놀이 실시 여부 현황 52
   2) 유치원 설립 유형별 전통유아놀이 실시 현황 65
   3) 담당 유아 연령별 전통유아놀이 실시 현황 68
2. 전통유아놀이 운영 현황 70
   1) 전통유아놀이 운영 여부 70
   2) 전통유아놀이를 운영하지 않는 이유 71
   3) 전통유아놀이를 실시하게 된 동기 72
   4) 전통유아놀이를 계획할 때 참고하는 자료 74
   5) 전통유아놀이를 교육과정에 포함시키는 시기 76
   6) 전통유아놀이를 유치원 교육과정에 도입하는 방법 78
   7) 전통유아놀이 지도 방법 79
   8) 전통유아놀이 도구 준비 방법 81
   9) 전통유아놀이에 대한 유아들의 전반적인 반응 83
   10) 전통유아놀이를 알게 된 동기 84
3. 전통유아놀이에 대한 교사의 인식 86
   1) 전통유아놀이에 대한 교사의 관심 86
   2) 전통유아놀이를 교육과정에 포함시키는 것에 대한 태도 88
   3) 전통유아놀이가 교육과정에 포함되는 것이 필요하다고 생각하는 이유 89
   4) 전통유아놀이를 교육과정에 포함시키는 시기 92

5) 전통유아놀이를 교육과정에 도입하는 방법 94
6) 전통유아놀이 지도 방법에 대한 태도 95
7) 전통유아놀이를 교육과정에 적용할 때 느끼는 어려운 점 97
8) 전통유아놀이의 활용 및 보급을 위해 필요한 것 99

V. 논의 및 결론 102

1. 전통유아놀이 실시 현황 102
1) 선정한 전통유아놀이의 실시 현황 102
2) 전통유아놀이 운영 현황 105

2. 전통유아놀이 실시에 대한 교사의 인식 108

참고문헌 115

제2부 전통유아놀이의 실제

1. 공기놀이 121
2. 그림자놀이 123
3. 꼬리잡기 125
4. 눈싸움 127
5. 닭싸움 129
6. 대문놀이 131
7. 봉사놀이 133
8. 소꿉놀이 135
9. 숨바꼭질 136
10. 술래잡기 138
11. 씨름 140
12. 제기차기 143
13. 줄넘기 145
14. 팔랑개비놀이 147

15. 팔씨름 149
16. 팽이치기 151
17. 강강술래 153
18. 실뜨기 155
19. 무궁화 157
20. 수건돌리기 159
21. 여우야 여우야 161
22. 꽃잡기놀이 163
23. 과녁맞히기 165
24. 그네뛰기 167
25. 두꺼비집짓기 169
26. 비석치기 171
27. 윷놀이 173
28. 줄다리기 175
29. 칠교놀이 177
30. 투호놀이 179
31. 탈놀이 181

참고문헌 183

부 록

부록 1 전통유아놀이 실시 현황 및 교사의 인식에 대한 설문지 187

부록 2 한국과 일본 유치원 · 보육시설에서의 전통유아놀이 비교 연구 198

제1부

전통유아놀이 연구

I 서론

II 전통놀이와 유아교육

III 연구 방법

IV 연구 결과

V 논의 및 결론

Ⅰ. 서론

1 연구의 필요성

인간의 삶은 놀이에서 출발한다. 그 인간이 속한 집단의 문화는 놀이행위를 통해 규정된다. 조경만(1989)은 놀이란 주변세계를 문화화하는 기제이며, 사람은 역으로 문화에 의해 '놀아진다'라고 표현했다. 따라서 사람들은 당대에까지 형성되어 온 문화가 제공하는 바에 따라 놀이를 하며, 그 놀이 속에서 당대의 문화적 가치와 규범을 수용해 나간다. 수용된 문화적 가치와 규범은 사람의 활동과 사고의 방향에 영향을 주며, 이 사고의 주체인 사람을 통해 새로운 문화로 형성되어 가도록 하는 동인이 된다. 처음에는 문화가 놀이를 통해서 생겨나지만 일단 생기면 문화가 놀이에 영향을 미치고(Huizinga, 1993; Roopnarine, Johnson & Hooper, 1994), 그 다음은 놀이가 문화를 창조, 변화시킨다(Harris, 1981). 즉, 전통놀이는 세계, 인간, 문화를 연결 짓는 고리인 것이다.

민족 고유의 전통놀이는 그 민족 고유으 문화와 전통을 지니고 있으며, 민족의 고유한 정신을 지니고 있기 때문에 자신들의 고유한 전통놀이를 연구하고 보존하여 새로운 어린 세대에게 널리 활용하는 일을 중대한 국가 과제로 여기고 있다. 즉, 전통놀이란 옛날부터 일반적으로 행해지면서 민간에 의해 전승되어 오는 여러 가지 놀이로서, 이를 보존하고 이어가는 것은 조상의 얼과 지혜를 배우고 그 사회집단의 독특한 문화를 계승, 발전시키는 데 있어 매우 중요하다(심우성, 1996; 유안진, 1990; 이은화, 1989; 홍양자, 1997). 특히 사회적 존재인 유아들에게 현재 그들의 삶과 조화를 이룬 형태의 전통놀이를 경험할 수 있는 기회를 제공하고, 이를 통해 우리 민족의 전통적인 가치와 태도를 오늘의 삶 속에서 이어가도록 하는 것은 문화적으로나 교육적으로 매우 큰 의의가 있다고 할 수 있다.

전통놀이가 문화적, 교육적으로 가치를 지니고 있음에도 불구하고, 일제 식민지 시대 이후 우리의 전통놀이는 일본이나 서구 사회의 놀이로 대체되어 명맥을 유지하기가 힘들었다. 21세기 세계화 시대가 열리면서 세계화에 대한 잘못된 인식으로 한국민 스스로 한국 고유의 것을 소중히 여기지 않고 외래의 것을 무조건 받아들여 이에 흡수 또는 동화되려는 경향이 한국 사회에 강하게 대두되면서 우리의 놀이 문화적 정체성이 더욱 흔들리는 가운데 전통문화와의 단절 문제가 심각해졌다.

유아교육자들은 오랫동안 잃어버렸던 놀이 문화의 맥을 찾고 이어 줌으로써 유아들에게 상실된 한겨레 고유의 민족 정서를 맛볼 수 있도록 해 주어야 한다고 하였다(이은화, 홍용희, 조경자, 엄정애, 2001). 이에 최근 유아교육계에서 한국 유아교육의 모습을 정립해 나가야 한다는 반성의 소리가 들려오게 되고, 이를 해결하기 위한 노력도 유아교육 현장 곳곳에서 나타나고 있다. 그 증거로 교육부(1992, 1998)의 유아교육과정 개편 내용에 전통놀이가 소개되면서 현행 교육과정에서도 세계화에 대비한 '전통문화교육의 충실' 을 강조하고 있다. 교육부에서는 1993년 유아교육기관 현장에서 적용 가능한 전통놀이 10가지를 선정하여 이를 교육활동에 어떻게 연결시킬 것인지를 구체적으로 다룬 '유아 전통놀이 교육활동 지도자료' 를 개발하였으며, 1999년에는 '유아를 위한 전통문화 교육활동 지도자료' 를 개발하고 유아교육기관에 배포하였다.

한국 전통놀이에 대한 유아교육계의 학문적 연구는 유안진(1981), 김경희(1987), 이기현(1987), 이경우 · 이은화(1987), 이은화(1989) 등에 의해 1980년대부터 이루어져 왔으나, 이 시대에 이루어진 연구들은 전통놀이의 발달적 가치를 강조한 연구들이 대부분이다. 그 후 신동주(1998)에 의해 전통놀이의 현장 적용을 위한 기초 연구에서 공립 유치원 교사들과 유아를 대상으로 10가지 대표적 전통놀이의 활용 정도를 알아본 연구가 수행되었다. 2001년에는 문헌을 통해 전통 아동 놀이를 체계적으로 정리하고 전통아동놀이의 전반적인 특성과 가치를 구체적으로 분석해 보는 연구가 이은화 외(2001)에 의해 이루어졌다.

전통놀이가 발굴되고, 체계적으로 정리된다고 하더라도 유아교육 현장에서 활용되지 않고, 유아를 지도하는 교사들의 인식이 적극적이지 않다면 전통유아놀이의 활성화는 기대하기 어렵다. 전통놀이와 관련된 유아교육계의 최근 몇몇 연구들(고미순, 2000; 김유희, 2000; 양영미, 2002; 엄정애, 2001; 조기곤, 2001; 홍금연, 2002)은 한국 내에서의 전통유아놀이 적용 실태와 교사의 인식을 살펴보았지만, 몇몇 지역만을 중심으로 하여 부분적으로 파악한 연구들이다. 실제 한국의 유치원 현장에서 전국적으로 전통놀이가 얼마나 가치롭게 여겨지고 활용되고 있는지, 어떤 종류의 전통놀이들이 유치원에서 활동되고 한국의 문화 속에서 변화되고 발전되어 왔는지, 또 유치원 교사들이 전통유아놀이에 대해 어떠한 인식을 가지고 지도하고 있는지를 전국적으로 보다 심도 있고 체계적으로 분석한 연구는 아직까지 찾아보기 어렵다. 또한 전통놀이의 특성을 분석한 연구(이은화 외, 2001)에 의하면 우리나라의 전통놀이는 지역별로 놀이의 명칭이나 방법이 다양하다고 밝혀지고 있으며, 전통놀이의 중요성을 강조하고 있는 유치원 교육과정의 지침을 유치원 교육에 적용함에 있어서 공사립 유치원이 다를 수 있다. 따라서 전통유아놀이의 적용 실태가 우리나라 16개 시 · 도 지역별, 공 · 사립 유형별로, 담당하는 유아 연령에 따라 어떤 차이가 있는지를 살펴볼 필요가 있다. 유치원에서 행해지고 있는 전통유아놀이에 대한 교사의 인식의 경우에는 교사들의 학력과 경력에 따라 인식에 차이가 있을 수 있다. 전통유아놀이의 적용에 있어서 지역적 특색이 나타날 것이라고 유추해 볼 수 있다. 또 우리나라 대부분의 전통놀이는 규칙 있는 게임으로 집단놀이가 많기 때문에(이은화 외, 2001), 담당 유아의 연령이 어린 경우에 전통놀이 적용에 있어 어려운 점이 많을 것임을 예측해 볼 수 있다.

이에 본 연구에서는 전국 유치원에서 행해져 온 전통유아놀이의 현황을 파악해 보고, 그 현황이 전국 16개 시 · 도 지역별, 기관 설립 유형별, 유아의 연령별로 어떠한 차이를 보이는지를 알아보고자 한다. 더불어 현장의 교사들이 전통유아놀이에 대해 어떠한 인식을 가지고 있는지, 이러한 인식이 교사의 경력, 학력에 따라 차이가 있는지를 조사해 보고자 한다.

2 연구 목적 및 연구 문제

본 연구는 우리나라 전통유아놀이의 적용 실태와 교사들의 인식을 조사하고, 이를 기초로 전통유아놀이 문화를 발전시키는 방안을 제시하고자 한다.

본 연구는 다음과 같은 연구 문제를 선정하였다.

첫째, 유치원에서 행해져 온 한국의 전통유아놀이 현황을 조사한다.

1-1. 유치원에서 행해져 온 전통유아놀이에는 어떤 것들이 있는가? 이는 유치원이 속한 지역과 유치원의 설립 유형에 따라 차이가 있는가?

1-2. 유치원에서의 전통유아놀이 적용 실태는 어떠한가? 이는 유치원이 속한 지역과 유치원의 설립 유형, 유아의 연령에 따라 차이가 있는가?

둘째, 한국의 전통유아놀이에 대한 유치원 교사들의 인식을 조사한다.

2-1. 전통유아놀이의 교육적 가치에 대한 유치원 교사들의 인식은 어떠한가? 이는 유치원 교사의 학력, 경력에 따라 차이가 있는가?

2-2. 전통유아놀이의 중요성에 대한 유치원 교사들의 인식은 어떠한가? 이는 유치원 교사의 학력, 경력에 따라 차이가 있는가?

2-3. 유치원 교사들이 전통유아놀이를 교육과정에 적용할 때 느끼는 어려운 점과 해결 방안은 무엇인가? 이는 유치원 교사의 학력, 경력에 따라 차이가 있는가?

Ⅱ. 전통놀이와 유아교육

1 전통문화와 전통놀이

정보통신의 발달과 인터넷의 급속한 팽창으로 전 세계가 한 생활권 내에 움직이고 있다. 이로 인해 각 나라들은 동일한 문화를 경험하게 되면서, 동시에 자신의 민족들이 고유하게 간직하고 있는 전통과 문화에 대한 자국민들의 관심이 높아지고 있다. 우리나라에서도 '가장 한국적인 것이 가장 세계적인 것' 이라는 표어를 가지고 각 지역들이 가지고 있는 고유한 전통문화를 드러내는 각종 축제와 행사를 운영하고 있다. 이는 상업적인 목적 외에 잊혀져 가는 전통문화에 대한 사람들의 관심 표출이라 볼 수 있다.

전통은 '과거로부터 현재에 이르기까지 축적되고 계승되어 온 문화적 유형의 총체' 라고 정의할 수 있다(조난심, 1993). 심우성(1996)에 의하면 민속은 민간의 풍속, 옛날의 풍속이 아니라 자기 생성력으로 오늘의 일상생활 속에까지 살아 있으면서 발전하고 있는 풍속이다. 이에 비해 고전의 자기 생성력은 과거의 어느 시기에 단절되었으며 그 단절된 시기의 형태로 재구성, 보존되고 있는 것이다. 전통은 민속과 고전을 모두 포함하는 것으로, 전통놀이는 전통성, 역사성, 고유성, 지속성을 지니고 있다고 논의된다.

전통놀이는 전통과 문화의 한 영역으로 자리 잡는다. 놀이를 통하여 그 시대의 문화를 파악할 수 있으며, 놀이를 통하여 고유의 문화가 계승되기도 하고 단절되기도 하고 변형되기도 한다(최충환, 이진희, 1999). 놀이는 자발성으로 시작되며 놀이를 행하는 사람들의 정신세계가 반영된다. 곧 놀이는 인간정신의 창조물이다. 따라서 놀이는 내적 동기에서 시작된 것으로, 생활의 이해관계를 떠나 자발적으로 참여하는 무목적적인 활동으로 즐거움과 흥겨움을 갖게 하는 자연스러운 활동이라 하겠다(Huizinga, 1989). 전통놀이도 놀이의 인간정신과 문화를 반영하는 특징을 지니고 있다.

전통놀이란 옛날부터 민간에 의해 전승되며 전통적으로 해마다 행해 오는 향토색 짙은 여러 가지 놀이로서 조상의 슬기와 얼이 담겨 있다(유안진, 1981). 전통놀이는 민간신앙 · 세기풍속 · 구비전승과 맞물려 있으며, 기층문화의 핵심적인 민속요소를 공유하고 있고, 민족 고유의 유형 · 무형의 생활철학이 역사와 문화의 발전과 더불어 생성되고 정제되고 전승되어 왔다. 전통놀이는 그 나라의 지역적 조건과 계절 · 기후의 특수한 조건들이 드러나고, 정신적 · 물질적 · 신체적인 민족의 특징을 반영하며 민중들 사이에서 면면히 이어져 온 놀이라 할 수 있다.

전통놀이는 참여하는 민중의 자발성에 바탕을 두고 형성되었으며(장병동, 임진택, 2001) 민중들에 의해 이끌어지고 발전되어 왔다. 이와 같이 전통놀이는 사회의 특유한 삶과 생활양식에 영향을 받으며 민중들에 의해 끊임없이 변화되어 왔으므로 민족의 지혜와 슬기를 느낄 수 있는 중요한 문화유산이다. 전통놀이는 서로에 대한 화합과 공동체 의식을 고취시키고 신분 구조의 유지와 정착의 수단으로 유지되었으며, 어떤 놀이는 군사적인 목적으로 이용되기도 하였다(교육부, 1993). 우리의 전통놀이에는 우리 민족의 정서가 녹아 있다. 대표적 사상으로 인간존중과 자연경외 사상이다(최충환 외, 1999). 인간존중의 예로는 가족, 혈연 중심의 생활양식과 제례의 중시를 들 수 있다. 인간이 죽은 후 살았을 때와 같이 제례로 지내는 것은 인간존중과 조상숭배의 의식을 드러낸다. 자연경외의 사상은 주변 자연의 요소에서 신적 요소를 찾아내어 제의를 드리는 것에서 나타난다. 고대의 제천의식 때부터 지속적으로 우리의 전통문화와 놀이 속에 내재되어 왔다.

전통놀이의 성격을 종합하여 보면 다음과 같이 정리할 수 있다(이미혜, 박석희, 1996). 첫째, 제의성이다. 주 산업인 농업을 지배하는 신령에게 주술을 베풀고, 제사를 올리고, 풍악을 울려 풍성한 수확을 기원하였다. 천신에게 풍년을 기원하고,

동신에게 마을의 태평을 기원하는 제사를 드린 후 신령과 인간이 한데 어울려 홍겹게 춤을 추고 노래 부르는 잔치에서 전통놀이가 시작되었다. 우리의 고유의 전통놀이는 제의를 위한 전반부와 놀이를 위한 후반부로 나뉜다. 둘째, 향토성이다. 풍농, 풍어, 마을의 태평성대를 기원하는 놀이의 대부분이 향토성이 강하다. 전통놀이를 통하여 지역민 간의 협동심과 고장에 대한 향토심을 불러일으킨다. 놀이는 흥을 돋우는 오락적 요소와 경쟁적 요소로 나뉠 수 있다. 셋째, 예술성이다. 전통놀이를 예술로 바라보게 하는 대표적인 유형은 풍물굿이다. 이것은 음악, 춤, 신이나 마을 단체 등의 이름이나 격문, 각종 그림이 그려진 깃발, 화려한 의상을 입은 행렬 등 전체를 이루는 예술 활동으로 비춰진다. 넷째, 재미이다. 전통놀이는 흥미를 이끌어내는 경쟁, 우연, 신명, 표현, 성취를 포함한다. 대부분의 놀이들이 겨루기의 형식을 취하고 있는데 그 이유는 겨루기가 극적인 재미를 가지고 있기 때문이다. 결과를 알 수 없는 놀이 진행은 참가자나 보는 이들을 둘 다 흥분시키며, 놀이를 위한 노래나 음악으로 신명을 돋운다.

전통놀이는 역사 속에서 우리 민족과 함께 하며, 그 성격과 형태의 변화 과정을 겪었다(박향아, 1993). 고대 시대에는 샤머니즘의 무속신앙의 영향으로 제의와 의식, 축제가 결합한 원시종합예술이 형성되었다. 전제적인 통치자가 있기 전이므로 놀이의 경우, 계층의 구별 없이 공동으로 더블어 즐기는 놀이였으며 일과 분리될 수 없었다. 유아들과 청소년들은 성인의 놀이를 모방하는 과정을 거쳤다고 생각된다. 삼국시대는 농사가 주요 산업이었으므로 계절의 변화와 관련이 깊은 세시풍속이 형성되었다. 세시에 의한 파종과 수확의 의미를 중요하게 생각하고 기원하였다. 놀이와 관련된 교육으로 신라의 화랑제도를 예로 들 수 있다. 시가와 음악을 통한 정서교육과 춤을 익혔다. 3세기 한반도의 문화 양식을 두루 기록한 삼국지-위지 동이전을 보면, 매년 한두 차례의 제천행사인 국중대회를 열어 백성들이 남녀노소 술과 음식을 먹으며 노래와 춤을 중심으로 각종 놀이를 밤낮으로 즐겼다는 기록을 볼 수 있다. 국중대회는 집단 제의행사로 대표적인 것으로는 고구려의 동맹, 부여의 영고, 예의 무천을 들 수 있다. 이들은 현존하는 마을 굿의 원형이라 볼 수 있다. 국중대회에서 놀던 놀이로는 신라의 백희, 탈놀이, 검무, 오기, 처용무, 원효의 무애무, 백제의 잡희, 악삭, 농환, 기악 등이 있다. 고려시대는 불교와 유교의 영향을 받았으며 국교인 불교의 행사가 자주 시행되었다. 그중 팔관회와 연등

회는 연중행사로 노래와 춤이 있는 다양한 놀이가 실시되었다고 한다. 조선시대는 산대잡극과 중국에서 들어온 나례가 자주 행해졌다. 이러한 놀이들은 주로 귀족계급이 관람자였고 서민들은 관람도 힘들었다. 놀이 분야도 지배계급과 피지배계급으로 나뉘게 되어 서민들은 주로 풍물이나 탈춤, 지신밟기 등을 하였다.

조선조 말 일제시대에는 놀이 통제의 시대와 놀이 탄압의 시대를 거치게 되었다. 일제는 편싸움 같은 지역단위의 대규모 겨루기 놀이를 법령으로 금지하면서 민중의 힘이 집단화되는 것을 막고자 하였다. 관에 의해 규제를 받게 되며, 전통놀이는 근절의 대상으로 탄압을 받게 되었다. 고유의 대규모 집단놀이들, 예를 들면 편싸움, 횃불놀이, 줄다리기, 지신밟기, 동채싸움 등은 집회 금지라는 명목으로 금지시켰다. 이후 1937년 중일전쟁 발발로 일제의 노골적인 놀이 탄압이 일어났다. 그리고 해방 후 전통놀이에 대한 관심과 재정립 없이 빠르게 반세기가 흘렀다. 그 가운데도 동네 곳곳과 학교 운동장은 아이들의 전통놀이의 활동 공간이 되었고, 각 고장과 지역들이 가지는 전통놀이를 계승하고 발전시키려는 노력들은 계속되어 왔다. 교육부(1992, 1998)는 유아교육과정 내용에 전통문화에 대한 내용을 강화하였고, 유아교육기관의 현장에 적용 가능한 전통놀이를 선정하여 지도자료집을 개발하였다. 온고지신의 정신으로 전통의 문화와 놀이의 맥을 이어갈 때 우리 민족의 정신이 계승되고, 민족정서는 살아날 것이다.

2 전통유아놀이와 유아교육

1) 전통유아놀이

유아교육에 있어서 놀이는 가장 적절한 교육의 수단으로 논의되어 왔다. 유아교육의 현장에서는 유아들에게 자료와 또래를 활용한 놀이를 제공해 주고 있다. 또 놀이의 많은 유형 중 문화적 가치를 지닌 전통적 유아놀이가 유아들에게 적절히 제공되어야 한다는 주장(이상금, 1987)과 함께, 전통유아놀이의 유아교육 현장 적용에 대한 연구가 다양하게 이루어져 왔다.

우리 고유의 전통유아놀이는 유아의 발달 단계에 따라 서로 다른 놀이가 있으며 신체적 · 지적 · 정서적 발달을 돕는 교육 목적을 가지고 있고, 재미있고, 어릴 때는 성인의 도움으로 놀이하나, 커서는 자발적으로 놀이하고, 단독 또는 집단놀이가 가능하고, 노래가 곁들어 있어 흥을 돋우고, 놀이 도구가 사용되고 성별에 따라 분류할 수 있다는 특징을 가지고 있다(양영미, 2002; 유안진, 1981; 이순자, 2001; 조기곤, 2001).

전통유아놀이는 유아의 발달 단계에 따라 가족 구성원 중에서 놀이 협조자가 있었으며 놀이 협조자는 놀이 시범을 보이고, 가르치고, 함께 놀아 주었다. 이를 통해 자녀들에 대한 가족의 관심과 협조를 드러내며 가족의 화목을 도모하는 역할을 하였다(양영미, 2002). 또 유아는 연령과 성별에 따라 놀이를 선택하고 놀이 참여자의 수에 따라 놀이 방법과 절차를 수정하였고, 계절의 맛을 잘 드러내는 놀이에 전념할 수 있었다(이은화, 1989).

우리나라 전통유아놀이를 분석하고 그 특성을 구체적으로 다음과 같이 제시할 수 있다(이은화 외, 2001). 첫째, 영아기 놀이에 비해 유아기 놀이가 적고, 유아기 놀이는 다양한 연령대의 사람들이 함께 참여하여 즐겼던 놀이들이 많았다. 0~2세의 영아들이 즐겼던 전통놀이로는 도리도리, 고네고네, 곤지곤지, 단지 팔기, 따로따로, 불무불무, 잼잼, 짝짜꿍 등 놀이 명칭이 단순하며 쉽게 발음되고 알아듣기 용이한 반복적 구절로 구성되어 있으며 근육 운동기능의 목적을 가진 것들이 많다. 또 성인이 이끌어 주거나 성인이 놀이 상대가 되어 도움을 주는 놀이가 대부분이다. 3~5세 유아들을 위한 놀이는 다른 시기의 유아들에 비해 적다. 세강달강, 자장가, 약손, 까치야 까치야, 이거래 저거래, 목말타기, 꼬부랑 할머니 등을 들고 있다. 이 중 목말타기와 이거래 저거래만이 신체 놀이이고 나머지는 노래 놀이이다. 이 시기의 유아들은 나이 많은 유아나 성인들의 놀이를 지켜보거나 흉내내는 놀이를 즐겼으리라 추측해 본다. 6~12세의 유아들이 즐겼을 놀이들은 성인도 참여할 수 있는 놀이들이 대부분이다. 격구, 과녁맞히기, 투호놀이, 팔씨름, 활쏘기, 씨름, 연날리기, 장치기 등은 성인과 유아들이 모두 즐겼던 것으로 보인다. 여자아이들도 부녀자들과 함께 그네뛰기, 널뛰기, 덕석몰이, 기와밟기, 청어엮자놀이 등에 참여하였다. 이러한 놀이들은 한가위, 단오, 대보름 등의 명절에 남녀노소가 모두 참여하고 어울렸을 것으로 짐작해 본다.

백운학, 김경아(1997)에 의하면 유아의 발달단계별로 전통유아놀이를 분류할 수 있다고 한다. 먼저 발달단계별로 전통유아놀이를 분류하면, 영아기에는 고네고네, 곤지곤지, 따로따로, 단지팔기, 도리도리, 불무불무, 짝짜꿍, 잼잼이 있으며, 유아기에는 깨금뛰기, 부끙아, 세강달강이 있다. 유아 전기에는 깡통치기, 깨금발 싸움, 꼬리따기, 공기놀이, 과녁맞히기, 구슬치기, 군사놀이, 굴렁쇠 굴리기, 그림자놀이, 기차놀이, 나무 시집보내기, 다리세기, 딱지치기, 달따기, 닭싸움, 땅가비 놀이, 땅따먹기, 두꺼비집 짓기, 들돌 들기, 말 흉내 내기, 문열어라 놀이, 바람개비 돌리기 놀이, 봉사놀이, 비석치기, 사방치기, 소꿉놀이, 손뼉치기, 숨바꼭질, 앉은뱅이놀이, 어깨동무, 얼음물놀이, 여우잡기, 우리 집에 왜 왔니 놀이, 외발 습격 놀이, 자치기, 제웅치기, 죽마놀이, 집잡기, 8자 놀이, 팽이치기, 풍뎅이 돌리기, 호드기 불기가 있다. 유아 후기에는 가마타기, 가마싸움, 가면놀이, 갈퀴치기, 강강술래, 거북놀이, 고누, 고무줄 놀이, 고사리꺾기놀이, 고을 모둠, 꼭두각시놀이, 공치기, 그네뛰기, 글자 알아내기, 기와밟기, 남생아 놀아라, 낫치기, 널뛰기, 눈싸움, 다방구, 달집태우기, 댓귀 맞추기, 땟공치기, 덕석몰이놀이, 독장수놀이, 돈치기, 등싸움, 말타기, 멍석말기, 못치기, 빵을 치기, 삘기 뽑기, 병살이, 보물찾기, 보싸움, 봉숭아물들이기, 산가지놀이, 쌍륙, 석사놀이, 석전놀이, 썰매타기, 소문놀이, 솔방울 치기, 숫걸기, 수건돌리기, 씨름, 실뜨기, 연날리기, 원놀이, 윷놀이, 이름대기, 잉어놀이, 장치기, 절름발이 놀이, 제기차기, 잰부닥불넘기, 조조 잡기, 종정도놀이, 쫄기접시, 주머니놀이, 줄넘기, 줄다리기, 쥐불놀이, 진놀이, 진치기, 청어엮기, 칼치기, 콩 주워먹기, 통차기, 포수놀이, 풀각시놀이, 풀묻기, 풀싸움놀이, 활쏘기가 있다.

둘째, 전통유아놀이는 성별에 따라 유아기 놀이를 분류해 볼 수 있다. 유아기의 놀이는 성별에 따라 놀이가 분리되며 남아의 놀이가 여아의 놀이에 비해 많다. 놀이는 또래집단놀이가 많이 이루어졌으며, 남아들의 놀이가 여아들의 놀이에 비해 다양하고 많았다. 이는 한국의 전통놀이가 남성의 놀이가 많다는 김광언(1982)의 연구와도 일치한다. 남아들의 놀이는 치기와 차기의 형태가 많으며, 작은 손놀림보다는 팔을 휘둘러치는 놀이나 발로 차는 놀이가 많다. 반면 여아들의 놀이는 경쟁이 덜한 손놀림이나 율동적인 움직임이 주 특징을 이룬다. 이는 과거의 남녀에 대한 사회적인 대우와 기대를 반영한다고 볼 수 있다. 남아의 놀이가 여아들의 놀이에 비해 많은 이유도 여아들에게 조신한 몸가짐을 강조하고 예절교육에 힘쓴 전통사회의 반영이라 볼 수 있다.

셋째, 대부분의 전통유아놀이는 규칙 있는 게임으로 집단놀이이다. 대부분 전통유아놀이는 6세 이후 유아들을 위한 놀이로서 2명 이상의 사람들이 어울려 놀이하는 집단놀이 형태이다. 이는 놀이를 통해 소속감과 안정감을 기르며, 또래 사이에서 놀이 리더의 역할을 해 봄으로써 사회성 발달을 도모한다. 정해진 규칙이 있고, 편을 나누어 승부를 가리는 놀이들이 많다. 우리나라 전통유아놀이가 성인기까지 지속되는 놀이 형태라는 것을 고려할 때 규칙 있는 게임이 많은 비중을 차지하는 것은 당연하다.

넷째, 전통유아놀이는 집단놀이 형태가 많으며 땅, 돌, 나무 등 자연물을 이용한 놀이가 많으므로 실외놀이가 대부분이다. 실외의 마당과 산과 들의 자연공간이 주요한 놀이 공간이었을 것이다. 실내에서 행해졌던 전통유아놀이는 가면놀이, 깨금뛰기, 고네고네, 고누, 고을모둠, 곤지곤지, 그림자놀이, 눈싸움, 다리세기, 단지팔기, 댓귀맞추기, 도리도리, 목발타기, 부꿍아, 불무불무, 산가지놀이, 쌍륙, 세강달강, 소문놀이, 손뼉치기, 실뜨기, 윷놀이, 이름대기, 짝자꿍, 잼잼, 조조잡기, 종정도놀이, 포수놀이가 있다. 실외에서 행해지는 전통유아놀이는 가마타기, 가마싸움, 갈퀴치기, 강강술래, 깡통치기, 깨금발싸움, 거북놀이, 고무줄놀이, 고사리꺾기놀이, 꼬리따기, 꼭두각시놀이, 공기놀이, 공치기, 과녁맞히기, 구슬치기, 군사놀이, 굴렁쇠 굴리기, 그네뛰기, 글자 알아내기, 기와밟기, 기차놀이, 나무 시집보내기, 남생아 놀아라, 낫치기, 널뛰기, 눈(雪)싸움, 딱지치기, 달따기, 달집태우기, 닭싸움, 땅가비놀이, 땅따먹기, 땟공치기, 덕석몰이놀이, 독장수놀이, 돈치기, 두꺼비집짓기, 들돌들기, 등싸움, 말타기, 말 흉내 내기, 못치기, 문 열어라 놀이, 바람개비 돌리기, 방울치기, 삘기 뽑기, 병살이, 보물찾기, 보싸움, 봉사놀이, 봉숭아물들이기, 비석치기, 사방치기, 석사놀이, 석전놀이, 썰매타기, 소꿉놀이, 솔방울치기, 숫걸기, 수건돌리기, 숨바꼭질, 씨름, 앉은뱅이놀이, 어깨동무, 얼음물놀이, 여우잡기, 연날리기, 우리 집에 왜 왔니 놀이, 외발습격놀이, 원놀이, 잉어놀이, 자치기, 장치기, 절름발이놀이, 제기차기, 제웅치기, 잰부닥불넘기, 쫄기접시, 주머니놀이, 죽마놀이, 줄넘기, 줄다리기, 쥐불놀이, 진놀이, 진치기, 집잡기, 청어엮기, 칼치기, 콩주워먹기, 통차기, 8자놀이, 팽이치기, 풀각시놀이, 풀묻기, 풀싸움놀이, 풍뎅이돌리기, 호드기 불기, 활쏘기가 있다.

다섯째, 전통유아놀이는 유아 발달을 증진시키는 특징을 가지고 있다. 앞서 논의했듯이 영아기의 전통유아놀이는 근육 발달을 도모하고, 소근육 발달에 유용하다. 목말타기와 단지팔기는 균형감각과 리듬감 발달에 기여한다. 이러한 놀이를 통하여 영아들은 성인과의 긍정적인 상호작용을 하며, 유대감을 기르게 되고 정서적인 안정감을 갖는다. 영아기 이후의 다양한 노래 놀이는 유아들의 언어 발달과 정서 발달을 돕게 된다. 성인의 노랫말을 듣고 따라 하며 언어 발달을 꾀하며, 성인과 노래를 부르며 신체적인 접촉을 하면서 안정감을 얻는다고 한다. 유아기 이후의 유아놀이는 보다 정교한 신체적 능력의 발달뿐 아니라 탈중심화, 다양한 개념의 발달, 추리력, 분석력, 종합력 등의 인지능력, 타인과의 의견을 조정하고 협상하고 긍정적으로 상호작용할 수 있는 사회적 능력을 요한다. 놀이에는 다양한 도구가 사용되고 보다 복잡한 규칙이 있고, 보다 복잡한 발달적 과제를 해결하게 된다.

여섯째, 전통유아놀이는 계절과 절기와 관련된 놀이가 많다. 많은 전통놀이는 세시풍속과 연관되어 있다. 절기와 관련된 놀이들을 열거하면, 정월에 했던 놀이로는 널뛰기, 돈치기, 연날리기, 윷놀이, 이거래 저거래, 장치기, 팽이치기, 제기차기 등이 있고, 정월 대보름에는 달 따기, 달맞이, 달집사르기, 잰부닥불넘기, 쥐불놀이, 줄다리기, 청어엮자놀이, 팔랑개비놀이 등이 있다. 단오에는 격구, 그네뛰기, 줄다리기 등을 하였고, 한가위에는 줄다리기, 가마싸움, 청어엮자놀이를 즐긴 것으로 나타났다. 농경문화가 바탕이 되었으며 전통놀이를 통해 풍농을 점치고 기원하였다. 계절에 따라서도 눈싸움, 자치기는 겨울에 행해졌고, 풀싸움놀이는 봄에, 풀각시놀이는 여름철에 주로 하였으며, 활쏘기는 겨울철을 제외하고 이루어진 놀이이다. 전통유아놀이는 계절과 절기에 따라 어울리게 놀이를 계획하고 변화하였다. 이런 과정 속에서 자연 친화적인 삶을 누렸으리라 생각된다. 계절과 절기에 따른 전통유아놀이를 표로 정리해 보면 다음 표 1과 같다.

표 1 계절과 절기에 따른 전통유아놀이

절기	전통유아놀이
정월	널뛰기, 돈치기, 연날리기, 윷놀이, 이거래 저거래, 장치기, 팽이치기, 제기차기
정월대보름	달 따기, 달맞이, 달집사르기, 잰부닥불넘기, 쥐불놀이, 줄다리기, 청어엮자놀이, 팔랑개비놀이
단오	격구, 그네뛰기, 줄다리기
추석	줄다리기, 가마싸움, 청어엮자놀이

일곱째, 전통유아놀이는 지역별로 놀이의 명칭이나 방법이 다양하다. 전통유아놀이 중에는 전국적으로 분포되어 있는 놀이도 있고, 일부 지방에 국한되어 있는 놀이도 있다. 많은 놀이들은 전국적으로 행해지면서 그 명칭과 방법에 다양성을 띠고 있으며 그 고장의 향토색을 드러낸다. 놀이 명칭의 경우, 예를 들어 고누는 경기 지방에서는 고누, 고니, 꼬니 등으로 블리고, 전남지방에서는 꼬누로 불린다. 공기놀이는 경북에서는 짜게 받기, 경남에서는 살구, 전남에서는 닷짝걸이, 평북지방에서는 조아질 등의 다양한 명칭이 사용된다. 비석치기는 비사치기, 돌맞추기, 비사잭기 등으로 불리고, 돌차기의 경우도 목자놀이, 목자치기, 사방치기, 팔방치기, 깨금집기 등 다양한 명칭으로 불린다. 팽이치기의 경우 서울, 경기, 충청권에서는 팽이라 불리고 경남에서는 뺑이, 경북에서는 핑딩, 전남에서는 뺑돌이, 전북에서는 뺑이, 제주에서는 도래기라고 불린다. 놀이 방법에 있어서도 지역에 따라 다양하다. 비석치기의 경우 놀이 방법은, 개성지역에서는 약 5m 거리에 선을 긋고 한편에 돌을 세워 놓고, 먼저 시작하는 놀이자가 세워 놓은 돌을 맞추되 손으로 던져서, 발로 차서, 발등에 돌을 얹고 가서, 무릎 사이, 두 발 사이, 가슴 위, 어깨 위, 머리 위, 팔에 돌을 얹고 상체를 굽히고 서서 등의 순서로 놀이를 진행한다. 반면 전남에서는 걸러 맞추기, 한발걸이, 두발걸이, 세발걸이, 재기, 왼발 오른발, 토끼, 물팍, 딸 낳고 아들 낳기, 고드름, 깽깽빠, 깽빠 등 다양하고 복잡한 놀이 순서로 진행된다. 충남에서는 손으로 던져, 발로 차서, 발등, 무릎 사이, 배 위, 등 뒤, 앞가슴, 왼편 어깨, 입, 코, 좌우 눈, 양쪽 귀, 이마, 머리 위에 놓고, 끝으로 뒤로 던져서 비석을 쓰러뜨리는 순서로 놀이를 진행한다. 어느 지역이든 세워 놓은 돌을 맞히는 점은 일치한다. 지역에 따른 전통유아놀이의 명칭을 표 2로

정리해 보았다.

표 2 지역에 따른 전통유아놀이의 명칭

지 역	전통유아놀이의 다양한 명칭(보편적인 명칭→지방 고유의 명칭)
경 기	고누→고니, 꼬니
전 남	고누→꼬누, 공기놀이→덧짝걸이, 팽이→뺑돌이
전 북	팽이→뺑이
경 북	공기놀이→짜게받기, 팽이→핑딩
경 남	공기놀이→살구, 팽이→뺑이
제 주	팽이→도래기
평 북	공기놀이→조아질

여덟째, 전통유아놀이에서 놀잇감이 사용될 경우 재질이 자연물이 많으며, 제작된 것도 자연물을 이용하는 경우가 많다. 전통사회의 유아들은 전문화된 놀이환경을 가지지 못하여서 자신이 직접 산으로, 들로 나가 적절한 놀이 도구를 찾아야 했다. 전통유아놀이는 주로 실외에서 자연물을 이용한 놀이가 많았다. 주변의 자연에서 얻을 수 있는 기왓조각, 나무토막, 나뭇가지, 솔방울, 풀, 꽃, 돌멩이, 짚 등이 주재료로 사용되었음을 알 수 있다. 자연물을 원형 그대로 사용하는 놀이로는 풀싸움, 눈싸움, 쥐불놀이, 그림자놀이, 잰부닥불넘기 등이 있으며, 자연물을 수집하고 적절하게 만들어 사용하는 경우는 공기놀이, 산가지놀이, 돌차기, 땟공치기, 비석치기, 못치기, 과녁맞히기, 장치기, 줄다리기, 줄넘기, 땅재먹기, 제기차기, 풀각시놀이 등이 있다. 성인이 제작해 주어야 하는 놀잇감으로는 죽마, 널뛰기, 그네뛰기, 연날리기, 썰매타기, 팽이치기 등이 있다. 만드는 놀잇감의 경우는 만든 이에 따라 창의성을 엿볼 수 있으며, 나이 든 유아가 직접 만들 경우 만드는 줄거움도 함께 느낄 수 있었다. 놀잇감의 재료에 따른 전통유아놀이를 표 3과 같이 정리해 볼 수 있다.

표 3 놀잇감의 재료에 따른 전통유아놀이

놀잇감의 재료	전통유아놀이의 종류
자연물을 그대로 사용	풀싸움, 눈싸움, 쥐불놀이, 그림자 놀이, 잰부닥불넘기
자연물을 수집, 적절히 사용	공기놀이, 산가지놀이, 돌차기, 땟공치기, 비석치기, 못치기, 과녁맞히기, 장치기, 줄다리기, 줄넘기, 땅재먹기, 제기차기, 풀각시놀이
성인이 제작	죽마, 널뛰기, 그네뛰기, 연날리기, 썰매타기, 팽이치기

아홉째, 전통유아놀이는 흥을 돋우어 주는 노래가 수반되는 놀이들이 많다. 노래가 있는 놀이가 많으며, 놀잇감이 없는 놀이는 놀이하는 동안 노래가 주로 불려진다. 놀이 도구를 찾아야 하는 놀이보다 신체를 이용하거나, 노래를 이용한 놀이가 발달되었다. 이러한 노래는 언어 발달에 도움을 주며, 흥겨움을 준다. 놀이노래들은 지방마다 다르고 유아들이 직접 만들어 내었다는 점에서 흥미 있다. 노래는 전통놀이를 하는 유아들에 의해서 구전되었으며 노래 놀이는 재미있는 내용의 가사를 담고 있으며, 노래의 리듬에 맞춘 몸 움직임을 볼 수 있다. 세강달강, 자장가, 꼬부랑 할머니가, 까치야 까치야, 이거래 저거래(유안진, 1981) 등에서 노래 놀이의 모습을 볼 수 있다.

열 번째, 전통유아놀이는 여러 문화권에서 볼 수 있는 놀이들이 많이 있다. 다른 문화권에 유사한 놀이가 있는 경우가 많다. 세계적으로 동일하게 나타나는 놀이로는 가면놀이, 숨바꼭질, 연날리기, 자장가, 풀각시놀이 등이 있다. 유사한 것들을 구체적으로 살펴보면, 봉사놀이는 브라질의 야간 동물원, 비석치기는 러시아의 코르드키, 격구는 서양의 하키나 폴로, 칠교놀이는 미국의 탱그램과 유사하다. 자치기는 야구와 유사하고, 장치기는 서양의 필드하키나 중국과 일본의 격구와 타구와 유사하다. 아시아권 문화에서는 보다 유사한 놀이들을 많이 찾아볼 수 있다. 기와밟기는 일본에도 있고, 돌아잡기는 일본의 두꺼비집 찾아가기와 유사하고 윷놀이는 일본의 일복삼향, 쫄기접시는 일본의 타와, 팽이치기는 일본의 고마와 유사하다. 죽마는 일본에도 존재하고, 중국의 죽마희와 유사하다. 승경도 놀이는 중국에도 존재하고, 제기차기는 중국의 축국과 유사하다. 씨름은 몽골과 터키에서 동일하게 나타난다. 줄다리기는 중국과 일본 등 동남아 일대에서 볼 수 있으며 돌차기는 싱가포르의 오랏말 놀이와 같다(이은화 외, 2001).

유안진(1990)은 5~7세의 전통유아놀이를 구분하여 특징을 살펴보았다. 이 시기 놀이의 특징으로는 첫째, 놀이가 성인 의존적인 놀이에서 또래 놀이로 변화하였다는 것이며, 둘째, 언어와 유머, 리듬감의 발달을 기르는 동요, 수수께끼, 동화, 민담을 통해 언어 유창성, 듣기 이해력, 언어 연상력 등을 발달시킨다. 전래동요는 부르는 이에 의해 변화하는 것이 가능하므로 언어 독창성을 기르고 청각 발달에 효과적이다. 셋째. 좋지 못한 버릇을 교정하는 동화와 놀이가 있으며 발달 과업을 잘 이룰 수 있도록 돕는다. 넷째, 한 가지 놀이가 단순 규칙에서 복잡한 규칙으로 변화하며 진행하므로 신체 발달과 지적 발달에 동시에 효과를 나타낸다. 다섯째, 도구 없는 놀이에서 정교한 도구를 사용하는 놀이까지 난이도가 다양하며, 여섯째, 놀이 장소와 계절, 시간에 적응한 놀이이다. 일곱째, 전통 생활문화의 교육 방법으로서 가족의 호칭, 역할, 권선징악에 관련된 놀이들이 있다. 여덟째, 또래와 같이 놀이할 때 개인에게 맡겨진 역할이 있어 소속감, 책임감 등을 기른다. 아홉째 자발적으로 참여하여 전인발달에 도움이 되며, 열 번째, 또래에 의해 터득하며, 또래 문화를 익히는 매개가 된다는 것이다. 이렇게 현대에 고안된 놀이들과 비교해도 손색이 없는 전통유아놀이들은 다양한 기준으로 범주화된다.

전통유아놀이의 특징과 유형에 따라 분류해 볼 수 있는 기준은 다양하다(백운학 외, 1997). 놀이가 지니는 목적에 따라 순수 놀이와 신앙 놀이로 나눌 수 있다. 대부분의 전통유아놀이는 놀이 자체가 목적인 순수 놀이이다. 이에 비해 신앙 놀이는 3가지 특징을 지닌다. 첫째, 강강술래, 달집태우기, 달 따기는 달을 신성시한 민간 신앙에서 유래된 것이다. 달이라는 자연물을 신성시하고 인간사의 형통을 빌었다. 둘째, 거북놀이, 들돌들기, 잰부닥불넘기, 제웅치기는 유아에게 그 해의 액을 막아 주는 의식이었다. 거북놀이는 수숫대를 가지고 거북 모양을 만들어 유아가 쓰고 거북처럼 돌아다니며 노는 것으로, 유아의 무병장수를 빌고 마을의 액을 쫓아 주는 데서 기원한다. 들돌 들기는 유아가 혼자서 들돌을 들면 돌림병이 없어진다 하여 마을의 부적으로 인정되기도 하였다. 잰부닥불넘기는 주로 남아들이 마당에서 쓰레기를 모으고 대나무나 아주가리대를 얹어 태우므로 잡귀가 도망간다고 한다. 유아들은 이때 자기 나이 수만큼 불을 뛰어넘음으로써 그 해의 액막이를 한다. 제웅치기는 액을 당할 것이 예상되는 유아의 운세를 길하게 바꾸기 위해 그 유아의 인형을 만들어 버림으로써 유아가 맞게 될 운명을 제웅이 대신하게 위장한다. 셋째, 쥐불놀이와 나무 시집보내기는 한해의 풍년을 기원하다. 쥐불놀이는 그 해의 농사를 준비하기 위해 논밭의 잡초에 불을 지르며 들쥐와 벌레를 없앰으로써 새해의 풍년을 기원하는 목적을 지닌다. 나무 시집보내기는 길쭉한 돌멩이를 나뭇가지 사이에 끼워 놓고 돌아다니는 것인데, 이를 통해 성차에 대한 자연스러운 인식이 이루어진다. 이러한 전통유아놀이를 통해 유아들은 공동체 의식을 경험하고, 놀이 안에 내재한 기원의식을 이해하게 되었다.

2) 전통유아놀이의 가치

전통유아놀이는 유아교육 내에서 교육활동으로서의 가치가 높다. 그 교육적 가치로는 유아들에게 재미와 즐거움을 선사하고, 나아가 우리의 고유한 전통문화를 가르치는 방법으로 사용된다는 것이다. 사회적 존재인 유아들에게 현재 생활과 조화를 이룬 전통유아놀이는 우리 민족의 전통적 가치와 태도를 익히는 도구가 된다(신동주, 1998). 또 사회적 규칙을 몸소 익히고 전통의 가락을 익히게 되는 장점을 지니고 있다(조기곤, 2001).

전통유아놀이의 발달적 측면의 가치로는 지적 발달, 신체 발달, 정서적 안정을 돕고 사회성을 발달시키며 언어 발달을 돕고 상상력을 기르며, 창의적인 표현력을 기른다는 것이다. 예를 들면, 대 · 소근육 발달과 눈과 눈, 발과 눈의 협응력을 기르고 주어진 공간 내에서 신체를 조절하는 신체 발달을 이루고, 참여하는 또래와 성인과의 관계를 통해 사회성을 기르게 된다. 자장가, 오줌싸개, 까치야 등으로 심리적 안정감과 정서적 갈등을 해소하고, 연이나 제기 등을 직접 만들어 사용하므로 성취감과 애착을 기른다. 땅따먹기, 자치기, 딱지치기 등은 수학적인 공간 개념과 거리 측정, 공간 도형감각을 익히며, 상황에 따라 규칙과 진행에 대한 적절한 의견 교환을 하게 된다. 홍금연(2002)은 구체적인 전통놀이에 따른 발달적 가치를 알아보았다. 그 내용은 다음 표 4와 같다.

표 4 전통유아놀이에 따른 발달적 가치

전통유아놀이	발달적 가치
윷놀이	수, 규칙개념, 경쟁심과 협동심
연날리기	정서 순화, 신체 발달, 협동심, 공동체 의식, 언어 발달, 물리적 · 논리수학적 지식, 상상력, 창의력, 사회적 규칙
제기차기	신체적 발달, 공동체 의식, 인지 발달, 창의성, 사회적 규칙
비석치기	신체적 발달, 공동체 의식, 사고력, 인지적 자율성, 물리적 · 논리 수학적 지식, 극놀이 과정 연출
투호놀이	집중력, 눈과 손의 협응력, 물리적 · 수학적 지식, 공동체 의식, 사회성 발달
고누놀이	인지 발달, 사회적 규칙
풀각시놀이	근육 발달, 눈과 손의 협응력, 공동체 의식, 언어발달, 물리적 · 수학적 · 사회적 지식, 상상력, 소양 경험
팽이치기	근육 발달, 눈과 손의 협응력, 수개념, 물리적 · 수학적 · 사회적 지식, 사회 도덕적 발달
구슬치기	근육 발달, 눈과 손의 협응력, 수개념, 물리적 · 수학적 지식, 상상력과 심미감, 사회성과 도덕성
사방치기	몸의 균형, 눈과 발, 손과 손의 협응, 공동체 의식, 인지적 발달, 수 세기, 규칙

유아기의 발달적 측면을 세분화하여 자세히 살펴보고자 한다. 먼저 신체 발달적인 측면에서는 전통놀이가 근력을 기르고, 순발력, 민첩성, 지구력, 평형성, 조정력을 길러 준다고 한다(장병동 외, 2001). 전통유아놀이는 대부분 걷고, 달리고, 뛰고, 던지는 활동으로 대근육과 소근육을 활발하게 움직이게 하여 근육을 튼튼히 하고, 운동 조정 능력을 기르고 운동기능을 발달시킨다. 또 눈과 손, 눈과 발 등, 신체기관들 사이의 협응력을 기른다. 정서 발달의 측면에서는 전통유아놀이를 통하여 유아들은 정서적 표현과 긴장 해소를 하며, 놀이 활동의 투사적 경험을 통해 타인의 생각을 이해하게 된다. 놀이 활동을 통하여 성취감과 만족감을 느끼고 놀이기술의 향상을 통한 자신감을 느낀다. 사회성 발달의 측면에서는 전통유아놀이를 통하여 다른 아이들과 어울려 놀이하며 원만한 인간관계를 형성하고 주변의 사회적 관계를 이해하게 된다. 이를 통해 사회적 관계 내에서 일어나는 문제들을 해결하는 방법을 익히게 된다. 놀이 참여자 간의 사회적 관계의 형식과 방법도 다양하여, 놀이 참여자들이 동등하게 참여하는 경우도 있고, 리더와 추종자로 참여

하는 경우도 있다. 지적 발달의 측면에서는 전통유아놀이가 놀이 환경 속에서 유아들에게 학습의 기회와 다양성을 제공하는 것이다. 놀이에 따라서 체계적인 기술과 지식이 필요한 경우와 임기응변의 기술이 필요한 경우가 있다. 인지 발달적 측면도 드러난다. 판을 이용한 고누놀이와 쌍륙놀이, 윷놀이는 게임의 해당 주사위를 던져 나온 수만큼 말이 한 번 움직일 때마다 움직인다. 각 전통유아놀이의 해당 주사위가 가리키는 수를 유아가 세고, 일정하게 그려진 판을 말로 세어 지나가기에 수개념과 동시에 공간, 위치 개념도 함께 기른다. 말차기 놀이와 비석치기처럼 물체를 던지는 놀이는 물체를 공간 내에 던져 넣거나 목표물을 맞히어야 하므로 공간관계를 인식하게 한다. 구슬 놀이는 구슬을 더하고 빼는 과정을 통해 수개념을 기르고 구슬 맞히기를 함으로써 공간개념을 익힌다. 특히 자치기는 움직이는 물체를 맞히는 놀이로 위치개념과 힘과 속도의 관계를 접할 기회를 갖게 한다. 땅재먹기의 경우 말을 세 번 튕겨 그린 선 안의 땅을 차지하기 때문에 평면의 공간개념을 익히고 다른 아이들의 땅으로 들어가지 않도록 조심하며 탈중심화를 겪는다. 제기차기, 투호놀이, 공기놀이 등은 놀이 도중 다 같이 수를 세고 서로 격려하는 놀이 과정 중 언어 발달의 기회를 가지게 된다.

3 관련 연구

전통유아놀이에 대해 이루어진 선행 연구들을 분석하여 보면 주로 전통놀이를 분류하고 개념화하는 연구, 전통놀이의 현장 적용 방안을 위한 연구, 전통놀이가 유아에게 미치는 효과 검증에 관한 연구 등으로 나누어 볼 수 있다.

1) 전통유아놀이 연구

유아와 관련된 우리나라 전통놀이에 대한 연구는 1980년대에 들어서면서 활발히 이루어졌다. 우리나라 아동과 관련된 전통놀이에 대한 연구에서 김덕선(1973)은 전통놀이의 발달을 부족국가시대, 삼국시대, 고려시대, 조선시대의 4단계로 구분하여 각 시대별로 구분하여 전통놀이의 내용과 변천의 양상에 대해 언급하였다. 유아와 관련된 전통놀이의 연구 결과는 유안진(1981)의 「한국 고유의 아동놀이」, 김경희(1987)의 「전통놀이 프로그램 개발 및 효과에 관한 연구」, 이기현(1987)의 「아동이 즐길 수 있는 민속놀이에 관한 연구」, 이경우 등(1987)의 「한국 어린이의 전통적 집단놀이에 관한 조사 연구」, 이은화(1989)의 「전통놀이의 유아교육 현장 적용을 위한 연구」, 신동주(1998)의 「유아 전통놀이의 현장 적용을 위한 기초 연구」, 엄정애(2000)의 「중국 조선족 유치원 교사들의 한국 전통놀이에 대한 인식 및 적용 실태에 관한 연구」, 이은화 등(2001) 「한국의 전통 아동놀이 고찰」, 홍금연(2002)의 「한국 전통유아놀이에 대한 조사연구」 등이 있다.

유안진(1981)의 연구에서는 우리나라의 전통 자장가, 동요, 동시, 놀이 등을 방대하게 수집하여 발달단계별로 분류함으로써 그 놀이의 가치를 의미 있게 제시하였다. 한국 전통사회의 아동기를 1세에서 13세로 규정하고, 아기 놀이기(0~2세), 고운 세 살기(3~5세), 미운 일곱 살기(5~7세), 역할 교육기(7~13세)로 발달단계를 구분하여 전통놀이를 분류하였다. 또한, 유아 전통놀이의 교육적 가치를 논하여 유아교육에 있어서 전통놀이의 중요성을 밝혔다. 김경희(1987)는 전통놀이의 가치 분석을 현행 유치원 교육과정의 영역별 지도 내용에 맞추어 분류하는 형식으로 농어촌에 위치한 병설유치원을 대상으로 19개의 전통놀이를 유치원 연간교육계획에 포함시켜 7개월간 실험하였다. 그 결과, 실험집단이 통제집단에 비해 전통놀이에 대한 흥미와 성취도가 더 높음을 입증하여 전통놀이의 유치원 현장 적용을 시도하였다. 이기현(1987)은 유아가 즐길 수 있는 전통놀이의 방법과 전통놀이의 문화적 · 교육적 가치를 구체적으로 기술하고 유치원 교육과정에 전통놀이 적용을 촉구하는 제언을 하였다. 이경우 등(1987)의 연구에서는 2인 이상이 함께 놀 수 있는 집단놀이를 다루었다. 이 연구에서는 집단놀이가 중요한 교육적 가치를 지니고 있다는 이론적 근거 하에 도시와 농어촌 유아들 사이에서 행해지고 있는 전통놀이 52개를 수집하여 Kamii와 DeVries의 그룹게임 유형에 의해 분류한 결과, 32개의 놀이가 그룹게임 유형에 포함됨을 밝히고 있다. 이상의 연구들은 전통놀이의 발달적 적절성을 밝히지 못한 채 전통놀이를 유아교육 현장에서 구체적으로 적용할 수 있는 가능성을 제시하지 못한 한계성을 지니고 있다.

이를 보완하기 위해 이은화(1989)는 전통놀이 중 집단놀이에 속하면서 각각의 특색을 지닌 세 가지 놀이(윷놀이, 비석치기, 연날리기)를 선정하여 이들 놀이의 교육적 의미를 분석하고 발달적 적합성을 조사하여 유아에게 제공될 수 있는 전통놀이 활동의 적용 방안을 제시하였다. 이와 함께 교육부(1993)는 유아가 즐길 수 있는 전통놀이 10가지와 연관된 교육활동을 유아 전통놀이 교과과정 자료에 구체적으로 제시하여 유아교육에 적용을 강조하였다.

유아교육 현장에서 전통놀이에 대한 연구로 신동주(1998)는 우리나라 유치원 교사들이 전통놀이에 대해 갖는 관심과 이를 교육과정에 실제 어떻게 적용시키고 있는지를 알아보고, 현재 유아들에 의해 즐겨 행해지고 있는 전통놀이는 무엇이며 이러한 놀이가 어떤 식으로 이루어지고 있는지에 대해 조사하였다. 그 결과, 교사들은 전통문화 계승과 우리 문화에 대한 지식 부족으로 교육과정 적용에 어려움을 느끼고 있었다. 반면, 유아들은 윷놀이, 깨금발싸움, 딱지치기, 줄넘기, 공기놀이 등의 순으로 전통놀이를 평소에 하고 싶을 때 많이 행하는 것으로 나타났으나, 현재 유아들에 의해 실행되고 있는 전통놀이의 방법은 대부분의 경우 예로부터 내려오는 놀이 방법을 그대로 사용하기보다는 자신들의 발달수준과 흥미에 맞추어 놀이 방법을 스스로 개조하여 실시하고 있는 것으로 나타났다. 지금까지 연구들의 대부분은 우리나라 유아교육 현장에 국한되었으나 엄정애(2000)는 중국 조선족 유아들을 위한 전통놀이 프로그램을 개발하고 보급하는 데 기초 자료로 제공하기 위해, 중국 조선족 유치원 교사들의 한국 전통놀이에 대한 인식 및 적용 실태에 관한 연구를 실시하였다. 이 연구에서는 중국 조선족 유치원 교사들의 한국 전통놀이에 대한 인식과 교육적 적용 실태를 파악하였다. 중국 길림성에 거주하는 조선족 유치원 교사 453명을 대상으로 연구자가 개발한 설문지를 사용하여 조사 연구한 결과, 조선족 교사들은 제시된 14가지의 한국 전통놀이를 많이 알고 있고 직접 놀아 본 적이 있었으며, 한국문화에 대한 자긍심과 정체성 확립을 위해 유치원 현장에 적용할 필요가 있다고 인식하고 있었다. 반면 대다수의 교사들이 유치원 교육과정에 놀이를 적용하는 방법을 모르거나 전통놀이 자료를 구할 수 없어서 실제 교육 현장에 한국 전통놀이를 적용하고 있지 않았다.

이은화 등(2001) 연구에서는 교육 현장에서 교사와 유아들이 전통문화의 중요한 요소로서 우리 민족 고유의 삶의 양식과 철학을 반영할 뿐만 아니라 다양한 교육적 · 발달적 가치를 지니고 있는 전통유아놀이에 대해 보다 더 홍미와 관심을 갖도록 하고, 전통유아놀이를 교육활동으로 실행하는 데 도움을 주기 위하여 전통유아놀이와 놀잇감의 특성을 규명하였다. 총 78종의 전통유아놀이를 선정하여 분석한 결과, 영아기 놀이와 아동기 놀이에 비해 유아기 놀이가 적었으며, 아동기 놀이에는 다양한 연령대가 함께 참여하는 놀이가 많았다. 아동기 놀이는 성별로 분리되며 남아 놀이가 여아 놀이보다 많았다. 아동기 놀이는 대부분이 게임 유형의 집단놀이이다. 전통유아놀이는 발달을 증진시켜 주고 계절 · 절기에 관련된 놀이가 많으며, 지역별로 놀이의 명칭이나 방법이 다양하다. 또한 자연물을 놀잇감으로 활용한 놀이와 노래가 수반된 놀이가 많으며 여러 문화권에서 볼 수 있는 놀이들이 있다. 전통 유아 놀잇감의 특성을 보면, 사물을 사용하는 경우, 자연물 · 인공물을 사용하였고, 사물 놀잇감이 사용되지 않는 경우는 신체나 노래를 활용하였으며, 사물 놀잇감들은 재료나 제작자, 제작 방법 등에 있어 차이가 있었다.

2) 유아교육 현장에서의 전통놀이에 대한 연구

유아교육 유형과 교직 경력에 따라 전통놀이에 대한 교사들의 인식과 운영 실태 그리고 전통놀이에 대한 유아들의 반응을 조사한 결과, 전통놀이에 대한 관심도와는 대조적으로 전통놀이의 교육 현장에서의 활용도는 낮게 나타나고 있으며 명절 등의 특별 행사, 계절에 국한되어 실시하고 있었다(온영란, 1996; 조주숙, 1994).

(1) 유아교육기관에서의 전통놀이 활용 현황

유아교육기관에서의 전통놀이 실시 빈도는, 조기곤(2001)의 연구에서 주 1회(64.4%), 주 2회(16.7%), 하지 않는다(15.6%)로 나타났다. 이순자(2001)의 연구 결과에서는 전통놀이의 실시 빈도가 한 달에 1~2회(41.9%), 1년에 1~2회(24.4%), 일주일에 1~2회(22.7%) 순으로 나타났다. 이러한 연구 결과는 김유희(2000)의 연구 결과인 월 1회(26.64%), 주 1회(18.34%)와 일치함을 보여주고 있다. 김연진(2000)의 연구에서는 가끔 실시한다(57.2%), 보통으로 한다(31.8%)였고, 고미순(2000)의 연구에서는 가끔 한다(85.86%), 자주 한다(2.63%), 전혀 하지 않는다(11.51%)로 나타나 연구를 종합하여 보았을 때, 유아교육기관에서 전통놀이 활동이 이루어지고 있으나 전통놀이 실시 빈도는 매우 낮음을 알 수 있다.

전통놀이의 실시 현황을 살펴보면, 이순자(2001)의 연구에서는 연관 주제나 생활주제와 관련될 때(53.3%), 하루 일과 중의 필요한 상황에 한다(26.4%), 특정한 주제나 날을 정해서 실시한다(15.7%) 순으로 교사가 '우리나라' 생활주제와 연관된다고 판단하는 시기에 전통놀이가 실시되고 있음을 짐작할 수 있다. 이러한 연구결과는 김연진(2000)의 연구에서 비슷한 결과를 살펴볼 수 있다. 생활주제 단원인 '우리나라' 와 고유명절을 다루면서 계획 · 실시한다(69.9%), 모든 단원에 포함시켜 관련된 놀이를 계획 실시한다(15.6%), 분기별로 구분하여 절기에 해당하는 놀이를 계획하여 실시한다(12.1%), 특정 행사로 연간계획으로 실시한다(2.3%)이다.

전통놀이를 교육과정에 어떻게 연관시키고 있는가를 살펴보면, 홍금연(2002)의 연구에서는 특별행사 때만 계획한다(59%), 계절별로 적합한 놀이를 계획한다(25%), 매 단원마다 한두 종목 이상 계획한다(16%)로 나타났고, 고미순(2000)의 연구에서는 분기별로 구분하여 몇 종류씩 나누어 실시한다(35.55%), 고유 명절 · 절기에 해당하는 놀이를 모두 실시한다(24.34%)로 나타났다. 이상의 연구 결과들을 살펴보면 유아교육 현장에서 전통놀이는 특정 행사 놀이의 하나로 생각하여 실시하는 경우가 많다고 볼 수 있다.

조기곤(2001)의 연구에서 조사한 전통놀이의 활동 시간을 살펴보면, 정규 수업시간, 자유놀이 시간, 놀이 코너에서, 현장학습을 통해 순으로 전통놀이가 이루어지고 있음을 알 수 있다. 이는 김유희(2000)의 연구에서 나타난 게임 시간(39.82%), 자유선택활동 시간(29.20%)에 활용한다는 결과와 일치한다. 반면에 이순자(2001)의 연구에서는 집단 활동 전개 시(30.8%), 별도의 시간을 배정(24.4%), 자유선택활동 시(18.1%)라는 결과가 나왔다. 이러한 결과는 집단 활동이나 별도 시간을 배정하는 경우가 55.2%로 이러한 사실로부터 교사의 의도적인 계획에 따라 교사 주도적으로 전통놀이 활동이 이루어지고 있음을 알 수 있다.

전통놀이의 실시 장소는, 홍금연(2002)의 연구에서 체육실, 운동장 및 놀이터, 교실, 야외 수업 시 적당한 장소 순으로 결과가 나와서 전통놀이가 주로 실내보다 실외에서 이루어지고 있음을 알 수 있다. 조기곤(2001)의 연구에서 교사들은 전통놀이를 위한 공간이 부족하다(50%)고 답함으로써 아직까지 우리나라 유아교육기관 현장에서 전통놀이를 실시할 공간이 충분하지 않은 실정임을 알 수 있다.

전통놀이의 지도 방법 및 태도에 있어서 조기곤(2001)의 연구에서 교사들은 전통놀이 활동의 지도 방법으로 전통놀이를 할 수 있는 환경으로 만든다, 전통놀이 행사를 정기적으로 한다, 유아전문 프로그램을 집중 개발한다, 유명한 전통놀이 관련 이야기를 들려준다 순으로 지도하고 있다고 응답하였다. 전통놀이 활동 시의 교사의 태도를 살펴보면, 교사의 주도 하에 유아의 자율적 활동 허용(67.8%), 유아의 개별적 능력 고려(16.7%), 유아의 자율적 활동 최대한 허용(8.9%), 교사의 지시에 다른 활동(6.7%)으로 대부분의 활동이 교사의 주도 하에 이루어지고 있음을 알 수 있다.

(2) 전통놀이에 대한 교사 부모 유아의 인식

전통놀이에 대한 교사의 인식과 이해도는 조기곤(2001)의 연구에서 나타나듯이 교사들의 대부분인 96.1%가 전통놀이에 관심을 가지고 있음을 알 수 있었다. 이순자(2001)의 연구에서는 78.5%의 교사들이 전통에 관심을 지니고 있으며, 김연진(2000)의 연구에서 86.7%의 교사들이 전통놀이에 대한 관심을 가지고 있었다. 그리고 고미순(2000)의 연구에서는 교사의 90.13%가 보통 이상의 관심을 가지고 있다고 나타났다. 이들 연구들을 종합하여 보면 대다수의 교사들이 전통놀이에 관심을 가지고 있음을 알 수 있다. 특히, 지역적인 특성을 고려하여 전라도지역의 유아교육기관을 대상으로 연구한 조기곤(2001)과 고미순(2000)의 연구에서는 90% 이상의 관심도를 보이고 있는 것으로 나타났다. 이는 부산지역을 연구 대상 지역으로 조사한 이순자(2001)의 연구와 경기도지역을 연구 대상으로 선정한 김연진(2000)의 연구에서 각각 70%와 80%의 관심도를 보인 것에 비해 상당히 높게 나타났다고 할 수 있다. 이러한 연구 결과에서 알 수 있듯이 전통놀이에 대한 교사들의 관심도이 전라도지역에서 조금 더 높음을 알 수 있었다.

부모들의 전통놀이에 대한 관심을 조사한 박소영(1997)의 연구에서 보면 97.1%의 부모들이 전통놀이가 필요하다고 응답했다. 그 이유로 고유한 전통의식이 담겨 있기 때문에(72.7%), 동심의 세계를 잘 표현할 수 있기 때문에(18.2%), 다른 놀이 프로그램보다 효과가 높기에(3%)라는 응답이 나왔다. 그리고 부모 참여 프로그램의 필요성에 대한 여부에 있어서 68.9%의 부모들이 필요하다고 답함으로써, 전통놀이의 유아교육 적용 시 학부모들이 적극적인 관심을 나타냈다.

전통놀이에 대한 유아의 인식을 조사한 연구를 살펴보면, 고미순(2000)의 연구에서 전통놀이를 모르고 있다(52.30%), 조금 알고 있다(46.38%)로 유아들은 아직 전통놀이에 대한 인식이 부족한 것을 알 수 있었다. 또한, 고미순(2000)의 연구에서 전통놀이 실시 후, 유아의 놀이 만족도는 보통(49.67%), 높다(47.70%)로 유아들은 대체적으로 만족하고 있는 것으로 나타났다. 놀이 참여도는 잘한다(44.74%), 보통이다(40.70%)로 유아들은 전통놀이에 적극적으로 참여하므로 앞으로 전통놀이가 교육 현장에 널리 보급되어야 할 것이다. 또한 놀이 지속도에서는 보통이다(62.17%), 높다(32.89%)로 평균 이상의 지속도를 나타내었다.

이순자(2001)의 연구에서는 전통놀이에 대한 유아들의 반응을 좀 더 구체적으로 살펴보았다. 먼저 전통놀이 홍미도에서 유아들은 여우야 여우야를 85.3%로 가장 홍미 있어 했다. 다음으로 우리 집에 왜 왔니(80.9%), 동대문(75.9%), 투호놀이(61.5%) 순으로 홍미를 나타내었다. 이러한 놀이들은 여러 사람이 함께 집단으로 하며, 언어적으로 주고받는 대사와 노랫말이 있으며, 편을 나누거나 술래가 있는 활동이라는 특징을 가지고 있다. 그리고 놀이의 난이도 면에서 유아들이 쉽다고 인식하는 놀이로는 여우야 여우야(76.6%), 우리 집에 왜 왔니(70.2%), 동대문(67.2%) 등이 있었고, 참여도가 높은 순으로는 여우야 여우야(82.6%), 우리 집에 왜 왔니(80.9%), 동대문(74.2%), 투호놀이(57.9%)로 홍미도가 높을수록 참여도가 높은 양상을 나타내었다. 또한 놀이 후 느낀 만족도와 교사의 개입 없이도 유아끼리 놀이가 끊이지 않고 계속되는 지속도에서도 앞에서와 같은 결과가 나타나 홍미도, 참여도, 만족도, 지속도는 서로 밀접한 관계를 가진다고 할 수 있었다. 그리고 홍금연(2002)의 연구에서 보면 유아들이 선호하는 전통놀이로 윷놀이(45%), 제기차기(26%), 숨바꼭질(24%)이 높은 비율을 나타냈으며, 그 이유로 재미있어서(56%), 쉬워서(44%)라는 응답이 있었다.

연령에 따른 전통놀이의 연구에서 김유희(2000)는 다음과 같은 연구 결과를 나타내었다. 먼저, 연령에 따라 실시하는 전통놀이를 보면, 3세는 80%가 무궁화 꽃이 피었습니다와 우리 집에 왜 왔니를 가장 많이 실시하였다. 4세는 82.5%가 윷놀이를, 77.5%가 제기차기와 닭싸움을 실시하고 있었으며, 5세의 경우에는 81.48%가 닭싸움을, 79.01%가 우리 집에 왜 왔니를 실시하고 있었다. 다음으로 연령에 따라 가장 선호하는 전통놀이를 보면 3세는 우리 집에 왜 왔니(30.77%)를, 4세는 여우놀이(25%)를, 5세는 닭싸움(16.18%)을 가장 선호하였다. 이는 3세와 4세의 경우 놀이 방법이 간단하고 도구가 필요 없는 전통놀이 '우리 집에 왜 왔니' 와 같은 놀이를 선호하고, 5세의 경우에는 놀이 인원이 많거나 활동적이고 사고를 요하는 다양한 놀이인 '닭싸움' 과 '윷놀이' 등을 선호한다고 나타났다.

3) 전통놀이가 유아에게 미치는 효과 검증에 관한 연구

유아는 놀이를 통하여 사회 · 정서적 발달을 강화시키고 유아의 성장발달의 필요성과 관심, 능력에 부응하는 의미 있는 경험을 가지게 된다. 특히 전통놀이는 유아가 성장해 감에 따라 유아의 발달 수준에 적절하면서도 다음 단계의 신체적, 지적, 정서적, 언어적 발달을 자극하거나 촉진시키려는 목적이 깃들여져 있기에 유아들이 전통놀이를 하게 되면 연령 증가에 따라서 놀이 명칭을 더 배우게 되고 단순한 어휘와 재미있는 어휘를 반복하면서 복잡한 어휘를 익히며, 다양한 언어 표현까지 배우게 된다(유안진, 1981).

전통놀이와 유아의 사회적 능력에 관한 연구로는 전통놀이와 유아의 사회 · 정서 발달에 관한 연구(김명애, 2001; 박태숙, 1997; 신명숙, 2003; 신화희, 2002; 이영미, 2002; 조금미, 2001; 조성실, 2002; 최문희, 2000; 최재숙, 2002), 전통놀이와 유아의 창의성 연구(김명애, 2001; 김선옥, 1997), 전통놀이와 유아의 언어 연구(김맹순, 1999; 이영미, 2002), 전통놀이와 유아의 인지 연구(김경아, 2002; 김연옥, 1994; 김호숙, 2000; 박은미, 2002; 임유경, 2003; 홍란기, 2001), 전통놀이와 유아의 신체발달 연구(강은영, 2001; 최연희, 2001)로 구분하여 살펴볼 수 있다.

(1) 전통놀이와 유아의 사회 · 정서 발달에 관한 연구

전통놀이(윷놀이, 연날리기, 비석치기)가 유아의 사회 · 정서적 발달에 어떠한 영향을 미치는지에 대한 연구 결과를 살펴보면 전통놀이는 유아의 사회 · 정서적 발달에 긍정적인 영향을 미치며, 하위 요인인 내적 통제, 또래 간 상호작용, 유치원에서의 안정감, 성취동기, 호기심에 모두 긍정적인 영향을 미친다고 나타났다(박태숙, 1997). 이러한 연구 결과는 김명애(2001), 신명숙(2003)과 조금미(2001)의 연구에서도 동일하게 나타났다. 특히 김명애(2001)의 연구에서 전통놀이는 유아들의 사회적 수행 능력의 하위 요인에서 비협조성을 제외한 사회적 활동성, 안정성, 협조성,

과민성에서 유의미한 향상을 보여주었다.

놀이의 유형이 유아의 사회성에 미치는 영향과 관련하여 전통놀이와 일반 놀이를 비교한 연구에서 유아의 사회성은 전통놀이에서 약간의 향상을 보였으나 실제로는 유의한 차이가 나타나지 않았다(조성실, 2002). 그러나 신체 접촉 전통놀이와 신체 접촉 일반 놀이를 비교한 결과에서는 신체 접촉 전통놀이 집단이 신체 접촉 일반 놀이 집단보다 사회성이 향상되었음을 나타내었다. 또한 사회성의 하위 요인에서도 협동정신, 자주성 순으로 유의한 차이를 보였다. 이러한 사실은 신체 접촉을 통한 전통놀이가 유아의 사회성을 향상시키는 데 긍정적인 영향을 미치는 것을 알 수 있다. 위의 연구 결과는 전통놀이가 일반 놀이보다 사회성을 더 발달시킨다는 신숙희(1998), 조금미(2001), 최문희(2000) 등의 연구 결과와 동일한 결과를 나타내고 있다.

전통놀이 활동이 유아들의 친사회적 행동에 미치는 영향에 관한 연구(신화회, 2002)에서 유아들은 전통놀이를 통해 서로 협력하여 문제를 해결하면서 어우러져 친사회적 행동에 영향을 미쳤으며, 특히 돕기와 나눠 주기 행동에 있어서 긍정적인 변화를 가져왔다. 최재숙(2002)은 유아의 친사회성 발달을 위한 전통놀이 프로그램을 적용하고 친사회적 행동의 하위 요인인 개인정서 조절 능력, 대인관계 형성 능력, 유치원 적응 능력 증진에 어떠한 영향을 미치는지 알아보았다. 그의 연구에서는 전통놀이가 대인관계 형성 능력 및 유치원 적응 능력 증진에 효과가 있으나, 개인 정서 조절 능력에는 큰 효과를 나타내지 않는 것으로 분석되었다.

(2) 전통놀이와 유아의 창의성 발달 연구

김선옥(1997)은 창의성 개발에 영향을 미칠 수 있는 전통놀이를 통해 유아들의 창의성 발달 정도를 알아보았다. 그의 연구 결과에서 전통놀이는 창의성의 하위 변인 중 융통성에 가장 영향을 미치며, 유창성, 독창성 순으로 영향을 미치고 있다고 나타났다. 영역별 창의성에는 도형, 신체, 언어 순으로 영향을 미쳤다. 이러한 연구 결과는 김명애(2001)의 연구 결과에도 동일하게 나타났다. 김명애(2001)는 전통놀이의 유형에 따른 창의성 발달에 미치는 영향을 조사한 연구에서 유아의 창의성이 실외전통놀이집단에서 실내전통놀이집단에 비해 유의미하게 향상된 결과를 보였다. 또한 창의성 하위 요인에서도 융통성을 제외한 유창성, 안정성, 협조성, 과민성에서 실외전통놀이집단이 유의미하게 향상됨을 보여주었다.

(3) 전통놀이와 유아의 언어 발달 연구

김맹순(1999)에 의해 전통놀이(윷놀이, 비석치기, 팽이치기, 댓귀맞추기)가 유아들의 언어 발달 즉 어휘력, 언어 이해력, 언어 표현력에 미치는 영향을 검증해 보는 실험 연구를 실시하였다. 이들 전통놀이들은 유아들의 언어 표현력에 유의미한 영향을 미친 것으로 나타났다. 이영미(2002)의 연구에서도 전통놀이 경험이 지역(농촌, 도시), 연령(4세, 5세)에 따른 유아의 사회적 능력 및 언어수행 능력에 미치는 효과를 분석함으로써 전통놀이가 유아의 사회적 능력 및 언어수행 능력의 발달에 미치는 교육적 효과를 연구하였다. 그의 연구 결과에서는 유아의 전통놀이 활동(윷놀이, 비석치기, 팽이치기, 연날리기) 경험이 사회적 능력 발달의 하위요인인 유아 서로에 대해 알기, 협동적 놀이, 역할 수용 능력, 자발적 참여 등에 미치는 영향에 관해 도시지역 유아보다 농촌지역 유아들에게 효과적이며 만 4세 유아들보다 만 5세 유아들에게 더 큰 영향을 미친 것으로 나타났다. 유아의 전통놀이 활동 경험이 유아의 어휘력과 언어 이해력에 미치는 영향에 관해서는 도시지역 유아들에게 더 큰 영향을 미친 것으로 나타났다.

(4) 전통놀이와 유아의 인지 발달 연구

이경우 등(1987)은 Kamii와 DeVries의 집단놀이 유형에 따라 윷놀이, 비석치기, 연날리기의 교육적 가치를 중심으로 유아의 논리 · 수학적 가치, 물리적 가치, 수세기와 도형에 대한 인식, 공간개념, 탈중심화에 대하여 검증하였다. 김연옥(1994)은 윷놀이, 비석치기, 연날리기를 통해 보존 개념을 중심으로 2차원 공간, 수, 물질량, 연속량, 무게, 불연속량에 대하여 검증하였다. 김호숙(2000)은 제기놀이, 팽이놀이, 고누놀이를 통해 보존 개념을 검증하였으며 이미화(2000)는 구슬치기, 공기놀이, 사방치기 놀이를 중심으로 모양 변별이나 전체와 부분의 구별 지각 유추 등이 포함된 수리력 발달, 유추, 분류, 공통성 찾기, 논리적 판단력을 포함하는 인지발달에 관해 검증하였다. 이러한 연구들은 전통놀이가 보존 개념에 영향을 미치고 있음을 입증하였다. 최경숙(2000)은 윷놀이, 공기놀이, 투호놀이를 통해 여러 수학적 기초 개념을 중심으로, 홍란기(2001)는 윷놀이를 통해 수학 개념을 중심으로 분류 · 서열, 수, 공간, 측정 개념에 관하여 검증하였다. 최영자(2001)는 12가지의 전통놀이를 통해 수학적 기초 개념을 중심으로 수, 공간, 측정 개념에 관하여 검증하였다. 이나미(2001)의 연구에서 전통놀이를 통해 수 세기, 더하기 · 빼기의 수리 능력과 모양 맞추기, 토막 짜기, 미로 찾기의 공간 능력에 대한 검증이 이루어졌다. 이러한 연구 결과는 임유경(2003)의 전통놀이 활동이 유아의 공간지각 능력 및 위상적 공간 개념을 향상시키는 효과가 있다는 연구 결과와 동일하게 전통놀이가 인지 발달을 지원한다고 나타났다.

민행난(2001)은 팽이치기와 굴렁쇠 굴리기 활동에 나타난 물리적 지식의 구성 과정을 분석하기 위한 시도를 하였으며, 김경아(2002)는 전통놀이(제기차기, 딱지놀이)에 나타난 유아의 물리적 지식 활동과 논리 · 수학적 지식 활동의 구성 과정을 분석한 결과, 유아의 지식 구성 과정에 포함된 구성적 갈등은 유아 특유의 능동적인 사고 과정을 나타내는 증거이며, 지식의 구성 과정을 분석하는 데 중요한 단서를 제공한다고 보았다.

(5) 전통놀이와 유아의 신체 발달 연구

전통놀이 활동이 유아의 신체 발달에 미치는 영향에 대해 강은영(2001)의 연구에서는 전통놀이 프로그램 실시가 유아의 기초체력(근력 및 근지구력, 민첩성, 평형성, 유연성) 향상에 영향을 미친다는 사실이 나타났다. 이는 굴렁쇠 굴리기 놀이가 유아의 건강 관련 기초체력 향상에 효과가 있다는 임채길(1996)의 연구와 일치한다. 그리고 민속놀이는 초등학교 학습자의 기초체력 향상에 긍정적인 효과가 있다는 최철영(1999)의 연구와 최연희(2001)의 전통놀이(마당놀이) 활동이 유아의 체력(근력, 민첩성, 근지구력, 유연성)을 증진시킨다는 연구와 일치한다. 또한, 강은영(2001)의 연구에서는 전통놀이 프로그램이 유아들의 기본 운동기술(균형 잡기, 달리기, 홉핑, 잡기, 차기) 향상에도 긍정적인 영향을 주고 있음을 알 수 있었다. 이는 전통놀이 활동이 유아의 기본동작 능력의 발달에 긍정적 효과가 있었다는 오춘숙(1998)의 연구와 일치하는 것이다.

Ⅲ. 연구 방법

1 연구 대상

조사 대상은 우리나라 국공립, 사립 유치원 교사 총 600명으로 하였다. 조사 대상 지역은 서울, 경기, 강원, 충청, 경상, 전라, 제주로 전국적으로 살펴보았다. 전국 16개 시 · 도 교육청 소속 교사들이 골고루 표집되도록 16개 시 · 도 교육청별로 무선 표집하여 국공립 유치원 교사 300명, 사립 유치원 교사 300명씩 총 600명의 교사를 선정하였다. 2003년을 기준으로 볼 때, 우리나라의 전국 유치원 수는 국공립 유치원 4,284개, 사립 유치원 4,008개로 총 8,292개이다. 각 기관당 1명의 교사를 대상으로 하기 때문에 국공립 유치원 교사와 사립 유치원 교사를 같은 비율로 선정하였다. 설문지 회수 결과는 국공립 유치원 224부, 사립 유치원 210부로 총 434부 회수되어 72.3%의 회수율을 보였으며, 불성실하게 기입한 13부를 제외한 421부만 분석에 사용하였다. 조사 연구에 참여한 유아교사들의 지역별 분포를 살펴보면 다음 표 5와 같다.

표 5 **참여 교사들의 지역별 분포**

		유치원 설립 유형		전체
		국공립	사립	
유치원 소재지	서울/경기	72(36.9%)	123(63.1%)	195(46.5%)
	전라	36(63.2%)	21(36.8%)	57(13.6%)
	경상	57(59.4%)	39(40.6%)	96(22.9%)
	충청	41(75.9%)	13(24.1%)	54(12.9%)
	강원/제주	13(76.5%)	4(23.5%)	17(4.1%)
	전체	219(52.3%)	200(47.7%)	419(100.0%)

참여 교사들의 해당 유치원 지역 비율은 서울/경기지역이 195명(46.5%)으로 가장 많았고, 경상도 96명(22.9%), 전라도 57명(13.6%), 충청도 54명(12.9%), 강원/제주도 17명(4.1%) 순이었다. 서울/경기지역은 국공립 유치원 72명(36.9%), 사립 유치원 123명(63.1%)으로 국공립에 비해 사립의 비율이 높았고, 나머지 지역들은 국공립의 비율이 높았다. 교사들의 연령별 분포는 다음 표 6과 같다.

표 6 **참여 교사들의 연령별 분포**

		유치원 설립 유형		전체
		국공립	사립	
교사 연령	20~29세	30(21.4%)	110(78.6%)	140(33.3%)
	30~39세	95(60.1%)	63(39.9%)	158(37.5%)
	40세 이상	94(76.4%)	29(23.6%)	123(29.2%)
전체		219(52.0%)	202(48.0%)	421(100.0%)

표 6에 의하면, 교사 연령은 20대가 140명(33.3%), 30대 158명(37.5%), 40세 이상이 123명(29.2%)으로 고른 분포를 나타냈다. 20대 교사는 국공립 유치원이 30명(21.4%), 사립 유치원이 110명(78.6%)으로 사립 유치원에서 많았고, 30대와 40세 이상은 국공립 유치원이 많았다. 교사들의 학력별 분포는 다음 표 7과 같다.

표 7 참여 교사들의 학력별 분포

		유치원 설립 유형		전체
		국공립	사립	
교사 교육 정도	전문대 졸	31(27.4%)	82(72.6%)	113(27.0%)
	4년제 대학 졸	115(55.8%)	91(44.2%)	206(49.2%)
	대학원 졸 이상	71(71.0%)	29(29.0%)	100(23.9%)
	전체	217(51.8%)	202(48.2%)	419(100.0%)

표 7에 의하면, 교사의 교육 정도는 4년제 대학 졸이 206명(49.2%)으로 가장 많았고, 전문대 113명(27.0%), 대학원 졸 이상 100명(23.9%) 순이었다. 사립 유치원 교사들에 비해 국공립 유치원 교사들이 교육 정도가 높았다. 연구 대상 유치원 교사 경력의 분포는 다음 표 8과 같다.

표 8 참여 교사들의 유치원 교사 경력 분포

		유치원 설립 유형		전체
		국공립	사립	
유치원 교사 경력	3년 미만	27(27.3%)	72(72.7%)	99(23.7%)
	5년 미만	32(29.9%)	75(70.1%)	107(25.6%)
	10년 미만	154(74.8%)	52(25.2%)	206(49.3%)
	10년 이상	3(50.0%)	3(50.0%)	6(1.4%)
	전체	216(51.7%)	202(48.3%)	418(100.0%)

표 8에 의하면, 교사의 유치원 교사 경력은 5년~10년 미만이 206명(49.3%)으로 가장 많았고, 3~5년 미만 107명(25.6%), 3년 미만 99명(23.7%) 순이었다. 유치원 교사 경력이 5~10년 미만인 교사들은 사립 유치원이 52명(25.2%), 국공립 유치원이 154명(74.8%)으로 사립 유치원에 비해 국공립 유치원이 더 많았다. 3년 미만, 3~5년 미만 교사들은 사립 유치원이 더 많았다. 교사들이 유치원에서 담당하는 유아 연령의 비율은 다음 표 9와 같다.

표 9 **참여 교사들의 담당 유아 연령**

		유치원 설립 유형		전체
		국공립	사립	
유아 연령	만 3세	6(19.4%)	25(80.6%)	31(7.6%)
	만 4세	20(24.7%)	61(75.3%)	81(20.0%)
	만 5세	101(54.6%)	84(45.4%)	185(45.6%)
	혼합 연령	90(82.6%)	19(17.4%)	109(26.8%)
	전체	217(53.4%)	189(46.6%)	406(100.0%)

표 9에 의하면, 해당 교사가 가르치는 유아 연령은 만 5세가 185명(45.6%)으로 가장 많았고, 혼합 연령 109명(26.8%), 만 4세 81명(20.0%), 만 3세 31명(7.6%) 순이었다. 혼합 연령은 사립 유치원이 19명(17.4%), 국공립 유치원이 90명(82.6%)으로 사립에 비해 국공립에서 많이 나타났다. 참여 교사들의 학급 운영 형태는 반일제가 191명(46.2%)으로 가장 많았고, 연장제 169명(40.9%), 종일제 53명(12.8%) 순이었다. 이는 표 10에 나타났다.

표 10 **참여 교사들의 학급 운영 형태**

		유치원 설립 유형		전체
		국공립	사립	
학급 운영 형태	반일제	64(33.5%)	127(66.5%)	191(46.2%)
	연장제	120(71.0%)	49(29.0%)	169(40.9%)
	종일제	34(64.2%)	19(35.8%)	53(12.8%)
	전체	218(52.8%)	195(47.2%)	413(100.0%)

표 10에 의하면, 국공립 유치원에서는 반일제 64명(33.5%), 연장제 120명(71.0%), 종일제 34명(64.2%)으로 연장제가 가장 많았고, 사립 유치원은 반일제 127명(66.5%), 연장제 49명(29.0%), 종일제 19명(35.8%)으로 반일제가 가장 많았다.

2 연구 도구

본 연구의 연구문제를 수행하기 위하여 유치원 교사를 대상으로 하는 설문지를 작성하였다. 질문지 문항은 유치원에서 행해져 온 전통유아놀이의 종류와 적용 실태 등 한국의 전통유아놀이 현황을 알아보기 위한 문항과 전통놀이의 교육적 가치, 중요성, 적용 시 문제점과 해결 방안 등 한국의 전통유아놀이에 대한 교사의 인식을 알아보기 위한 문항으로 구성하였다.

먼저 유치원에서 행해지는 전통놀이의 종류를 알아보기 위해 62종의 전통놀이를 선정하기 위해서 다음과 같은 과정을 거쳤다. 2001년 한국의 전통 아동 놀이 고찰 연구에서 밝혀진 78종의 놀이를 대상으로 하였다. 전통유아놀이를 선정을 위하여 고찰한 관련 문헌 자료들은 다음 표 11과 같다.

표 11 전통유아놀이 고찰 대상 문헌들

저자(연도)	문헌명
교육부(1993)	유치원 교사용 지도서-유아 전통놀이 교육활동 지도자료
김광언(1982)	한국의 민속놀이
도유호 외(1999)	북한 학자가 쓴 조선의 민속놀이
심우성(1996)	한국의 민속놀이
유안진(1981)	한국 고유의 아동 놀이
이은화 · 홍용희 · 조경자 · 엄정애(2001)	한국의 전통 아동 놀이
박전열 역(1992)	조선의 향토오락
지춘상(1980)	아이 놀이. 민족문화대관

문헌 고찰 및 민속놀이 전문가와의 면담 등을 통해 총 62종을 전통유아놀이로 선정하였다. 전통유아놀이 선정의 기준은 다음과 같다. 첫째, 영아기부터 초등학교 학령기까지의 어린이들이 놀았던 놀이, 둘째, 민속이 담긴 우리 민족의 놀이로 전래된 놀이, 셋째, 1910년 이전, 즉 한일합방 이전부터 행해져 전래된 놀이 중에

놀이의 내용이나 방법을 확인할 수 있는 놀이, 넷째, 유아가 스스로 또는 성인과 함께 즐겼던 것으로 추정되는 놀이를 한국의 전통유아놀이로 규정하였다. 그중에서 전통놀이 전문가와 연구자들 간의 합의를 거쳐 영아 대상 노래 놀이, 초등학생 고학년생 이상의 놀이라고 판단되는 것을 제외시켰다. 그러나 성인 대상 전통놀이이지만, 유아들에게 맞게 수정되어 놀이가 이루어지는 '강강술래', '농악', '탈놀이'는 포함시켰다.

유치원에서 전통유아놀이 실시 현황과 교사들의 인식을 알아보기 위한 설문지의 타당성을 알아보기 위해 전통놀이에 관심이 있는 유아교육 전문가 2명과 민속놀이 학자 1명을 전문가로 선정하여 전문가협의회를 실시하였다. 더불어, 유치원 교사 대상 설문지는 유치원 교사 20명을 대상으로 예비 조사를 실시하여, 문제가 있는 질문지 문항을 수정, 보완한 뒤 최종 질문지를 확정하였다. 설문의 내용은 선택형 문항을 중심으로 구성하였다. 설문지의 내용 구성은 다음 표 12와 같다.

표 12 **유치원 교사를 위한 전통유아놀이에 대한 설문지 내용**

설문지 내용	세부 내용	설문과 문항
1) 선정된 62종의 놀이에 대한 실시 현황		문항 1(1~63) 1-1, 1-2
2) 전통유아놀이 실시 현황	1) 운영 동기 2) 운영 자료와 방법 3) 교육과정 운영 4) 유아들의 반응	문항 2, 2-1, 2-2 문항 3, 6, 7 문항 4, 5 문항 8
3) 전통유아놀이에 대한 교사 인식	1) 개인적 관심과 동기 2) 필요한 이유 3) 교육과정 운영 4) 운영 시 어려운 점 5) 활용, 보급을 위해 필요한 것	문항 9, 10 문항 11, 11-1, 11-2 문항 11-3, 11-4, 11-5 문항 12 문항 13

3 연구 절차

1) 문헌 조사 및 전문가협의회

전통유아놀이의 유치원 운영 현황과 교사들의 인식을 알아보기 위해 관련 문헌과 자료를 중심으로 연구하였으며, 살펴본 문헌들은 앞서 제시된 표 11과 같다. 문헌 고찰과 민속놀이 전문가와의 협의를 통해 최종적으로 전통유아놀이 목록을 완성하였다. 전통유아놀이에 관심이 있는 유아교육 전문가 2명과 민속놀이 학자 1명을 전문가로 선정하여 전문가협의회를 실시하였다. 전문가협의회를 통해 유아교육 현장에서 주로 실시되는 전통유아놀이 목록과 전통놀이 현황과 교사들의 인식을 알아보기 위해 필요한 문항들을 정리 · 확정하였다.

2) 설문지 조사

제작된 유치원 교사 대상 설문지는 교사 20명을 대상으로 예비 조사를 실시하였고 이를 통해 현장 교사가 이해하기 힘든 문항이 있는지 확인하고, 최종 설문지를 확정하였다. 최종 설문지 구성은 표 12와 같다. 완성된 설문지는 전통유아놀이에 대한 활용 실태 현황과 교사의 인식을 알아보기 위해 전국의 시 · 도 단위 국공립, 사립 유치원에 배부되었다.

3) 연구 결과 분석

설문지를 통해 수집된 자료는 문항별로 빈도와 백분율을 산출하였고, 현황의 경우는 유치원이 속한 지역과 유치원의 설립 유형, 유아의 연령에 따라, 교사 인식의 경우는 교사의 학력, 경력에 따른 차이를 알아보기 위해서는 x^2검증을 실시하였다. 한 문항에 중다 반응이 가능한 경우에는 문항의 항목별로 빈도와 총 응답자 수에 대한 비율을 산출하였고, 그 밖에 질문지에 자유 응답한 기타의 내용은 유목별로 분류하여 종합 · 정리하고 빈도와 백분율을 산출하여 분석하였다.

Ⅳ. 연구 결과

1 선정된 62종 전통유아놀이 실시 여부

선정된 전통유아놀이의 실시 여부와 현황은 다음 표 13과 같다.

표 13 **전통유아놀이 종류별 실시 현황**

놀이 종류	모른다(%)	안다(%)	실시한다(%)	전체(%)	놀이 종류	모른다(%)	안다(%)	실시한다(%)	전체(%)
1) 공기놀이	2(0.5)	94(22.7)	319(76.9)	415(100.0)	14) 봉사놀이	21(5.0)	133(31.7)	265(63.2)	419(100.0)
2) 군사놀이	189(45.2)	212(50.7)	17(4.1)	418(100.0)	15) 소꿉놀이	1(0.2)	35(8.3)	384(91.4)	420(100.0)
3) 그림자놀이	30(7.1)	174(41.4)	216(51.4)	420(100.0)	16) 술래잡기	0(0.0)	23(5.5)	398(94.5)	421(100.0)
4) 꼬리잡기	4(1.0)	62(14.8)	354(84.3)	420(100.0)	17) 숨바꼭질	0(0.0)	48(11.5)	371(88.5)	419(100.0)
5) 눈싸움	2(0.5)	96(22.9)	322(76.7)	420(100.0)	18) 썰매타기	4(1.0)	295(70.2)	121(28.8)	420(100.0)
6) 달맞이	32(7.6)	330(78.6)	58(13.8)	420(100.0)	19) 씨름	5(1.2)	103(24.5)	313(74.3)	421(100.0)
7) 닭싸움	0(0.0)	47(11.2)	374(88.8)	421(100.0)	20) 연날리기	2(0.5)	227(54.2)	190(45.3)	419(100.0)
8) 대말타기2	195(46.7)	204(48.8)	19(4.5)	418(100.0)	21) 제기차기	0(0.0)	24(5.7)	396(94.3)	420(100.0)
9) 대문놀이	20(4.8)	49(11.7)	351(83.6)	420(100.0)	22) 줄넘기	0(0.0)	63(15.0)	358(85.0)	421(100.0)
10) 돈치기	192(45.8)	213(50.8)	14(3.3)	419(100.0)	23) 진짜기놀이	247(58.7)	153(36.3)	21(5.0)	421(100.0)
11) 돌아잡기	150(35.8)	143(34.1)	126(30.1)	419(100.0)	24) 팔랑개비놀이	88(20.9)	56(13.3)	277(65.8)	421(100.0)
12) 돌차기	94(22.4)	204(48.7)	121(28.9)	419(100.0)	25) 팔씨름	0(0.0)	59(14.0)	361(86.0)	420(100.0)
13) 땅재먹기	37(8.8)	242(57.5)	142(33.7)	421(100.0)	26) 팽이치기	0(0.0)	148(35.2)	272(64.8)	420(100.0)

놀이 종류	모른다(%)	안다(%)	실시한다(%)	전체(%)	놀이 종류	모른다(%)	안다(%)	실시한다(%)	전체(%)
27) 풀각시놀이	95(22.6)	250(59.5)	75(17.9)	420(100.0)	45) 달따기	269(64.2)	144(34.4)	6(1.4)	419(100.0)
28) 풀싸움놀이	91(21.7)	234(55.8)	94(22.4)	419(100.0)	46) 달집 사르기	272(64.8)	143(34.0)	5(1.2)	420(100.0)
29) 강강술래	2(0.5)	90(21.4)	329(78.1)	421(100.0)	47) 대말타기1	265(62.9)	138(32.8)	18(4.3)	421(100.0)
30) 실뜨기	2(0.5)	66(15.7)	353(83.8)	421(100.0)	48) 두꺼비집짓기	9(2.1)	46(10.9)	366(86.9)	421(100.0)
31) 무궁화	4(1.0)	32(7.6)	385(91.4)	421(100.0)	49) 비석치기	6(1.4)	93(22.1)	322(76.5)	421(100.0)
32) 수건돌리기	0(0.0)	34(8.1)	387(91.9)	421(100.0)	50) 산가지놀이	130(31.0)	138(32.9)	152(36.2)	420(100.0)
33) 여우야 여우야	2(0.5)	19(4.5)	400(95.0)	421(100.0)	51) 윷놀이	2(0.5)	24(5.7)	395(93.8)	421(100.0)
34) 꽃잡기놀이	90(21.4)	79(18.8)	251(59.8)	420(100.0)	52) 자치기	16(3.8)	275(65.5)	129(30.7)	420(100.0)
35) 가면놀이	169(40.1)	188(44.7)	64(15.2)	421(100.0)	53) 장차기	262(62.5)	143(34.1)	14(3.3)	419(100.0)
36) 고누	87(20.7)	190(45.2)	143(34.0)	420(100.0)	54) 잰부닥불넘기	353(83.8)	64(15.2)	4(1.0)	421(100.0)
37) 고리잡기	239(57.0)	123(29.4)	57(13.6)	419(100.0)	55) 줄다리기	3(0.7)	60(14.3)	356(85.0)	419(100.0)
38) 고사리꺾기	181(43.0)	153(36.3)	87(20.7)	421(100.0)	56) 쥐불놀이	18(4.3)	380(90.3)	23(5.5)	421(100.0)
39) 과녁맞히기	19(4.5)	162(38.7)	238(56.8)	419(100.0)	57) 쫄기접시	251(59.6)	156(37.1)	14(3.3)	421(100.0)
40) 그네뛰기	3(0.7)	181(43.2)	235(56.1)	419(100.0)	58) 청어엮자놀이	216(51.3)	160(38.0)	45(10.7)	421(100.0)
41) 남생아 놀아라	130(30.9)	171(40.6)	120(28.5)	421(100.0)	59) 칠교놀이	30(7.1)	79(18.8)	312(74.1)	421(100.0)
42) 남승도놀이	338(80.3)	79(18.8)	4(1.0)	421(100.0)	60) 투호놀이	0(0.0)	29(6.9)	392(93.1)	421(100.0)
43) 널뛰기	4(1.0)	214(51.1)	201(48.0)	419(100.0)	61) 농악놀이	4(1.0)	243(57.7)	174(41.3)	421(100.0)
44) 단지팔기	288(68.7)	109(26.0)	22(5.3)	419(100.0)	62) 탈놀이	4(1.0)	200(47.7)	215(51.3)	419(100.0)

표 13에 의하면, 62종의 전통놀이 중 '실시한다' 의 비율이 높은 놀이들은 여우야 여우야(95.0%), 술래잡기(94.5%), 제기차기(94.3%), 윷놀이(93.8%), 투호놀이(93.1%), 수건돌리기(91.9%), 소꿉놀이(91.4%), 무궁화 꽃이 피었습니다(91.4%)로 나타났다. '알지만 실시하지 않는다' 의 비율이 높은 놀이들은 쥐불놀이(90.35), 달맞이(78.6%), 썰매타기(70.2%), 자치기(65.5%), 풀각시놀이(59.5%), 농악놀이(57.7%), 풀싸움놀이(55.8%), 연날리기(54.2%), 널뛰기(51.1%), 군사놀이(50.7%) 순으로 나타났다. '모른다' 의 비율이 높은 전통놀이는 잰부닥불넘기(83.8%), 남승도놀이(80.3%), 단지팔기(68.7%), 달집사르기(64.8%), 달따기(64.2%), 대말타기1(62.9%), 장치기(62.5%), 쫄기접시(59.6%), 진쨋기놀이(58.7%), 고리잡기(57.0%), 청어엮자놀이(51.3%) 순으로 나타났다.

각 전통유아놀이에 따라 모른다, 안다, 실시한다의 빈도가 각기 다르게 나타났다. 자세히 살펴보면 공기놀이는 '실시한다' 의 비율(76.9%)이 가장 높았다. 군사놀이는 '안다' 의 비율(50.7%)이 높고, 그림자놀이는 '실시한다' 의 비율(51.4%)이 높았다. 꼬리잡기와 눈싸움은 '실시한다' 의 비율(꼬: 84.3%, 눈: 76.7%)이 가장 높았다. 달맞이는 '안다' (78.6%)가 가장 높았다. 닭싸움은 '실시한다' 의 비율(88.8%)이 가장 높았고, 대말타기2는 '모른다' (46.7%)와 '안다(48.8%)' 가 비슷한 비율로 높게 나타났다. 대문놀이는 '실시한다' (83.6%)가 가장 많이 나타났고, 돈치기는 '모른다' (45.8%)와 '안다' (50.8%)가 높게 나타났고, 돌아잡기는 3범주에서 비슷한 비율로 나타났다. 돌차기와 땅재먹기는 '안다' (돌: 48.7%, 땅: 57.5%)가 가장 높았고, 봉사놀이는 '실시한다' (63.2%)가 높았다. 소꿉놀이, 술래잡기, 숨바꼭질은 모르는 사람이 거의 없고, '실시한다' 가 가장 높았다. 썰매타기, 연날리기는 '안다' (썰: 70.2%, 연: 54.2%)가 가장 높았고, 씨름은 '실시한다' 의 비율(74.3%)이 높았다. 제기차기, 줄넘기, 팔씨름, 팽이치기는 모르는 사람이 없었고, '실시한다' 의 비율이 가장 높았다. 단 팽이치기는 다른 놀이에 비해 '안다' 의 비율(35.2%)이 높았다. 진쨋기놀이는 '모른다' (58.7%)가 가장 많았고, 팔랑개비놀이는 '실시한다' (65.8%)가 가장 많았다. 풀각시놀이와 풀싸움놀이는 '안다' (풀각시: 59.5%, 풀싸움: 55.8%)의 비율이 가장 높았고, 강강술래, 실뜨기, 무궁화, 수건돌리기, 여우야 여우야, 꽃잡기놀이는 '실시한다' 의 비율이 높았다. 가면놀이는 '모른다' (40.1%)와 '안다' (44.7%)의 비율이 비슷하게 높았고, 고누는 '안다' 의 비율(45.2%)이 높았으며, 고리잡기는 '모른다' 의 비율(57.0%)이 높았다. 고사리꺾기는 '모른다' 의 비율(43.0%)이 높았고, 과녁맞히기와 그네뛰기는 '실시한다' (과: 56.8%, 그: 56.1%)가 높았다. 남생아 놀아라는 '모른다' (30.9%), '안다' (40.6%), '실시한다' (28.5%)의 비율이 비슷하게 나타났고, 남승도놀이는 '모른다' (80.3%)가 가장 많았다. 널뛰기는 '안다' (51.1%)가 높았고, 단지 팔기, 달 따기, 달집사르기, 대말타기1은 '모른다' 의 비율이 높았다. 두꺼비집짓기, 비석치기는 '실시한다' 가 높았고, 산가지놀이는 '모른다' (31.0%), '안다' (32.9%), '실시한다' (36.2%)의 비율이 비슷하게 나타났다. 윷놀이는 '실시한다' (93.8%)가 가장 높았고, 자치기는 '안다' (65.5%)가 높았고, 장치기, 잰부닥불넘기는 '모른다' 가 높았다. 줄다리기는 '실시한다' (85.0%)가 가장 높았고, 쥐불놀이는 '안다' (90.3%)가 가장 높았다. 쫄기접시, 청어엮자놀이는 '모른다' (쫄: 59.6%, 청: 51.3%)가 많았고, 칠교놀이, 투호놀이는 '실시한다' (칠: 74.1%, 투: 93.1%)가 가장 많았다. 농악놀이는 '안다' (57.7%)가 많았고, 탈놀이는 '실시한다' (51.3%)가 많았다. 전체 응답에 대한 전통유아놀이 실시 현황 비율은 다음 표 14와 같다.

표 14 전체 응답을 통한 전통유아놀이 실시 현황

	'모른다' 의 비율	'안다' 의 비율	'실시한다' 의 비율
평 균	19.86%	31.97%	48.17%
표준편차	9.41	11.32	12.62

표 14에 의하면, 62종 전통유아놀이 중 평균적으로 '모른다' 의 비율은 19.86%(SD=9.41), '안다' 의 비율은 31.97%(SD=11.32), '실시한다' 의 비율은 48.17%(SD=12.62)로 나타났다. 유치원 교사들은 전통유아놀이의 대부분(약 80%)을 알고 있으며, 62종 전통유아놀이의 과반수 가량이 현재 유치원에서 실시되고 있다고 나타났다. 실시 여부와 현황 비율에 대한 지역에 따른 비교는 다음 표 15와 같다.

표 15 지역에 따른 응답 비교

		지역					F	p
		서울/경기	전라	경상	충청	강원/제주		
'모른다' 의 비율	평 균	21.79	21.53	15.73	18.70	18.05	8.05	.000***
	표준편차	9.46	9.80	7.72	8.99	9.57		
'안다' 의 비율	평 균	30.84	33.86	33.36	31.64	32.19	1.25	.288
	표준편차	11.26	12.52	10.28	12.31	10.34		
'실시한다' 의 비율	평 균	47.37	44.61	50.92	49.67	49.76	2.78	.027*
	표준편차	12.57	13.32	12.00	13.11	9.15		

*** : $p<.001$, * : $p<.05$

표 15에 의하면, 전통유아놀이에 대해 '모른다' 고 응답한 비율을 살펴보면, 지역별에 따라 통계적으로 유의미한 차이를 보인다($F_{(4,414)}=8.05$, $p<.001$). 경상지역의 '모른다' 의 비율이 15.74%(SD=7.72)로 다른 지역에 비하여 통계적으로 유

의미하게 낮은 것으로 나타났다($F_{(4,414)}$=8.05, p〈 .05). 또한, '실시한다' 의 비율에서도 경상지역이 50.92%(SD=12.00)으로 다른 지역에 비하여 통계적으로 유의미하게 비율이 높은 것으로 나타났다($F_{(4,414)}$=2.78, p〈 .05). 반면, 유치원 소재지에 따른 '안다' 의 비율은 유의미한 차이가 없는 것으로 나타났다. 교사들의 담당 연령에 따른 실시 여부와 현황의 비교는 표 16과 같다.

표 16 **유아 연령에 따른 응답 비교**

		유아 연령				F	p
		만 3세	만 4세	만 5세	혼합 연령		
'모른다' 의 비율	평균	21.42	22.18	19.66	18.47	2.78	.041*
	표준편차	9.25	9.56	9.20	9.36		
'안다' 의 비율	평균	33.73	32.82	30.48	33.71	2.29	.078
	표준편차	10.67	11.90	11.12	11.56		
'실시한다' 의 비율	평균	44.86	45.01	49.86	47.83	3.61	.013*
	표준편차	12.26	12.81	12.28	12.44		

* : p<.05

표 16에 의하면, 유아 연령별로 살펴보면, '모른다' 의 경우, 만 5세가 21.42%(SD=9.25), 혼합 연령이 18.47%(SD=9.36)으로 '만 5세' 와 '혼합 연령' 집단이 다른 집단에 비하여 '모른다' 고 응답한 비율이 통계적으로 유의미하게 낮은 것으로 나타났으며($F_{(3,402)}$=2.78, p〈 .05), '실시한다' 의 비율에서도 만 5세가 49.86%(SD=12.28), 만 3세가 44.86%(SD=12.26), 만 4세가 45.01%(SD=12.81)로 '만 5세' 집단이 '만 3세' 와 '만 4세' 집단에 비하여 통계적으로 유의미하게 실시 비율이 높은 것으로 나타났다($F_{(3,402)}$=3.61, p〈 .05). 한편, '안다' 의 비율은 각 집단별에 따라 통계적으로 유의미한 차이를 보이지 않았다. 유치원의 설립 유형에 따른 실시 여부와 현황 비교는 다음 표 17과 같다.

표 17 유치원 설립 유형에 따른 응답 비교

		설립 유형		t	p
		국공립	사립		
'모른다' 의 비율	평 균	18.13	21.72	-3.98	.000***
	표준편차	9.09	9.41		
'안다' 의 비율	평 균	32.97	30.89	1.89	.060
	표준편차	11.39	11.18		
'실시한다' 의 비율	평 균	48.90	47.39	1.23	.220
	표준편차	12.34	12.90		

* : $p<.05$

표 17에 의하면, 유치원 설립 유형별에 따라 살펴보면, '모른다' 의 비율의 경우 사립 유치원이 21.72%(SD=9.41), 국공립 유치원이 18.13%(SD=0.09)로 사립 유치원이 국공립 유치원에 비하여 '모른다' 의 비율이 통계적으로 유의미하게 높은 것으로 나타났다($t_{(419)}$=-3.98, $p<.001$). 한편 '안다' 와 '실시한다' 의 비율에서는 차이를 보이지 않았다.

1) 유치원 소재지에 따른 전통유아놀이 실시 여부 현황

전통유아놀이를 유치원의 소재지에 따라 실시 여부와 현황을 비교하였다. 강원, 제주지역은 사례수 부족으로 지역별 비교에서 제외하였다. 이는 다음 표 18에 나타났다.

표 18 지역별에 따른 전통유아놀이 실시 여부 현황

		모른다	안다	실시한다	계	x^2	p
공기놀이	서울	1(1.4%)	16(22.2%)	55(76.4%)	72(18.2%)	4.62	.798
	경기	1(.8%)	27(22.3%)	93(76.9%)	121(30.6%)		
	전라	0(.0%)	17(30.4%)	39(69.6%)	56(14.1%)		
	경상	0(.0%)	22(23.4%)	72(76.6%)	94(23.7%)		
	충청	0(.0%)	10(18.9%)	43(81.1%)	53(13.4%)		
	전체	2(.5%)	92(23.2%)	302(76.3%)	396(100.0%)		

		모른다	안다	실시한다	계	X^2	p
군사놀이	서울	38(51.4%)	34(45.9%)	2(2.7%)	74(18.5%)	6.06	.641
	경기	53(44.2%)	64(53.3%)	3(2.5%)	120(30.1%)		
	전라	23(41.1%)	31(55.4%)	2(3.6%)	56(14.0%)		
	경상	39(40.6%)	51(53.1%)	6(6.3%)	96(24.1%)		
	충청	25(47.2%)	24(45.3%)	4(7.5%)	53(13.3%)		
	전체	178(44.6%)	204(51.1%)	17(4.3%)	399(100.0%)		
그림자놀이	서울	6(8.1%)	35(47.3%)	33(44.6%)	74(18.5%)	9.26	.321
	경기	10(8.3%)	50(41.3%)	61(50.4%)	121(30.2%)		
	전라	2(3.5%)	25(43.9%)	30(52.6%)	57(14.2%)		
	경상	4(4.2%)	31(32.6%)	60(63.2%)	95(23.7%)		
	충청	4(7.4%)	26(48.1%)	24(44.4%)	54(13.5%)		
	전체	26(6.5%)	167(41.6%)	208(51.9%)	401(100.0%)		
꼬리잡기	서울	0(.0%)	9(12.2%)	65(87.8%)	74(18.5%)	18.24	.020*
	경기	3(2.5%)	29(24.0%)	89(73.6%)	121(30.2%)		
	전라	0(.0%)	8(14.3%)	48(85.7%)	56(14.0%)		
	경상	1(1.0%)	9(9.4%)	86(89.6%)	96(23.9%)		
	충청	0(.0%)	4(7.4%)	50(92.6%)	54(13.5%)		
	전체	4(1.0%)	59(14.7%)	338(84.3%)	401(100.0%)		
눈싸움	서울	0(.0%)	14(18.9%)	60(81.1%)	74(18.5%)	41.69	.000***
	경기	1(.8%)	18(14.9%)	102(84.3%)	121(30.2%)		
	전라	0(.0%)	11(19.3%)	46(80.7%)	57(14.2%)		
	경상	1(1.0%)	44(45.8%)	51(53.1%)	96(23.9%)		
	충청	0(.0%)	5(9.4%)	48(90.6%)	53(13.2%)		
	전체	2(.5%)	92(22.9%)	307(76.6%)	401(100.0%)		
달맞이놀이	서울	8(10.8%)	54(73.0%)	12(16.2%)	74(18.5%)	7.67	.466
	경기	7(5.8%)	99(82.5%)	14(11.7%)	120(29.9%)		
	전라	6(10.5%)	46(80.7%)	5(8.8%)	57(14.2%)		
	경상	8(8.3%)	72(75.0%)	16(16.7%)	96(23.9%)		
	충청	2(3.7%)	41(75.9%)	11(20.4%)	54(13.5%)		
	전체	31(7.7%)	312(77.8%)	58(14.5%)	401(100.0%)		

*** : $p<.001$, * : $p<.05$

		모른다	안다	실시한다	계	x^2	p
닭싸움	서울	0(0.0%)	10(13.5%)	64(86.5%)	74(18.4%)	12.81	.012*
	경기	0(0.0%)	23(19.0%)	98(81.0%)	121(30.1%)		
	전라	0(0.0%)	6(10.5%)	51(89.5%)	57(14.2%)		
	경상	0(0.0%)	4(4.2%)	92(95.8%)	96(23.9%)		
	충청	0(0.0%)	4(7.4%)	50(92.6%)	54(13.4%)		
	전체	0(0.0%)	47(11.7%)	355(88.3%)	402(100.0%)		
대말타기2	서울	42(56.8%)	31(41.9%)	1(1.4%)	74(18.5%)	11.19	.191
	경기	58(48.3%)	53(44.2%)	9(7.5%)	120(30.1%)		
	전라	26(46.4%)	29(51.8%)	1(1.8%)	56(14.0%)		
	경상	37(38.5%)	53(55.2%)	6(6.3%)	96(24.1%)		
	충청	22(41.5%)	29(54.7%)	2(3.8%)	53(13.3%)		
	전체	185(46.4%)	195(48.9%)	19(4.8%)	399(100.0%)		
대문놀이	서울	4(5.4%)	10(13.5%)	60(81.1%)	74(18.5%)	11.19	.191
	경기	9(7.4%)	20(16.5%)	92(76.0%)	121(30.2%)		
	전라	1(1.8%)	5(8.9%)	50(89.3%)	56(14.0%)		
	경상	2(2.1%)	9(9.4%)	85(88.5%)	96(23.9%)		
	충청	3(5.6%)	3(5.6%)	48(88.9%)	54(13.5%)		
	전체	19(4.7%)	47(11.7%)	335(83.5%)	401(100.0%)		
돈치기	서울	45(60.8%)	26(35.1%)	3(4.1%)	74(18.5%)	28.25	.000***
	경기	67(55.4%)	51(42.1%)	3(2.5%)	121(30.3%)		
	전라	23(41.1%)	32(57.1%)	1(1.8%)	56(14.0%)		
	경상	27(28.1%)	66(68.8%)	3(3.1%)	96(24.0%)		
	충청	23(43.4%)	26(49.1%)	4(7.5%)	53(13.3%)		
	전체	185(46.3%)	201(50.3%)	14(3.5%)	400(100.0%)		
돌아잡기	서울	39(52.7%)	20(27.0%)	15(20.3%)	74(18.5%)	29.28	.000***
	경기	51(42.1%)	38(31.4%)	32(26.4%)	121(30.3%)		
	전라	24(42.9%)	18(32.1%)	14(25.0%)	56(14.0%)		
	경상	18(18.9%)	39(41.1%)	38(40.0%)	95(23.8%)		
	충청	12(22.2%)	21(38.9%)	21(38.9%)	54(13.5%)		
	전체	144(36.0%)	136(34.0%)	120(30.0%)	400(100.0%)		

*** : $p<.001$, ** : $p<.01$

		모른다	안다	실시한다	계	x^2	p
돌차기	서울	24(32.9%)	28(38.4%)	21(28.8%)	73(18.3%)	36.55	.000***
	경기	37(30.6%)	59(48.8%)	25(20.7%)	121(30.3%)		
	전라	9(16.1%)	37(66.1%)	10(17.9%)	56(14.0%)		
	경상	8(8.3%)	44(45.8%)	44(45.8%)	96(24.0%)		
	충청	13(24.1%)	26(48.1%)	15(27.8%)	54(13.5%)		
	전체	91(22.8%)	194(48.5%)	115(28.8%)	400(100.0%)		
땅재먹기	서울	10(13.5%)	41(55.4%)	23(31.1%)	74(18.4%)	21.15	.007**
	경기	16(13.2%)	69(57.0%)	36(29.8%)	121(30.1%)		
	전라	5(8.8%)	41(71.9%)	11(19.3%)	57(14.2%)		
	경상	3(3.1%)	51(53.1%)	42(43.8%)	96(23.9%)		
	충청	2(3.7%)	28(51.9%)	24(44.4%)	54(13.4%)		
	전체	36(9.0%)	230(57.2%)	136(33.8%)	402(100.0%)		
봉사놀이	서울	9(12.3%)	28(38.4%)	36(49.3%)	73(18.3%)	26.83	.001**
	경기	7(5.8%)	48(39.7%)	66(54.5%)	121(30.3%)		
	전라	1(1.8%)	16(28.1%)	40(70.2%)	57(14.3%)		
	경상	2(2.1%)	24(25.0%)	70(72.9%)	96(24.0%)		
	충청	2(3.8%)	9(17.0%)	42(79.2%)	53(13.3%)		
	전체	21(5.3%)	125(31.3%)	254(63.5%)	400(100.0%)		
소꼽놀이	서울	0(.0%)	5(6.8%)	69(93.2%)	74(18.5%)	14.40	.072
	경기	0(.0%)	6(5.0%)	114(95.0%)	120(29.9%)		
	전라	0(.0%)	10(17.5%)	47(82.5%)	57(14.2%)		
	경상	1(1.0%)	6(6.3%)	89(92.7%)	96(23.9%)		
	충청	0(.0%)	8(14.8%)	46(85.2%)	54(13.5%)		
	전체	1(.2%)	35(8.7%)	365(91.0%)	401(100.0%)		
술래잡기	서울	0(0.0%)	4(5.4%)	70(94.6%)	74(18.4%)	2.85	.583
	경기	0(0.0%)	8(6.6%)	113(93.4%)	121(30.1%)		
	전라	0(0.0%)	5(8.8%)	52(91.2%)	57(14.2%)		
	경상	0(0.0%)	3(3.1%)	93(96.9%)	96(23.9%)		
	충청	0(0.0%)	2(3.7%)	52(96.3%)	54(13.4%)		
	전체	0(0.0%)	22(5.5%)	380(94.5%)	402(100.0%)		

*** : $p<.001$, ** : $p<.01$

		모른다	안다	실시한다	계	x^2	p
숨바꼭질	서울	0(0.0%)	10(13.5%)	64(86.5%)	74(18.5%)	1.41	.840
	경기	0(0.0%)	15(12.4%)	106(87.6%)	121(30.3%)		
	전라	0(0.0%)	6(10.7%)	50(89.3%)	56(14.0%)		
	경상	0(0.0%)	8(8.4%)	87(91.6%)	95(23.8%)		
	충청	0(0.0%)	7(13.0%)	47(87.0%)	54(13.5%)		
	전체	0(0.0%)	46(11.5%)	354(88.5%)	400(100.0%)		
썰매타기	서울	1(1.4%)	48(64.9%)	25(33.8%)	74(18.5%)	10.69	.220
	경기	0(.0%)	82(67.8%)	39(32.2%)	121(30.2%)		
	전라	0(.0%)	39(69.6%)	17(30.4%)	56(14.0%)		
	경상	2(2.1%)	77(80.2%)	17(17.7%)	96(23.9%)		
	충청	1(1.9%)	36(66.7%)	17(31.5%)	54(13.5%)		
	전체	4(1.0%)	282(70.3%)	115(28.7%)	401(100.0%)		
씨름	서울	2(2.7%)	20(27.0%)	52(70.3%)	74(18.4%)	10.14	.255
	경기	3(2.5%)	28(23.1%)	90(74.4%)	121(30.1%)		
	전라	0(.0%)	19(33.3%)	38(66.7%)	57(14.2%)		
	경상	0(.0%)	18(18.8%)	78(81.3%)	96(23.9%)		
	충청	0(.0%)	15(27.8%)	39(72.2%)	54(13.4%)		
	전체	5(1.2%)	100(24.9%)	297(73.9%)	402(100.0%)		
연날리기	서울	1(1.4%)	36(48.6%)	37(50.0%)	74(18.5%)	6.24	.621
	경기	0(.0%)	72(59.5%)	49(40.5%)	121(30.3%)		
	전라	0(.0%)	26(46.4%)	30(53.6%)	56(14.0%)		
	경상	1(1.1%)	51(53.7%)	43(45.3%)	95(23.8%)		
	충청	0(.0%)	29(53.7%)	25(46.3%)	54(13.5%)		
	전체	2(.5%)	214(53.5%)	184(46.0%)	400(100.0%)		
제기차기	서울	0(0.0%)	6(8.2%)	67(91.8%)	73(18.2%)	3.15	.533
	경기	0(0.0%)	6(5.0%)	115(95.0%)	121(30.2%)		
	전라	0(0.0%)	5(8.8%)	52(91.2%)	57(14.2%)		
	경상	0(0.0%)	3(3.1%)	93(96.9%)	96(23.9%)		
	충청	0(0.0%)	3(5.6%)	51(94.4%)	54(13.5%)		
	전체	0(0.0%)	23(5.7%)	378(94.3%)	401(100.0%)		

		모른다	안다	실시한다	계	x^2	p
줄넘기	서울	0(0.0%)	16(21.6%)	58(78.4%)	74(18.4%)	11.48	.022*
	경기	0(0.0%)	7(5.8%)	114(94.2%)	121(30.1%)		
	전라	0(0.0%)	10(17.5%)	47(82.5%)	57(14.2%)		
	경상	0(0.0%)	16(16.7%)	80(83.3%)	96(23.9%)		
	충청	0(0.0%)	9(16.7%)	45(83.3%)	54(13.4%)		
	전체	0(0.0%)	58(14.4%)	344(85.6%)	402(100.0%)		
진쨋기놀이	서울	49(66.2%)	25(33.8%)	0(.0%)	74(18.4%)	9.38	.311
	경기	75(62.0%)	41(33.9%)	5(4.1%)	121(30.1%)		
	전라	33(57.9%)	19(33.3%)	5(8.8%)	57(14.2%)		
	경상	50(52.1%)	40(41.7%)	6(6.3%)	96(23.9%)		
	충청	32(59.3%)	18(33.3%)	4(7.4%)	54(13.4%)		
	전체	239(59.5%)	143(35.6%)	20(5.0%)	402(100.0%)		
팔랑개비놀이	서울	21(28.4%)	8(10.8%)	45(60.8%)	74(18.4%)	15.37	.052
	경기	29(24.0%)	13(10.7%)	79(65.3%)	121(30.1%)		
	전라	15(26.3%)	13(22.8%)	29(50.9%)	57(14.2%)		
	경상	13(13.5%)	13(13.5%)	70(72.9%)	96(23.9%)		
	충청	7(13.0%)	8(14.8%)	39(72.2%)	54(13.4%)		
	전체	85(21.1%)	55(13.7%)	262(65.2%)	402(100.0%)		
팔씨름	서울	0(0.0%)	10(13.5%)	64(86.5%)	74(18.5%)	2.72	.607
	경기	0(0.0%)	17(14.0%)	104(86.0%)	121(30.2%)		
	전라	0(0.0%)	5(8.8%)	52(91.2%)	57(14.2%)		
	경상	0(0.0%)	16(16.8%)	79(83.2%)	95(23.7%)		
	충청	0(0.0%)	10(18.5%)	44(81.5%)	54(13.5%)		
	전체	0(0.0%)	58(14.5%)	343(85.5%)	401(100.0%)		
팽이치기	서울	0(0.0%)	20(27.4%)	53(72.6%)	73(18.2%)	13.39	.010*
	경기	0(0.0%)	33(27.3%)	88(72.7%)	121(30.2%)		
	전라	0(0.0%)	29(50.9%)	28(49.1%)	57(14.2%)		
	경상	0(0.0%)	40(41.7%)	56(58.3%)	96(23.9%)		
	충청	0(0.0%)	21(38.9%)	33(61.1%)	54(13.5%)		
	전체	0(0.0%)	143(35.7%)	258(64.3%)	401(100.0%)		

* : p<.05

		모른다	안다	실시한다	계	x^2	p
풀각시놀이	서울	28(37.8%)	40(54.1%)	6(8.1%)	74(18.5%)	23.26	.003**
	경기	17(14.0%)	79(65.3%)	25(20.7%)	121(30.2%)		
	전라	17(29.8%)	27(47.4%)	13(22.8%)	57(14.2%)		
	경상	21(22.1%)	54(56.8%)	20(21.1%)	95(23.7%)		
	충청	8(14.8%)	37(68.5%)	9(16.7%)	54(13.5%)		
	전체	91(22.7%)	237(59.1%)	73(18.2%)	401(100.0%)		
풀싸움놀이	서울	28(38.4%)	38(52.1%)	7(9.6%)	73(18.3%)	24.03	.002**
	경기	19(15.7%)	68(56.2%)	34(28.1%)	121(30.3%)		
	전라	17(29.8%)	31(54.4%)	9(15.8%)	57(14.3%)		
	경상	17(17.9%)	54(56.8%)	24(25.3%)	95(23.8%)		
	충청	8(14.8%)	31(57.4%)	15(27.8%)	54(13.5%)		
	전체	89(22.3%)	222(55.5%)	89(22.3%)	400(100.0%)		
강강술래	서울	1(1.4%)	9(12.2%)	64(86.5%)	74(18.4%)	9.37	.312
	경기	1(.8%)	29(24.0%)	91(75.2%)	121(30.1%)		
	전라	0(.0%)	17(29.8%)	40(70.2%)	57(14.2%)		
	경상	0(.0%)	19(19.8%)	77(80.2%)	96(23.9%)		
	충청	0(.0%)	10(18.5%)	44(81.5%)	54(13.4%)		
	전체	2(.5%)	84(20.9%)	316(78.6%)	402(100.0%)		
실뜨기	서울	0(.0%)	15(20.3%)	59(79.7%)	74(18.4%)	22.85	.004**
	경기	0(.0%)	13(10.7%)	108(89.3%)	121(30.1%)		
	전라	2(3.5%)	16(28.1%)	39(68.4%)	57(14.2%)		
	경상	0(.0%)	14(14.6%)	82(85.4%)	96(23.9%)		
	충청	0(.0%)	7(13.0%)	47(87.0%)	54(13.4%)		
	전체	2(.5%)	65(16.2%)	335(83.3%)	402(100.0%)		
무궁화	서울	1(1.4%)	8(10.8%)	65(87.8%)	74(18.4%)	8.83	.357
	경기	1(.8%)	9(7.4%)	111(91.7%)	121(30.1%)		
	전라	1(1.8%)	8(14.0%)	48(84.2%)	57(14.2%)		
	경상	1(1.0%)	5(5.2%)	90(93.8%)	96(23.9%)		
	충청	0(.0%)	1(1.9%)	53(98.1%)	54(13.4%)		
	전체	4(1.0%)	31(7.7%)	367(91.3%)	402(100.0%)		

** : $p<.01$

		모른다	안다	실시한다	계	x^2	p
수건돌리기	서울	0(0.0%)	6(8.1%)	68(91.9%)	74(18.4%)	7.55	.110
	경기	0(0.0%)	17(14.0%)	104(86.0%)	121(30.1%)		
	전라	0(0.0%)	3(5.3%)	54(94.7%)	57(14.2%)		
	경상	0(0.0%)	5(5.2%)	91(94.8%)	96(23.9%)		
	충청	0(0.0%)	3(5.6%)	51(94.4%)	54(13.4%)		
	전체	0(0.0%)	34(8.5%)	368(91.5%)	402(100.0%)		
여우야 여우야	서울	1(1.4%)	3(4.1%)	70(94.6%)	74(18.4%)	7.69	.464
	경기	1(.8%)	10(8.3%)	110(90.9%)	121(30.1%)		
	전라	0(.0%)	2(3.5%)	55(96.5%)	57(14.2%)		
	경상	0(.0%)	2(2.1%)	94(97.9%)	96(23.9%)		
	충청	0(.0%)	2(3.7%)	52(96.3%)	54(13.4%)		
	전체	2(.5%)	19(4.7%)	381(94.8%)	402(100.0%)		
꽃잡기놀이	서울	19(25.7%)	11(14.9%)	44(59.5%)	74(18.5%)	4.50	.810
	경기	28(23.3%)	25(20.8%)	67(55.8%)	120(29.9%)		
	전라	15(26.3%)	9(15.8%)	33(57.9%)	57(14.2%)		
	경상	16(16.7%)	20(20.8%)	60(62.5%)	96(23.9%)		
	충청	10(18.5%)	10(18.5%)	34(63.0%)	54(13.5%)		
	전체	88(21.9%)	75(18.7%)	238(59.4%)	401(100.0%)		
가면놀이	서울	36(48.6%)	29(39.2%)	9(12.2%)	74(18.4%)	11.38	.181
	경기	54(44.6%)	51(42.1%)	16(13.2%)	121(30.1%)		
	전라	24(42.1%)	25(43.9%)	8(14.0%)	57(14.2%)		
	경상	27(28.1%)	52(54.2%)	17(17.7%)	96(23.9%)		
	충청	19(35.2%)	23(42.6%)	12(22.2%)	54(13.4%)		
	전체	160(39.8%)	180(44.8%)	62(15.4%)	402(100.0%)		
고누	서울	16(21.6%)	39(52.7%)	19(25.7%)	74(18.5%)	18.05	.021*
	경기	29(24.0%)	57(47.1%)	35(28.9%)	121(30.2%)		
	전라	18(31.6%)	23(40.4%)	16(28.1%)	57(14.2%)		
	경상	11(11.5%)	40(41.7%)	45(46.9%)	96(23.9%)		
	충청	9(17.0%)	23(43.4%)	21(39.6%)	53(13.2%)		
	전체	83(20.7%)	182(45.4%)	136(33.9%)	401(100.0%)		

* : $p<.05$

		모른다	안다	실시한다	계	x^2	p
고리잡기	서울	45(61.6%)	19(26.0%)	9(12.3%)	73(18.3%)	6.66	.574
	경기	73(60.3%)	32(26.4%)	16(13.2%)	121(30.3%)		
	전라	37(66.1%)	12(21.4%)	7(12.5%)	56(14.0%)		
	경상	49(51.0%)	33(34.4%)	14(14.6%)	96(24.0%)		
	충청	26(48.1%)	20(37.0%)	8(14.8%)	54(13.5%)		
	전체	230(57.5%)	116(29.0%)	54(13.5%)	400(100.0%)		
고사리꺾기	서울	38(51.4%)	21(28.4%)	15(20.3%)	74(18.4%)	8.81	.358
	경기	51(42.1%)	46(38.0%)	24(19.8%)	121(30.1%)		
	전라	29(50.9%)	20(35.1%)	8(14.0%)	57(14.2%)		
	경상	32(33.3%)	41(42.7%)	23(24.0%)	96(23.9%)		
	충청	23(42.6%)	18(33.3%)	13(24.1%)	54(13.4%)		
	전체	173(43.0%)	146(36.3%)	83(20.6%)	402(100.0%)		
과녁맞히기	서울	2(2.7%)	23(31.5%)	48(65.8%)	73(18.3%)	14.90	.061
	경기	5(4.1%)	50(41.3%)	66(54.5%)	121(30.3%)		
	전라	6(10.7%)	24(42.9%)	26(46.4%)	56(14.0%)		
	경상	2(2.1%)	31(32.3%)	63(65.6%)	96(24.0%)		
	충청	2(3.7%)	26(48.1%)	26(48.1%)	54(13.5%)		
	전체	17(4.3%)	154(38.5%)	229(57.3%)	400(100.0%)		
그네뛰기	서울	1(1.4%)	40(54.1%)	33(44.6%)	74(18.5%)	12.47	.131
	경기	1(.8%)	60(49.6%)	60(49.6%)	121(30.3%)		
	전라	1(1.8%)	23(41.1%)	32(57.1%)	56(14.0%)		
	경상	0(.0%)	36(37.9%)	59(62.1%)	95(23.8%)		
	충청	0(.0%)	17(31.5%)	37(68.5%)	54(13.5%)		
	전체	3(.8%)	176(44.0%)	221(55.3%)	400(100.0%)		
남생아 놀아라	서울	22(29.7%)	30(40.5%)	22(29.7%)	74(18.4%)	10.58	.227
	경기	40(33.1%)	38(31.4%)	43(35.5%)	121(30.1%)		
	전라	18(31.6%)	30(52.6%)	9(15.8%)	57(14.2%)		
	경상	28(29.2%)	40(41.7%)	28(29.2%)	96(23.9%)		
	충청	16(29.6%)	24(44.4%)	14(25.9%)	54(13.4%)		
	전체	124(30.8%)	162(40.3%)	116(28.9%)	402(100.0%)		

		모른다	안다	실시한다	계	x^2	p
남승도놀이	서울	61(82.4%)	13(17.6%)	0(.0%)	74(18.4%)	6.24	.620
	경기	96(79.3%)	25(20.7%)	0(.0%)	121(30.1%)		
	전라	48(84.2%)	8(14.0%)	1(1.8%)	57(14.2%)		
	경상	75(78.1%)	19(19.8%)	2(2.1%)	96(23.9%)		
	충청	43(79.6%)	11(20.4%)	0(.0%)	54(13.4%)		
	전체	323(80.3%)	76(18.9%)	3(.7%)	402(100.0%)		
널뛰기	서울	0(.0%)	28(37.8%)	46(62.2%)	74(18.5%)	22.01	.005**
	경기	1(.8%)	66(54.5%)	54(44.6%)	121(30.3%)		
	전라	0(.0%	33(57.9%)	24(42.1%)	57(14.3%)		
	경상	0(.0%)	47(49.5%)	48(50.5%)	95(23.8%)		
	충청	3(5.7%)	29(54.7%)	21(39.6%)	53(13.3%)		
	전체	4(1.0%)	203(50.8%)	193(48.3%)	400(100.0%)		
단지팔기	서울	58(79.5%)	10(13.7%)	5(6.8%)	73(18.3%)	11.37	.182
	경기	80(66.1%)	36(29.8%)	5(4.1%)	121(30.3%)		
	전라	44(77.2%)	11(19.3%)	2(3.5%)	57(14.3%)		
	경상	62(65.3%)	29(30.5%)	4(4.2%)	95(23.8%)		
	충청	33(61.1%)	18(33.3%)	3(5.6%)	54(13.5%)		
	전체	277(69.3%)	104(26.0%)	19(4.8%)	400(100.0%)		
달따기	서울	47(63.5%)	25(33.8%)	2(2.7%)	74(18.5%)	3.38	.908
	경기	75(62.0%)	44(36.4%)	2(1.7%)	121(30.3%)		
	전라	40(70.2%)	16(28.1%)	1(1.8%)	57(14.3%)		
	경상	58(61.1%)	36(37.9%)	1(1.1%)	95(23.8%)		
	충청	35(66.0%)	18(34.0%)	0(.0%)	53(13.3%)		
	전체	255(63.8%)	139(34.8%)	6(1.5%)	400(100.0%)		
달집사르기	서울	58(79.5%)	14(19.2%)	1(1.4%)	73(18.2%)	62.32	.000***
	경기	84(69.4%)	37(30.6%)	0(.0%)	121(30.2%)		
	전라	43(75.4%)	14(24.6%)	0(.0%)	57(14.2%)		
	경상	31(32.3%)	61(63.5%)	4(4.2%)	96(23.9%)		
	충청	41(75.9%)	13(24.1%)	0(.0%)	54(13.5%)		
	전체	257(64.1%)	139(34.7%)	5(1.2%)	401(100.0%)		

*** : $p<.001$, ** : $p<.01$

		모른다	안다	실시한다	계	x^2	p
대말타기1	서울	54(73.0%)	15(20.3%)	5(6.8%)	74(18.4%)	11.53	.095
	경기	81(66.9%)	36(29.8%)	4(3.3%)	121(30.1%)		
	전라	36(63.2%)	19(33.3%)	2(3.5%)	57(14.2%)		
	경상	49(51.0%)	43(44.8%)	4(4.2%)	96(23.9%)		
	충청	35(64.8%)	16(29.6%)	3(5.6%)	54(13.4%)		
	전체	255(63.4%)	129(32.1%)	18(4.5%)	402(100.0%)		
두꺼비집짓기	서울	1(1.4%)	7(9.5%)	66(89.2%)	74(18.4%)	5.99	.648
	경기	4(3.3%)	17(14.0%)	100(82.6%)	121(30.1%)		
	전라	2(3.5%)	6(10.5%)	49(86.0%)	57(14.2%)		
	경상	0(.0%)	9(9.4%)	87(90.6%)	96(23.9%)		
	충청	2(3.7%)	5(9.3%)	47(87.0%)	54(13.4%)		
	전체	9(2.2%)	44(10.9%)	349(86.8%)	402(100.0%)		
비석치기	서울	1(1.4%)	19(25.7%)	54(73.0%)	74(18.4%)	9.38	.312
	경기	3(2.5%)	29(24.0%)	89(73.6%)	121(30.1%)		
	전라	0(.0%)	16(28.1%)	41(71.9%)	57(14.2%)		
	경상	0(.0%)	15(15.6%)	81(84.4%)	96(23.9%)		
	충청	2(3.7%)	13(24.1%)	39(72.2%)	54(13.4%)		
	전체	6(1.5%)	92(22.9%)	304(75.6%)	402(100.0%)		
산가지놀이	서울	27(37.0%)	19(26.0%)	27(37.0%)	73(18.2%)	19.60	.012*
	경기	41(33.9%)	40(33.1%)	40(33.1%)	121(30.2%)		
	전라	24(42.1%)	20(35.1%)	13(22.8%)	57(14.2%)		
	경상	16(16.7%)	32(33.3%)	48(50.0%)	96(23.9%)		
	충청	15(27.8%)	20(37.0%)	19(35.2%)	54(13.5%)		
	전체	123(30.7%)	131(32.7%)	147(36.7%)	401(100.0%)		
윷놀이	서울	0(.0%)	1(1.4%)	73(98.6%)	74(18.4%)	14.16	.078
	경기	1(.8%)	10(8.3%)	110(90.9%)	121(30.1%)		
	전라	1(1.8%)	7(12.3%)	49(86.0%)	57(14.2%)		
	경상	0(.0%)	2(2.1%)	94(97.9%)	96(23.9%)		
	충청	0(.0%)	4(7.4%)	50(92.6%)	54(13.4%)		
	전체	2(.5%)	24(6.0%)	376(93.5%)	402(100.0%)		

* : $p<.05$

		모른다	안다	실시한다	계	x^2	p
자치기	서울	5(6.8%)	50(67.6%)	19(25.7%)	74(18.5%)		
	경기	7(5.8%)	74(61.2%)	40(33.1%)	121(30.2%)		
	전라	1(1.8%)	40(71.4%)	15(26.8%)	56(14.0%)	6.71	.568
	경상	2(2.1%)	62(64.6%)	32(33.3%)	96(23.9%)		
	충청	1(1.9%)	35(64.8%)	18(33.3%)	54(13.5%)		
	전체	16(4.0%)	261(65.1%)	124(30.9%)	401(100.0%)		
장차기	서울	42(57.5%)	27(37.0%)	4(5.5%)	73(18.2%)		
	경기	79(65.3%)	38(31.4%)	4(3.3%)	121(30.2%)		
	전라	38(66.7%)	18(31.6%)	1(1.8%)	57(14.2%)	3.90	.866
	경상	55(57.3%)	38(39.6%)	3(3.1%)	96(23.9%)		
	충청	35(64.8%)	17(31.5%)	2(3.7%)	54(13.5%)		
	전체	249(62.1%)	138(34.4%)	14(3.5%)	401(100.0%)		
잰부닥불넘기	서울	66(89.2%)	7(9.5%)	1(1.4%)	74(18.4%)		
	경기	107(88.4%)	13(10.7%)	1(.8%)	121(30.1%)		
	전라	43(75.4%)	14(24.6%)	0(.0%)	57(14.2%)	14.22	.076
	경상	78(81.3%)	18(18.8%)	0(.0%)	96(23.9%)		
	충청	43(79.6%)	9(16.7%)	2(3.7%)	54(13.4%)		
	전체	337(83.8%)	61(15.2%)	4(1.0%)	402(100.0%)		
줄다리기	서울	0(.0%)	7(9.5%)	67(90.5%)	74(18.5%)		
	경기	1(.8%)	18(14.9%)	102(84.3%)	121(30.3%)		
	전라	2(3.5%)	10(17.5%)	45(78.9%)	57(14.3%)	10.34	.256
	경상	0(.0%)	16(16.8%)	79(83.2%)	95(23.8%)		
	충청	0(.0%)	9(17.0%)	44(83.0%)	53(13.3%)		
	전체	3(.8%)	60(15.0%)	337(84.3%)	400(100.0%)		
쥐불놀이	서울	4(5.4%)	66(89.2%)	4(5.4%)	74(18.4%)		
	경기	9(7.4%)	105(86.8%)	7(5.8%)	121(30.1%)		
	전라	2(3.5%)	52(91.2%)	3(5.3%)	57(14.2%)	5.69	.682
	경상	2(2.1%)	90(93.8%)	4(4.2%)	96(23.9%)		
	충청	1(1.9%)	49(90.7%)	4(7.4%)	54(13.4%)		
	전체	18(4.5%)	362(90.0%)	22(5.5%)	402(100.0%)		

		모른다	안다	실시한다	계	x^2	p
쫄기접시	서울	49(66.2%)	24(32.4%)	1(1.4%)	74(18.4%)	16.89	.034*
	경기	82(67.8%)	35(28.9%)	4(3.3%)	121(30.1%)		
	전라	31(54.4%)	26(45.6%)	0(.0%)	57(14.2%)		
	경상	46(47.9%)	43(44.8%)	7(7.3%)	96(23.9%)		
	충청	31(57.4%)	21(38.9%)	2(3.7%)	54(13.4%)		
	전체	239(59.5%)	149(37.1%)	14(3.5%)	402(100.0%)		
청어엮자 놀이	서울	50(67.6%)	16(21.6%)	8(10.8%)	74(18.4%)	24.27	.002**
	경기	57(47.1%)	53(43.8%)	11(9.1%)	121(30.1%)		
	전라	37(64.9%)	17(29.8%)	3(5.3%)	57(14.2%)		
	경상	35(36.5%)	46(47.9%)	15(15.6%)	96(23.9%)		
	충청	28(51.9%)	20(37.0%)	6(11.1%)	54(13.4%)		
	전체	207(51.5%)	152(37.8%)	43(10.7%)	402(100.0%)		
칠교놀이	서울	8(10.8%)	9(12.2%)	57(77.0%)	74(18.4%)	36.68	.000***
	경기	1(.8%)	24(19.8%)	96(79.3%)	121(30.1%)		
	전라	10(17.5%)	15(26.3%)	32(56.1%)	57(14.2%)		
	경상	4(4.2%)	8(8.3%)	84(87.5%)	96(23.9%)		
	충청	5(9.3%)	15(27.8%)	34(63.0%)	54(13.4%)		
	전체	28(7.0%)	71(17.7%)	303(75.4%)	402(100.0%)		
투호놀이	서울	0(0.0%)	2(2.7%)	72(97.3%)	74(18.4%)	3.86	.426
	경기	0(0.0%)	10(8.3%)	111(91.7%)	121(30.1%)		
	전라	0(0.0%)	6(10.5%)	51(89.5%)	57(14.2%)		
	경상	0(0.0%)	6(6.3%)	90(93.8%)	96(23.9%)		
	충청	0(0.0%)	5(9.3%)	49(90.7%)	54(13.4%)		
	전체	0(0.0%)	29(7.2%)	373(92.8%)	402(100.0%)		
농악놀이	서울	0(.0%)	36(48.6%)	38(51.4%)	74(18.4%)	10.20	.251
	경기	3(2.5%)	75(62.0%)	43(35.5%)	121(30.1%)		
	전라	0(.0%)	36(63.2%)	21(36.8%)	57(14.2%)		
	경상	0(.0%)	56(58.3%)	40(41.7%)	96(23.9%)		
	충청	1(1.9%)	30(55.6%)	23(42.6%)	54(13.4%)		
	전체	4(1.0%)	233(58.0%)	165(41.0%)	402(100.0%)		

*** : $p<.001$, ** : $p<.01$, * : $p<.05$

		모른다	안다	실시한다	계	x^2	p
탈놀이	서울	0(.0%)	27(37.0%)	46(63.0%)	73(18.3%)	8.26	.409
	경기	2(1.7%)	60(49.6%)	59(48.8%)	121(30.3%)		
	전라	1(1.8%)	31(54.4%)	25(43.9%)	57(14.3%)		
	경상	0(.0%)	48(50.5%)	47(49.5%)	95(23.8%)		
	충청	1(1.9%)	25(46.3%)	28(51.9%)	54(13.5%)		
	전체	4(1.0%)	191(47.8%)	205(51.3%)	400(100.0%)		

표 18을 살표보면 지역별로 전통유아놀이 실시에 유의미한 차이가 있는 놀이는 다음과 같다. 꼬리잡기(x^2=18.24, p〈 .05), 눈싸움(x^2=41.69, p〈 .001), 닭싸움(x^2=12.81, p〈 .001), 돈치기(x^2=28.25, p〈 .001), 돌아잡기(x^2=29.28, p〈 .001), 돌차기(x^2=36.55, p〈 .001), 땅재먹기(x^2=21.15, p〈 .01), 봉사놀이(x^2=26.83, p〈 .01), 줄넘기(x^2=11.48, p〈 .05), 팽이치기(x^2=13.39, p〈 .05), 풀각시놀이(x^2=23.26, p〈 .01), 풀싸움놀이(x^2=24.03, p〈 .01), 실뜨기(x^2=22.85, p〈 .01), 고누(x^2=18.08, p〈 .05), 널뛰기(x^2=22.01, p〈 .01), 달집사르기(x^2=62.32, p〈 .001), 산가지놀이(x^2=19.60, p〈 .05), 쫄기접시(x^2=16.89, p〈 .05), 청어엮자놀이(x^2=24.27, p〈 .01), 칠교놀이(x^2=36.68, p〈 .001)는 지역별 유의한 차이가 있었다.

2) 유치원 설립 유형별 전통유아놀이 실시 현황

유치원의 설립 유형에 따른 전통유아놀이 실시 여부와 현황은 다음 표 19과 같이 나타났다. 통계적으로 유의미한 차이를 보이는 전통유아놀이들을 상세히 보유주고 있다.

표 19 유치원 설립 유형에 따른 전통유아놀이 실시 여부 현황

		모른다	안다	실시한다	계	x^2	p
대말타기2	국공립 유치원	92(42.6%)	118(54.6%)	6(2.8%)	216(51.7%)	7.76	.021*
	사립 유치원	103(51.0%)	86(42.6%)	13(6.4%)	202(48.3%)		
	전체	195(46.7%)	204(48.8%)	19(4.5%)	418(100.0%)		
땅재먹기	국공립 유치원	10(4.6%)	123(56.2%)	86(39.3%)	219(52.0%)	13.55	.001**
	사립 유치원	27(13.4%)	119(58.9%)	56(27.7%)	202(48.0%)		
	전체	37(8.8%)	242(57.5%)	142(33.7%)	421(100.0%)		
봉사놀이	국공립 유치원	6(2.8%)	58(26.6%)	154(70.6%)	218(52.0%)	12.34	.002**
	사립 유치원	15(7.5%)	75(37.3%)	111(55.2%)	201(48.0%)		
	전체	21(5.0%)	133(31.7%)	265(63.2%)	419(100.0%)		
풀각시놀이	국공립 유치원	33(15.1%)	144(65.8%)	42(19.2%)	219(52.1%)	14.97	.001**
	사립 유치원	62(30.8%)	106(52.7%)	33(16.4%)	201(47.9%)		
	전체	95(22.6%)	250(59.5%)	75(17.9%)	420(100.0%)		
풀싸움놀이	국공립 유치원	35(16.1%)	130(59.6%)	53(24.3%)	218(52.0%)	8.59	.014*
	사립 유치원	56(27.9%)	104(51.7%)	41(20.4%)	201(48.0%)		
	전체	91(21.7%)	234(55.8%)	94(22.4%)	419(100.0%)		
수건돌리기	국공립 유치원	0(0.0%)	12(5.5%)	207(94.5%)	219(52.0%)	4.16	.042*
	사립 유치원	0(0.0%)	22(10.9%)	180(89.1%)	202(48.0%)		
	전체	0(0.0%)	34(8.1%)	387(91.9%)	421(100.0%)		
고누	국공립 유치원	25(11.4%)	101(46.1%)	93(42.5%)	219(52.1%)	28.71	.000***
	사립 유치원	62(30.8%)	89(44.3%)	50(24.9%)	201(47.9%)		
	전체	87(20.7%)	190(45.2%)	143(34.0%)	420(100.0%)		
고리잡기	국공립 유치원	115(52.8%)	61(28.0%)	42(19.3%)	218(52.0%)	12.47	.002**
	사립 유치원	124(61.7%)	62(30.8%)	15(7.5%)	201(48.0%)		
	전체	239(57.0%)	123(29.4%)	57(13.6%)	419(100.0%)		
그네뛰기	국공립 유치원	1(.5%)	75(34.4%)	142(65.1%)	218(52.0%)	15.20	.001**
	사립 유치원	2(1.0%)	106(52.7%)	93(46.3%)	201(48.0%)		
	전체	3(.7%)	181(43.2%)	235(56.1%)	419(100.0%)		

*** : $p<.001$, ** : $p<.01$, * : $p<.05$

		모른다	안다	실시한다	계	x^2	p
남생아놀아라	국공립 유치원	53(24.2%)	101(46.1%)	65(29.7%)	219(52.0%)	10.21	.006**
	사립 유치원	77(38.1%)	70(34.7%)	55(27.2%)	202(48.0%)		
	전체	130(30.9%)	171(40.6%)	120(28.5%)	421(100.0%)		
널뛰기	국공립 유치원	3(1.4%)	123(56.7%)	91(41.9%)	217(51.8%)	7.05	.029*
	사립 유치원	1(.5%)	91(45.0%)	110(54.5%)	202(48.2%)		
	전체	4(1.0%)	214(51.1%)	201(48.0%)	419(100.0%)		
산가지놀이	국공립 유치원	45(20.5%)	90(41.1%)	84(38.4%)	219(52.1%)	26.05	.000***
	사립 유치원	85(42.3%)	48(23.9%)	68(33.8%)	201(47.9%)		
	전체	130(31.0%)	138(32.9%)	152(36.2%)	420(100.0%)		
줄다리기	국공립 유치원	0(.0%)	48(22.1%)	169(77.9%)	217(51.8%)	25.01	.000***
	사립 유치원	3(1.5%)	12(5.9%)	187(92.6%)	202(48.2%)		
	전체	3(.7%)	60(14.3%)	356(85.0%)	419(100.0%)		
청어엮자놀이	국공립 유치원	96(43.8%)	100(45.7%)	23(10.5%)	219(52.0%)	12.02	.002**
	사립 유치원	120(59.4%)	60(29.7%)	22(10.9%)	202(48.0%)		
	전체	216(51.3%)	160(38.0%)	45(10.7%)	421(100.0%)		
칠교놀이	국공립 유치원	13(5.9%)	52(23.7%)	154(70.3%)	219(52.0%)	7.82	.020*
	사립 유치원	17(8.4%)	27(13.4%)	158(78.2%)	202(48.0%)		
	전체	30(7.1%)	79(18.8%)	312(74.1%)	421(100.0%)		
농악놀이	국공립 유치원	1(.5%)	152(69.4%)	66(30.1%)	219(52.0%)	25.81	.000***
	사립 유치원	3(1.5%)	91(45.0%)	108(53.5%)	202(48.0%)		
	전체	4(1.0%)	243(57.7%)	174(41.3%)	421(100.0%)		

*** : p<.001, ** : p<.01, * : p<.05

표 19에 의하면 대말타기2(x^2=7.76, p〈 .05), 땅재먹기(x^2=13.55, p〈 .01), 봉사놀이(x^2=12.34, p〈 .01), 풀각시놀이(x^2=14.97, p〈 .01), 풀싸움놀이(x^2=8.59, p〈 .05), 수건돌리기(x^2=4.16, p〈 .05), 고누(x^2=28.71, p〈 .001), 고리잡기(x^2=12.47, p〈 .01), 그네뛰기(x^2=15.20, p〈 .01), 남생아 놀아라(=10.21, p〈 .01), 널뛰기(x^2=7.05, p〈 .05), 산가지놀이(x^2=26.05, p〈 .001), 줄다리기(x^2=25.01, p〈 .001), 청어엮자놀이(x^2=12.02, p〈 .01), 칠교놀이(x^2=7.82, p〈 .05), 농악놀이(x^2=25.81, p〈 .001)는 유치원 설립 유형에 따라 유의한 차이가 나타났다.

3) 유아 연령별 전통유아놀이 실시 현황

표 20 유아 연령에 따른 전통유아놀이 실시 여부 현황

		모른다	안다	실시한다	계	χ^2	p
꼬리잡기	만 3세	0(.0%)	4(12.9%)	27(87.1%)	31(7.7%)	15.52	.017*
	만 4세	0(.0%)	21(26.3%)	59(73.8%)	80(19.8%)		
	만 5세	4(2.2%)	21(11.4%)	160(86.5%)	185(45.7%)		
	혼합 연령	0(.0%)	13(11.9%)	96(88.1%)	109(26.9%)		
	전체	4(1.0%)	59(14.6%)	342(84.4%)	405(100.0%)		
대문놀이	만 3세	2(6.5%)	1(3.2%)	28(90.3%)	31(7.7%)	18.67	.005**
	만 4세	2(2.5%)	19(23.8%)	59(73.8%)	80(19.8%)		
	만 5세	10(5.4%)	13(7.0%)	162(87.6%)	185(45.7%)		
	혼합 연령	5(4.6%)	12(11.0%)	92(84.4%)	109(26.9%)		
	전체	19(4.7%)	45(11.1%)	341(84.2%)	405(100.0%)		
땅재먹기	만 3세	4(12.9%)	22(71.0%)	5(16.1%)	31(7.6%)	13.54	.035*
	만 4세	11(13.6%)	47(58.0%)	23(28.4%)	81(20.0%)		
	만 5세	19(10.3%)	98(53.0%)	68(36.8%)	185(45.6%)		
	혼합 연령	3(2.8%)	68(62.4%)	38(34.9%)	109(26.8%)		
	전체	37(9.1%)	235(57.9%)	134(33.0%)	406(100.0%)		
풀싸움놀이	만 3세	9(29.0%)	20(64.5%)	2(6.5%)	31(7.7%)	14.13	.028*
	만 4세	21(25.9%)	47(58.0%)	13(16.0%)	81(20.0%)		
	만 5세	42(22.7%)	93(50.3%)	50(27.0%)	185(45.8%)		
	혼합 연령	16(15.0%)	70(65.4%)	21(19.6%)	107(26.5%)		
	전체	88(21.8%)	230(56.9%)	86(21.3%)	404(100.0%)		
고누	만 3세	8(25.8%)	18(58.1%)	5(16.1%)	31(7.7%)	25.98	.000***
	만 4세	30(37.0%)	34(42.0%)	17(21.0%)	81(20.0%)		
	만 5세	31(16.8%)	83(45.1%)	70(38.0%)	184(45.4%)		
	혼합 연령	15(13.8%)	48(44.0%)	46(42.2%)	109(26.9%)		
	전체	84(20.7%)	183(45.2%)	138(34.1%)	405(100.0%)		

*** : $p<.001$, ** : $p<.01$, * : $p<.05$

		모른다	안다	실시한다	계	x^2	p
그네뛰기	만 3세	0(.0%)	21(67.7%)	10(32.3%)	31(7.7%)	21.72	.001**
	만 4세	2(2.5%)	42(51.9%)	37(45.7%)	81(20.0%)		
	만 5세	1(.5%)	77(42.1%)	105(57.4%)	183(45.3%)		
	혼합 연령	0(.0%)	34(31.2%)	75(68.8%)	109(27.0%)		
	전체	3(.7%)	174(43.1%)	227(56.2%)	404(100.0%)		
산가지놀이	만 3세	15(48.4%)	7(22.6%)	9(29.0%)	31(7.7%)	16.05	.013*
	만 4세	33(40.7%)	24(29.6%)	24(29.6%)	81(20.0%)		
	만 5세	55(29.9%)	56(30.4%)	73(39.7%)	184(45.4%)		
	혼합 연령	24(22.0%)	48(44.0%)	37(33.9%)	109(26.9%)		
	전체	127(31.4%)	135(33.3%)	143(35.3%)	405(100.0%)		
탈놀이	만 3세	1(3.3%)	13(43.3%)	16(53.3%)	30(7.4%)	16.69	.011*
	만 4세	0(.0%)	51(63.0%)	30(37.0%)	81(20.0%)		
	만 5세	2(1.1%)	73(39.7%)	109(59.2%)	184(45.5%)		
	혼합 연령	1(.9%)	60(55.0%)	48(44.0%)	109(27.0%)		
	전체	4(1.0%)	197(48.8%)	203(50.2%)	404(100.0%)		

*** : $p<.001$, ** : $p<.01$, * : $p<.05$

유아 연령에 따른 전통유아놀이 실시 여부 현황은 위의 표 20과 같았다. 꼬리잡기(x^2=15.52, $p < .05$), 대문놀이(x^2=18.67, $p < .01$), 땅재먹기(x^2=13.54, $p < .05$), 풀싸움놀이(x^2=14.13, $p < .05$), 고누(x^2=25.98, $p < .001$), 그네뛰기(x^2=21.72, $p < .01$), 산가지놀이(x^2=16.05, $p < .05$), 탈놀이(x^2=16.69, $p < .05$)는 유아 연령에 따라 유의한 차이가 있었다.

2 전통유아놀이 운영 현황

1) 전통유아놀이 운영 여부

표 21 설립 유형별, 유아 연령별 전통유아놀이 운영 여부

		전통유아놀이 운영 여부			x^2	p
		예	아니오	전체		
설립 유형	국공립	198(91.7%)	18(8.3%)	216(51.7%)	.149	.700
	사립	183(90.6%)	19(9.4%)	202(48.3%)		
	전 체	381(91.1%)	37(8.9%)	418(100.0%)		
유아 연령	만 3세	29(93.5%)	2(6.5%)	31(7.7%)	3.33	.343
	만 4세	73(91.3%)	7(8.8%)	80(19.9%)		
	만 5세	172(93.0%)	13(7.0%)	185(45.9%)		
	혼합 연령	93(86.9%)	14(13.1%)	107(26.6%)		
	전 체	367(91.1%)	36(8.9%)	403(100.0%)		

표 21에 의하면 전통유아놀이의 운영 여부에 대해서 설립 유형 및 유아 연령에 따라 차이를 보이지 않았다. 대부분의 유치원 교사들이 현재 전통유아놀이를 운영하고 있다고 응답하였다. 이를 파이 그래프로 그린 것은 다음 그림 1과 같다.

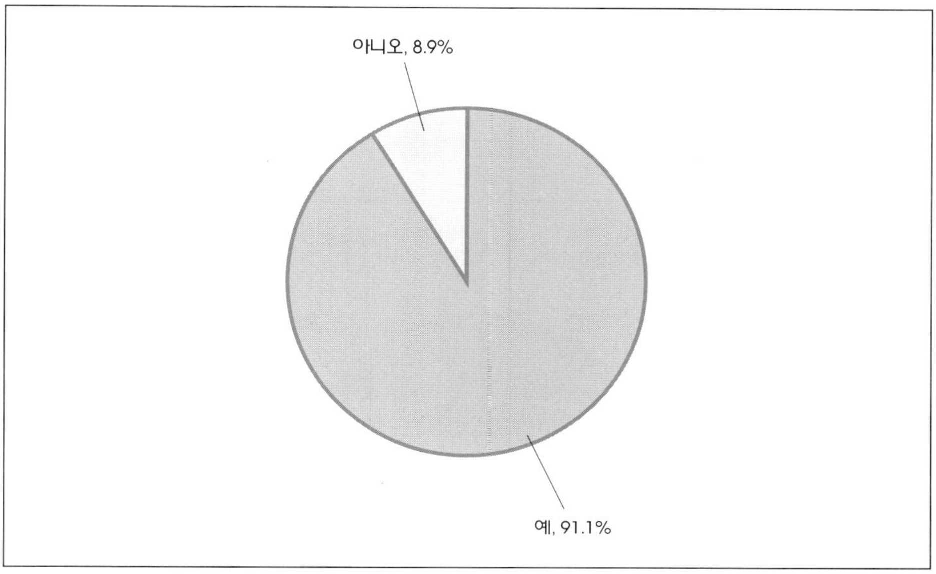

| 그림 1 | **설립 유형별, 담당 유아 연령별 전통유아놀이 운영 여부**

2) 전통유아놀이를 운영하지 않는 이유

표 22 **전통유아놀이를 운영하지 않는 이유**

	반응수(%)
교사들이 전통놀이의 내용이나 방법을 잘 알지 못하므로	17(32.7%)
전통놀이 자료나 도구를 구하기 어려워서	17(32.7%)
유치원의 생활주제와 연관 짓기 어려워서	14(26.9%)
현대 유아들의 생활에 맞지 않고 흥미와 관심이 적어서	1(1.9%)
유아의 성장과 발달을 위해 적절치 않아서	1(1.9%)
기타	2(3.8%)
전체	52(100.0%)

전통유아놀이의 운영 여부 결과를 보면 운영하지 않는 교사의 사례수가 적다. 표 22에 의하면, 전통유아놀이 운영 여부에서 '운영하지 않는다' 라고 응답한 교사들의 이유로는 '교사들이 전통놀이의 내용이나 방법을 잘 알지 못하므로', '전

통놀이 자료나 도구를 구하기 어려워서', '유치원의 생활주제와 연관 짓기 어려워서' 라는 응답이 많았다. 그러나 전통유아놀이를 운영하지 않는다고 응답한 사례수가 적기 때문에 이유 간의 유의한 차이를 보기는 힘들었다.

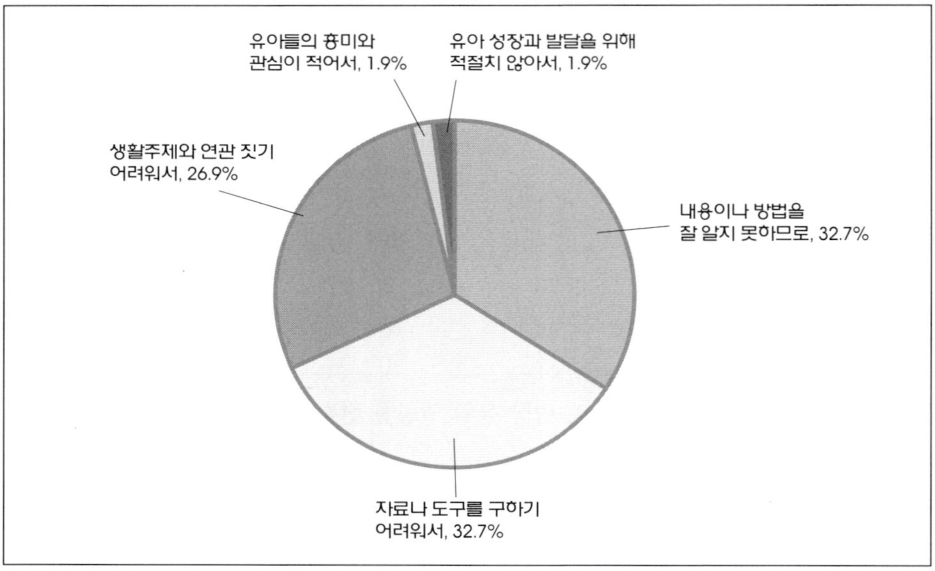

| 그림 2 | **전통유아놀이를 운영하지 않는 이유**

3) 전통유아놀이를 실시하게 된 동기

표 23 **전통유아놀이를 실시하는 동기**

	사례수(%)
개인적인 관심에서	137(37.5%)
유치원 내의 방침에 의해	162(44.4%)
관할 교육청의 권유로	25(6.8%)
기타	41(11.2%)
전체	365(100.0%)

표 23에 의하면 전통유아놀이를 실시하게 된 가장 큰 동기로는 '유치원 내의 방

침에 의해 163명' (44.4%)가 가장 많았으며, '개인적인 관심에서' 137명(37.5%), '기타' 41명(11.2%), '관할 교육청의 권유' 23명(6.8%) 순으로 나타났다.

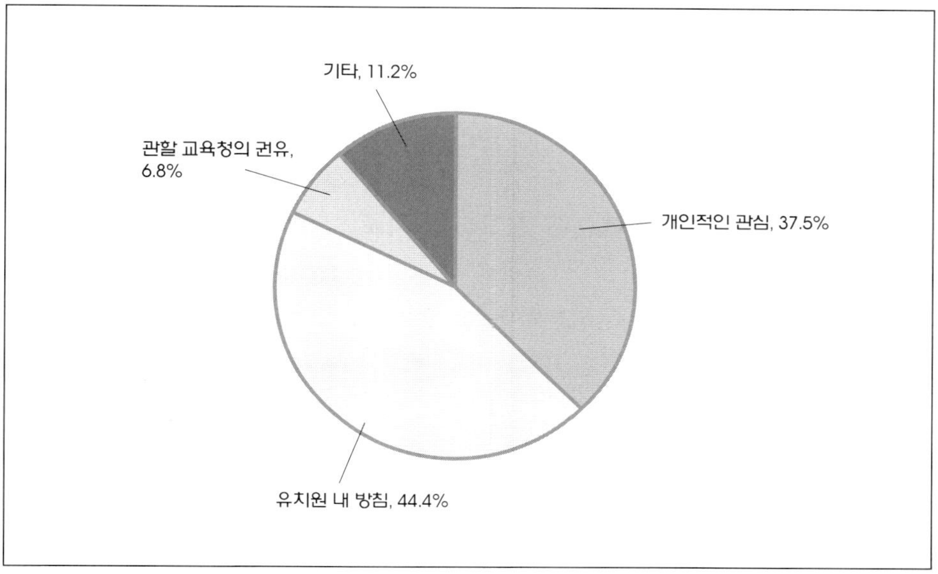

| 그림 3 | 전통유아놀이를 실시하는 동기

표 24 설립 유형별, 유아 연령별 전통유아놀이를 실시하는 동기

		전통유아놀이를 실시하게 된 가장 큰 동기					X^2	p
		개인적인 관심에서	유치원 내의 방침에 의해	관할 교육청의 권유로	기타	전체		
설립 유형	국공립	86(44.8%)	67(34.9%)	16(8.3%)	23(12.0%)	192(52.6%)	15.40	.002**
	사립	51(29.5%)	95(54.9%)	9(5.2%)	18(10.4%)	173(47.4%)		
	전 체	137(37.5%)	162(44.4%)	25(6.8%)	41(11.2%)	365(100.0%)		
유아 연령	만 3세	9(32.1%)	15(53.6%)	0(.0%)	4(14.3%)	28(8.0%)	17.36	.043*
	만 4세	19(26.8%)	40(56.3%)	7(9.9%)	5(7.0%)	71(20.2%)		
	만 5세	62(38.5%)	72(44.7%)	12(7.5%)	15(9.3%)	161(45.9%)		
	혼합 연령	40(44.0%)	29(31.9%)	6(6.6%)	16(17.6%)	91(25.9%)		
	전 체	130(37.0%)	156(44.4%)	25(7.1%)	40(11.4%)	351(100.0%)		

** : p<.01, * : p<.05

표 24에 의하면 설립 유형별로는 국공립 유치원은 '개인적인 관심에서'의 비율(44.8%)이 높게 나타났으며, 사립 유치원의 경우 '유치원 내의 방침에 의해'의 비율(54.9%)이 높은 것으로 나타났다. 이를 통해 설립 유형별로 유의한 차이를 보여주었다($\chi^2=15.40$, $p< .01$). 담당 유아 연령별로는 만 3세, 만 4세, 만 5세에서 모두 '유치원 내의 방침에 의해' 라는 응답이 높았고, 혼합 연령만 '개인적인 관심에서' (44.0%)가 많았다.

4) 전통유아놀이를 계획할 때 참고하는 자료

표 25 전통유아놀이 계획 시 참고 자료

	반응수(%)
교육부 유아 전통놀이 교육 활용 지도자료	307(39.9%)
전통놀이에 관련된 전문서적	165(21.5%)
유치원 시범 및 연구 보고서	88(11.4%)
유아교육 관련 잡지 · 신문 · 텔레비전	66(8.6%)
인터넷을 통한 자료	127(16.5%)
기타	16(2.1%)

표 25에 의하면 전통유아놀이를 계획할 때 참고하는 자료집으로는 '교육부 유아 전통놀이 교육 활용 지도자료' (39.9%)가 가장 많았으며, 다음으로 '전통놀이에 관련된 전문서적' (21.5%), '인터넷을 통한 자료' (16.5%)를 많이 활용하고 있는 것으로 나타났다. 다음으로는 '유치원 시범 및 연구 보고서' (11.4%), '유아교육 관련 잡지 · 신문 · 텔레비전' (8.6%), '기타' (2.1%) 순으로 나타났다.

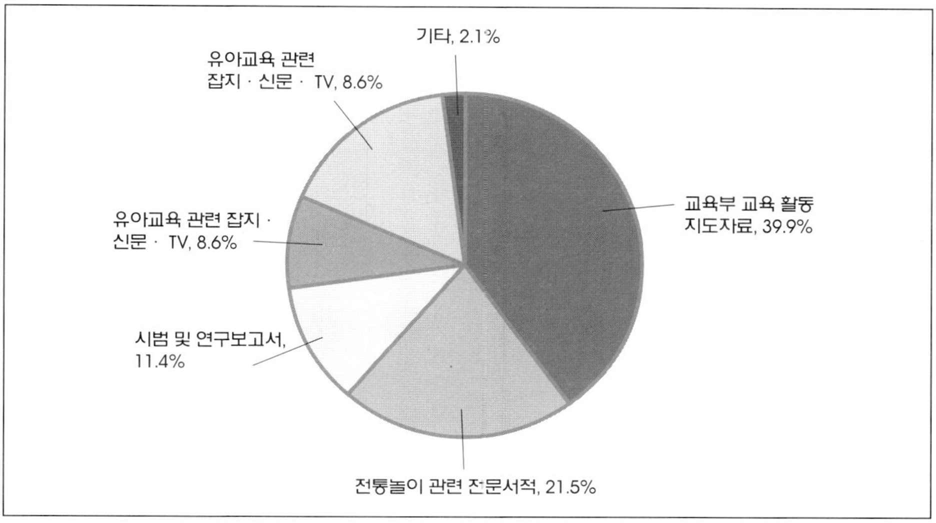

| 그림 4 | 전통유아놀이 계획 시 참고 자료

표 26 설립 유형별, 유아 연령별 전통유아놀이 계획 시 참고 자료

		전통유아놀이 계획 시 참고하는 자료집(복수응답)						전체
		교육부 유아 전통놀이 교육활동 지도자료	전통놀이에 관련된 전문서적	유치원 시범 및 연구 보고서	유아교육 관련 잡지 · 신문 · 텔레비전	인터넷을 통한 자료	기타	
설립 유형	국공립	166(43.0%)	75(19.4%)	45(11.7%)	32(8.3%)	59(15.3%)	9(2.3%)	197(52.0%)
	사립	141(36.8%)	90(23.5%)	43(11.2%)	34(8.9%)	68(17.8%)	7(1.8%)	182(48.0%)
	전 체	307(39.9%)	165(21.5%)	88(11.4%)	66(8.6%)	127(16.5%)	16(2.1%)	379(100.0%)
유아 연령	만 3세	22(39.3%)	15(26.8%)	3(5.4%)	3(5.4%)	12(21.4%)	1(1.8%)	29(7.9%)
	만 4세	58(40.6%)	37(25.9%)	16(11.2%)	13(9.1%)	19(13.3%)	0(0.0%)	72(19.7%)
	만 5세	137(36.9%)	81(21.8%)	50(13.5%)	34(9.2%)	62(16.7%)	7(1.9%)	171(46.8%)
	혼합 연령	78(47.6%)	23(14.0%)	15(9.1%)	14(8.5%)	27(16.5%)	7(4.3%)	93(25.5%)
	전 체	295(40.2%)	156(21.3%)	84(11.4%)	64(8.7%)	120(16.3%)	15(2.0%)	365(100.0%)

표 26에 의하면 전통유아놀이 계획 시 참고 자료 이용 비율을 유치원의 설립 유형에 따라 살펴보면, 설립 유형과 관계없이 같은 비율로 참고 자료를 이용하고 있는 것을 알 수 있다. 이러한 특징은 유아의 연령에 따라서도 유사하게 나타났다.

5) 전통유아놀이를 교육과정에 포함시키는 시기

표 27 **전통유아놀이를 교육과정에 포함시키는 시기**

	사례수(%)
우리나라 또는 명절이라는 생활주제를 다루면서 실시	111(32.8%)
정기적으로 전통놀이를 계획하여 실시	74(21.9%)
모든 생활주제에 포함시켜 관련된 놀이를 일상적으로 실시	133(39.3%)
특정 행사를 연간계획에 포함하여 실시	14(4.1%)
기타	6(1.8%)
전체	338(100.0%)

표 27에 의하면 전통유아놀이를 교육과정에 포함시키는 시기로는 '모든 생활주제에 포함시켜 관련된 놀이를 일상적으로 실시' (39.3%)를 가장 많이 선택하였으며, 다음으로 '우리나라 또는 명절이라는 생활주제를 다루면서 실시' (32.8%), '정기적으로 전통놀이를 계획하여 실시' (21.9%) 등의 의견이 많았다.

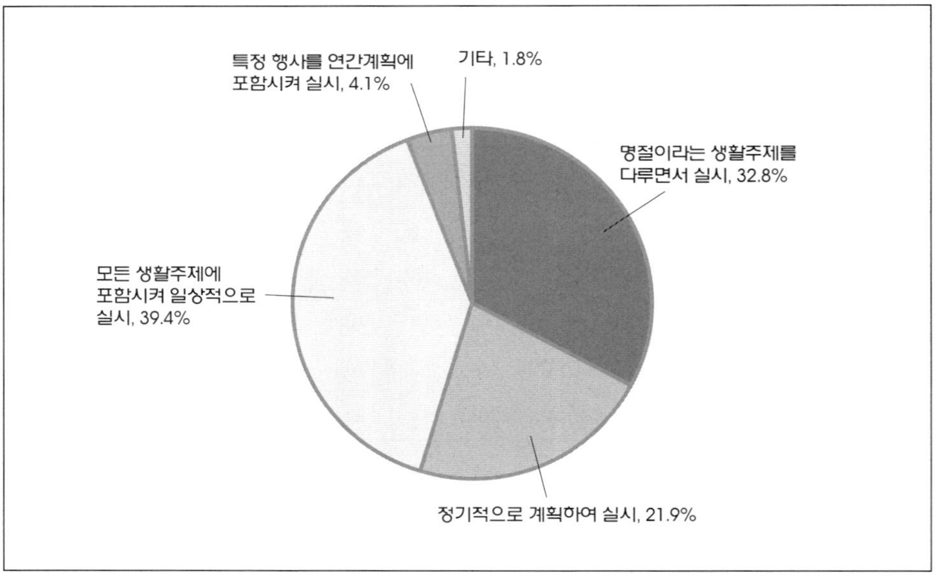

| 그림 5 | **전통유아놀이를 교육과정에 포함시키는 시기**

표 28 **설립 유형별, 유아 연령별 전통유아놀이를 교육과정에 포함시키는 시기**

		전통놀이를 교육과정에 포함시키는 시기						x^2	p
		명절이라는 생활주제를 다루면서 실시	정기적으로 전통놀이를 계획하여 실시	모든 생활주제에 포함시켜 일상적으로 실시	특정 행사를 연간계획에 포함하여 실시	기타	전체		
설립 유형	국공립	40(21.6%)	50(27.0%)	90(48.6%)	2(1.1%)	3(1.6%)	185(54.7%)	38.86	.000***
	사립	71(46.4%)	24(15.7%)	43(28.1%)	12(7.8%)	3(2.0%)	153(45.3%)		
	전 체	111(32.8%)	74(21.9%)	133(39.3%)	14(4.1%)	6(1.8%)	338(100.0%)		
유아 연령	만 3세	16(61.5%)	6(23.1%)	3(11.5%)	1(3.8%)	0(.0%)	26(7.9%)	21.54	.043*
	만 4세	21(32.8%)	12(18.8%)	24(37.5%)	5(7.8%)	2(3.1%)	64(19.5%)		
	만 5세	45(29.6%)	38(25.0%)	61(40.1%)	4(2.6%)	4(2.6%)	152(46.3%)		
	혼합 연령	25(29.1%)	17(19.8%)	41(47.7%)	3(3.5%)	0(.0%)	86(26.2%)		
	전 체	107(32.6%)	73(22.3%)	129(39.3%)	13(4.0%)	6(1.8%)	328(100.0%)		

*** : $p<.001$, * : $p<.05$

표 28에 의하면 설립 유형별로는 사립 유치원의 경우 '우리나라 또는 명절이라는 생활주제를 다루면서 실시' (46.4%)가 가장 많은 반면, 국공립 유치원은 '모든 생활주제에 포함시켜 관련된 놀이를 일상적으로 실시' (48.6%)를 가장 많이 선택하여 통계적으로 유의한 차이(x^2=38.86, p< .001)를 보였다. 한편, 유아 연령별로는 '만 3세' 집단의 경우에는 '우리나라 또는 명절이라는 생활주제를 다루면서 실시' 라고 응답한 비율(61.5%)이 가장 높았으며, '만 5세' (40.1%)와 '혼합 연령' (47.7%)의 경우 '모든 생활주제에 포함시켜 관련된 놀이를 일상적으로 실시' 의 비율이 유의하게 높았다(x^2=21.54, p< .05).

6) 전통유아놀이를 유치원 교육과정에 도입하는 방법

표 29 **전통유아놀이를 유치원 교육과정에 도입하는 방법**

	반응수(%)
유아들이 자유롭게 놀 수 있도록 전통놀이 교구나 교재를 준비해 둔다.	252(38.4%)
대 · 소집단활동을 통해 교사가 다양한 전통놀이를 소개한다.	274(41.8%)
전통놀이와 관련된 행사를 정기적으로 계획한다.	103(15.7%)
가정에서 전통놀이를 할 수 있게 부모교육을 적극적으로 실시한다.	23(3.5%)
기타	4(0.6%)
전체	656(100.0%)

표 29에 의하면 전통유아놀이를 유치원 교육과정에 도입하는 방법으로는 '대 · 소집단활동을 통해 교사가 다양한 전통놀이를 소개' (41.8%)와 '유아들이 자유롭게 놀 수 있도록 전통놀이 교구나 교재를 준비' (38.4%)의 비율이 높았다. 다음으로 '전통놀이와 관련된 행사 정기적 계획' (15.7%), '가정에서 전통놀이 할 수 있는 부모교육' (3.5%), 기타(0.6%) 순으로 나타났다.

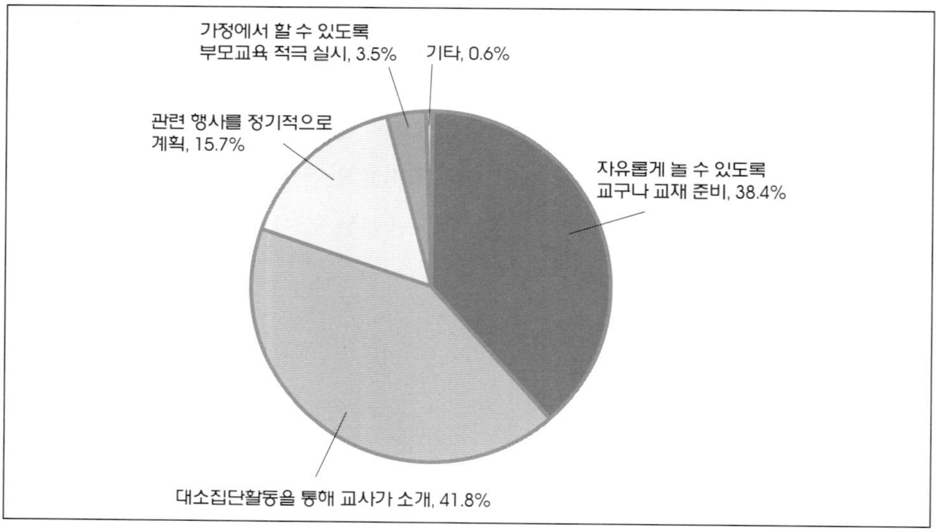

| 그림 6 | **전통유아놀이를 유치원 교육과정에 도입하는 방법**

표 30 설립 유형별, 유아 연령별 전통유아놀이를 유치원 교육과정에 도입하는 방법

		전통놀이를 유치원 교육과정에 도입하는 방법(복수응답)					전체
		자유롭게 놀 수 있도록 전통놀이 교구나 교재를 준비해 둠	대 · 소집단 활동을 통해 교사가 다양한 전통놀이를 소개	관련된 행사를 정기적으로 계획함	가정에서 전통놀이를 할 수 있게 부모교육을 적극 실시	기타	
설립 유형	국공립	128(39.0%)	146(44.5%)	41(12.5%)	12(3.7%)	1(0.3%)	198(52.0%)
	사립	124(37.8%)	128(39.0%)	62(18.9%)	11(3.4%)	3(0.9%)	183(48.0%)
	전 체	252(38.4%)	274(41.8%)	103(15.7%)	23(3.5%)	4(0.6%)	379(100.0%)
유아 연령	만 3세	16(36.4%)	19(43.2%)	9(20.5%)	0(0.0%)	0(0.0%)	29(7.9%)
	만 4세	45(34.6%)	50(38.5%)	29(22.3%)	4(3.1%)	2(1.5%)	73(19.9%)
	만 5세	121(39.0%)	129(41.6%)	44(14.2%)	15(4.8%)	1(0.3%)	172(46.9%)
	혼합 연령	61(42.7%)	64(44.8%)	15(10.5%)	2(1.4%)	1(0.7%)	93(25.3%)
	전 체	243(38.8%)	262(41.8%)	97(15.5%)	21(3.3%)	4(0.6%)	367(100.0%)

표 30에 의하면 설립 유형과 유아 연령에 따라 유의한 차이 없이 전체 비율과 유사하게 유치원 교육과정에 도입하고 있는 것으로 나타났다.

7) 전통유아놀이 지도 방법

표 31 전통유아놀이 지도 방법

	사례수(%)
전통놀이의 내용과 방법을 알려주고 그대로 실천하기 함	100(28.0%)
전통놀이의 내용과 방법을 알려주되, 유아들이 창의적으로 놀게 함	209(58.5%)
전통놀이 도구를 제공해 주고 유아들이 자유롭게 놀도록 함	43(12.0%)
기타	5(1.4%)
전체	357(100.0%)

표 31에 의하면 전통유아놀이 지도 방법으로 '전통놀이의 내용과 방법을 알려주되, 유아들이 창의적으로 놀게 함' 의 비율(58.5%)이 가장 많았으며, 그 다음으

로 '전통놀이의 내용과 방법을 알려주고 그대로 실천하게 함' (28.0%), '전통놀이 도구를 제공해 주고 유아들이 자유롭게 놀도록 함' (12.0%)의 순으로 나타났다.

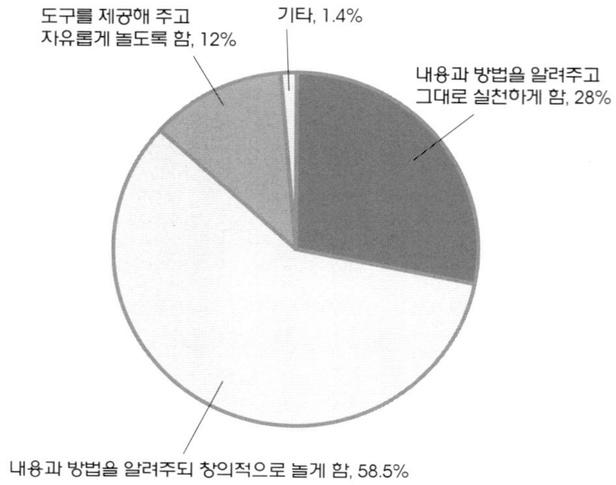

| 그림 7 | 전통유아놀이 지도 방법

표 32 설립 유형별, 유아 연령별 전통유아놀이 지도 방법

		전통유아놀이 지도 방법					x^2	p
		내용과 방법을 알려주고 그대로 실천하게 함	내용과 방법을 알려주되, 유아들이 창의적으로 놀게 함	전통놀이 도구를 제공해 주고 유아들이 자유롭게 놀도록 함	기타	전체		
설립 유형	국공립	52(27.4%)	117(61.6%)	20(10.5%)	1(0.5%)	190(53.2%)	3.69	.297
	사립	48(28.7%)	92(55.1%)	23(13.8%)	4(2.4%)	167(46.8%)		
	전 체	100(28.0%)	209(58.5%)	43(12.0%)	5(1.4%)	357(100.0%)		
유아 연령	만 3세	12(44.4%)	12(44.4%)	3(11.1%)	0(0.0%)	27(7.8%)	11.20	.262
	만 4세	19(27.1%)	44(62.9%)	5(7.1%)	2(2.9%)	70(20.2%)		
	만 5세	37(23.1%)	98(61.3%)	23(14.4%)	2(1.3%)	160(46.2%)		
	혼합 연령	28(31.5%)	49(55.1%)	12(13.5%)	0(0.0%)	89(25.7%)		
	전 체	96(27.7%)	203(58.7%)	43(12.4%)	4(1.2%)	346(100.0%)		

표 32에 의하면 전통유아놀이 지도 방법에 대한 설립 유형별, 유아 연령 간에는 통계적으로 유의미한 차이는 없었다. 국공립(61.6%), 사립(55.1%), 모든 유아 연령에서 '전통놀이 내용과 방법은 알려주되 유아들이 창의적으로 놀게 함' 이 유사하게 높게 나타났다.

8) 전통유아놀이 도구 준비 방법

표 33 전통유아놀이 도구 준비 방법

	반응수(%)
상품화된 놀이 도구를 구입한다.	271(36.3%)
교육부에서 나누어준 교구를 활용한다.	140(18.8%)
교사가 직접 제작한다.	205(27.5%)
교사와 유아가 함께 제작한다.	119(16.0%)
부모에게 제작하도록 한다.	2(0.3%)
기타	9(1.2%)
전체	746(100.0%)

표 33에 의하면 전통유아놀이 도구 준비 방법으로는 '상품화된 놀이 도구를 구입' 의 비율(36.3%)이 가장 높았으며, 다음으로 '교사가 직접 제작' (27.5%), '교육부에서 나누어준 교구를 활용' (18.8%), '고사와 유아가 함께 제작' (16.0%)의 순으로 나타났다.

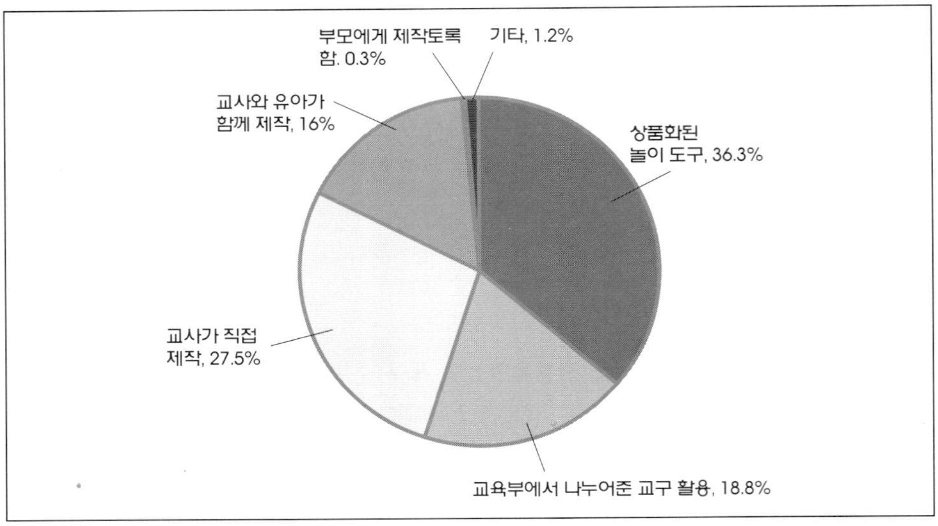

| 그림 8 | **전통놀이 도구 준비 방법**

표 34 설립 유형별, 유아 연령별 전통유아놀이 도구 준비 방법

		전통유아놀이 도구 준비 방법(복수 응답)						전체
		상품화된 놀이도구를 구입	교육부에서 나누어준 교구를 활용	교사가 직접 제작함	교사와 유아가 함께 제작함	부모에게 제작하도록 함	기타	
설립 유형	국공립	156(40.5%)	83(21.6%)	77(20.0%)	64(16.6%)	2(0.5%)	3(0.8%)	197(51.8%)
	사립	115(31.9%)	57(15.8%)	128(35.5%)	55(15.2%)	0(0.0%)	6(1.7%)	183(48.2%)
	전 체	271(36.3%)	140(18.8%)	205(27.5%)	119(16.0%)	2(0.3%)	9(1.2%)	380(100.0%)
유아 연령	만 3세	18(31.6%)	7(12.3%)	22(38.6%)	9(15.8%)	0(0.0%)	1(1.8%)	29(7.9%)
	만 4세	55(37.2%)	22(14.9%)	48(32.4%)	21(14.2%)	0(0.0%)	2(1.4%)	73(19.9%)
	만 5세	124(36.2%)	66(19.2%)	96(28.0%)	54(15.7%)	2(0.6%)	1(0.3%)	171(46.7%)
	혼합 연령	66(38.6%)	40(23.4%)	31(18.1%)	29(17.0%)	0(0.0%)	5(2.9%)	93(25.4%)
	전 체	263(36.6%)	135(18.8%)	197(27.4%)	113(15.7%)	2(0.3%)	9(1.3%)	366(100.0%)

표 34에 의하면 설립 유형별, 유아 연령별 전통유아놀이 도구 준비 방법을 살펴보았다. '상품화된 놀이 도구 구입' (설립 유형: 36.3%, 유아 연령: 36.6%)과 '교사가 직접 제작함' (설립 유형: 27.5%, 유아 연령: 27.4%)이 높게 나타났다. 그러나

국공립 유치원에서는 '교육부에서 나누어준 교구 활용' (21.6%)이 '교사가 직접 제작' (20.0%)하는 경우보다 약간 높았고, 혼합 연령에서도 '교육부에서 나누어준 교구 활용' (23.4%)이 높았다.

9) 전통유아놀이에 대한 유아들의 전반적인 반응

표 35 전통유아놀이에 대한 유아들의 반응

	사례수(%)
흥미로워하고 재미있어 함	318(84.4%)
흥미는 있지만 오래 참여하지 않음	59(15.6%)
별로 관심이 없음	0(0.0%)
하기 싫어하고 어려워함	0(0.0%)
전체	377(100.0%)

표 35에 의하면 전통유아놀이에 대한 유아들의 전반적인 반응에는 관심이 없거나, 하기 싫어하고 어려워한다는 응답은 없었다. 대부분이 '흥미로워하고 재미있어 함' (84.4%)에 응답하였다.

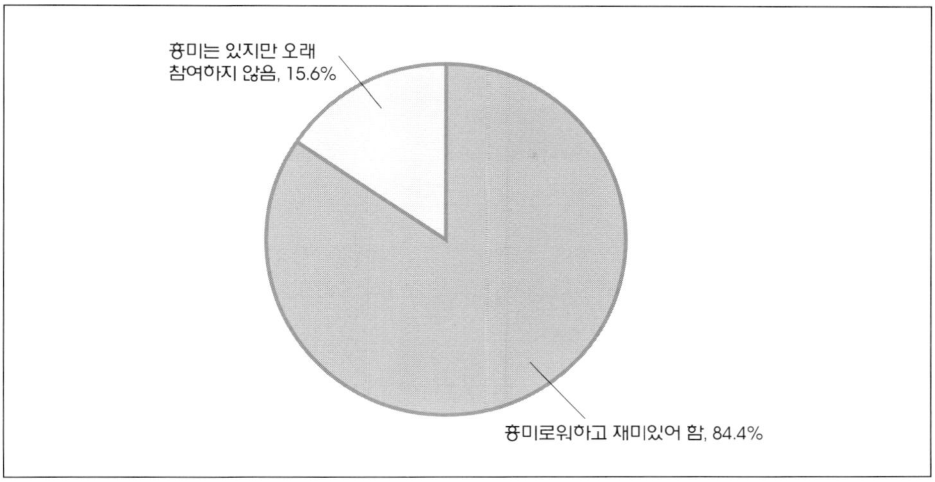

| 그림 9 | 전통유아놀이에 대한 유아들의 반응

표 36 설립 유형별, 유아 연령별 전통유아놀이에 대한 유아들의 반응

		전통놀이에 대한 유아들의 전반적인 반응					x^2	p
		흥미로워하고 재미있어 함	흥미는 있지만 오래 참여하지 않음	별로 관심이 없음	하기 싫어하고 어려워함	전체		
설립 유형	국공립	161(81.7%)	36(18.3%)	0(0.0%)	0(0.0%)	197(52.3%)	2.15	.142
	사립	157(87.2%)	23(12.8%)	0(0.0%)	0(0.0%)	180(47.7%)		
	전 체	318(84.4%)	59(15.6%)	0(0.0%)	0(0.0%)	377(100.0%)		
유아 연령	만 3세	25(86.2%)	4(13.8%)	0(0.0%)	0(0.0%)	29(8.0%)	5.34	.149
	만 4세	67(93.1%)	5(6.9%)	0(0.0%)	0(0.0%)	72(19.8%)		
	만 5세	143(84.1%)	27(15.9%)	0(0.0%)	0(0.0%)	170(46.8%)		
	혼합 연령	74(80.4%)	18(19.6%)	0(0.0%)	0(0.0%)	92(25.3%)		
	전 체	309(85.1%)	54(14.9%)	0(0.0%)	0(0.0%)	363(100.0%)		

표 36에 의하면 설립 유형별, 유아 연령 간의 '전통놀이에 대한 유아들의 전반적인 반응' 에 유의한 차이는 없었다. 모든 범주에서 '흥미로워하고 재미있어 함' 의 반응이 대다수를 차지하였다.

10) 전통유아놀이를 알게 된 동기

표 37 전통유아놀이를 알게 된 동기

	반응수(%)
어렸을 때 해본 경험을 통해서	291(37.5%)
전통놀이 관련 교사 연수 경험을 통해서	219(28.2%)
서적이나 잡지 등을 통해서	98(12.6%)
TV나 대중매체를 통해서	61(7.9%)
선배 또는 동료 교사를 통해서	64(8.2%)
대학에서 전공과목을 통해서	37(4.8%)
기타	6(0.8%)
전체	776(100.0%)

표 37에 의하면 전통유아놀이를 알게 된 동기는 '어렸을 때 해본 경험' (37.5%)이 가장 많았으며, '전통놀이 관련 교사 연수 경험' (28.2%), '서적이나 잡지' (12.6%)를 통하여 알게 되는 것으로 나타났다. 다음으로 '선배 또는 동료 교사를 통해서' (8.2%), 'TV나 대중매체를 통해' (7.9%), '대학에서 전공과목을 통해서' (0.8%) 순으로 나타났다.

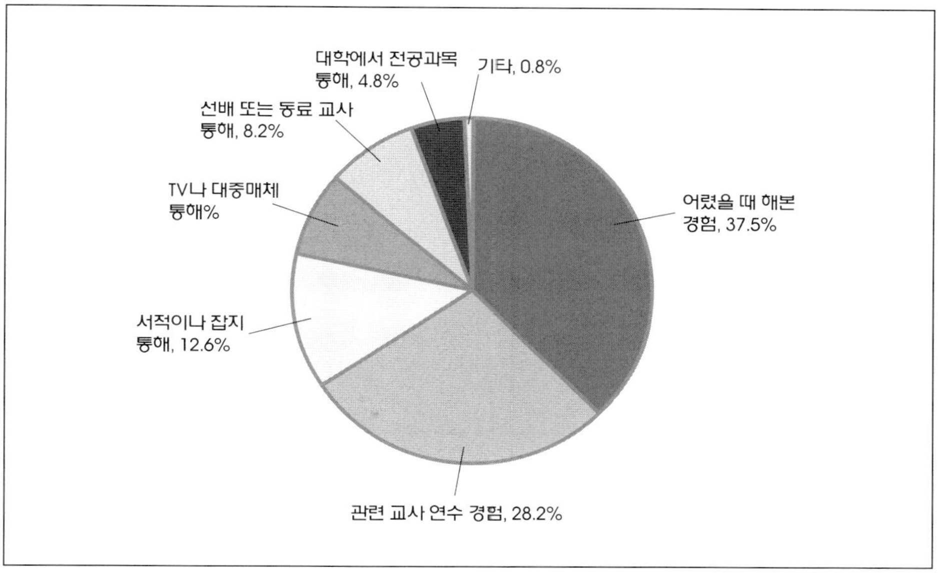

| 그림 10 | **전통유아놀이를 알게 된 동기**

표 38 설립 유형별, 유아 연령별 전통유아놀이를 알게 된 동기

		전통유아놀이를 알게 된 동기(복수응답)							전체
		어렸을 때 해 본 경험을 통해서	전통놀이 관련 교사 연수 경험을 통해서	서적이나 잡지 등을 통해서	TV나 대중매체를 통해서	선배 또는 동료 교사를 통해서	대학에서 전공과목을 통해서	기타	
설립 유형	국공립	153(39.6%)	120(31.1%)	52(13.5%)	24(6.2%)	27(7.0%)	5(1.3%)	5(1.3%)	198(52.0%)
	사립	138(35.4%)	99(25.4%)	46(11.8%)	37(9.5%)	37(9.5%)	32(8.2%)	1(0.3%)	183(48.0%)
	전 체	291(37.5%)	219(28.2%)	98(12.6%)	61(7.9%)	64(8.2%)	37(4.8%)	6(0.8%)	379(100.0%)
유아 연령	만 3세	26(41.3%)	10(15.9%)	9(14.3%)	8(12.7%)	8(12.7%)	2(3.2%)	0(0.0%)	29(7.9%)
	만 4세	56(35.9%)	31(19.9%)	20(12.8%)	14(9.0%)	19(12.2%)	15(9.6%)	1(0.6%)	73(19.9%)
	만 5세	123(34.6%)	119(33.5%)	44(12.4%)	26(7.3%)	25(7.0%)	15(4.2%)	3(0.8%)	172(46.9%)
	혼합 연령	76(43.9%)	49(28.3%)	21(12.1%)	12(6.9%)	9(5.2%)	4(2.3%)	2(1.2%)	93(25.3%)
	전 체	281(37.6%)	209(28.0%)	94(12.6%)	60(8.0%)	61(8.2%)	36(4.8%)	6(0.8%)	367(100.0%)

표 38에 의하면 설립 유형별, 유아 연령 간 유의미한 차이는 없었으며, '어렸을 때 해본 경험을 통해서', '전통놀이 관련 교사 연수 경험을 통해서'가 높게 나타났다.

3 전통유아놀이에 대한 교사의 인식

1) 전통유아놀이에 대한 교사의 관심

표 39 전통유아놀이에 대한 교사의 관심

	사례수(%)
아주 관심이 많다.	160(38.3%)
조금 관심이 있다.	249(59.6%)
별로 관심이 없다.	9(2.2%)
전혀 관심이 없다.	0(0.0%)
전체	418(100.0%)

표 39에 의하면 전통유아놀이 관련하여 대부분의 교사들이 관심이 있다고 응답하였다. 전통유아놀이에 대한 교사의 관심도에서 '전혀 관심이 없다'는 없었고, '아주 관심이 많다'(38.3%)와 '조금 관심이 있다'(59.6%)가 대부분이었다.

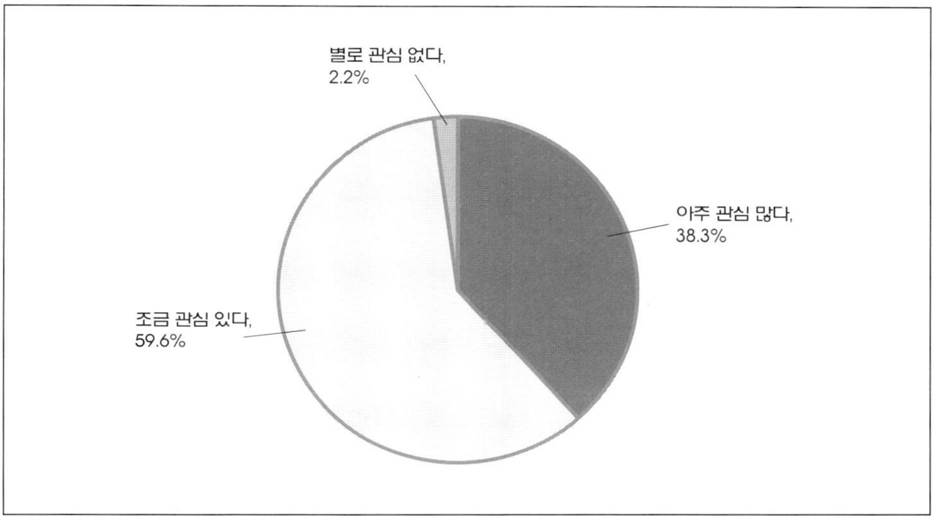

| 그림 11 | 전통유아놀이에 대한 교사의 관심

표 40 교사의 학력과 경력에 따른 전통유아놀이에 대한 관심

		전통유아놀이에 대한 교사의 관심도					x^2	p
		아주 관심 많다	조금 관심 있다	별로 관심 없다	전혀 관심 없다	전체		
교사 교육 정도	전문대 졸	44(39.3%)	67(59.8%)	1(0.9%)	0(0.0%)	112(26.9%)	2.54	.637
	4년제 대학 졸	77(37.7%)	123(60.3%)	4(2.0%)	0(0.0%)	204(49.0%)		
	대학원 졸 이상	38(38.0%)	58(58.0%)	4(4.0%)	0(0.0%)	100(24.0%)		
	전체	159(38.2%)	248(59.6%)	9(2.2%)	0(0.0%)	416(100.0%)		
교육 경력	3년 미만	33(33.3%)	65(65.7%)	1(1.0%)	0(0.0%)	99(23.9%)	1.73	.631
	5년 미만	41(39.0%)	62(59.0%)	2(1.9%)	0(0.0%)	105(25.3%)		
	10년 미만	83(40.5%)	116(56.6%)	6(2.9%)	0(0.0%)	205(49.4%)		
	10년 이상	3(50.0%)	3(50.0%)	0(0.0%)	0(0.0%)	6(1.4%)		
	전체	160(38.6%)	246(59.3%)	9(2.2%)	0(0.0%)	415(100.0%)		

표 40에 의하면 전통유아놀이에 대한 교사의 관심도는 교사의 교육 정도와 교사 현장 경력에 상관없이 대부분 높은 것으로 나타났다. 교사들의 전통유아놀이에 대한 관심이 대체로 높게 나타났다.

2) 전통유아놀이를 교육과정에 포함시키는 것에 대한 태도

표 41 **전통유아놀이를 교육과정에 포함시키는 태도**

	사례수(%)
전혀 필요하지 않다.	0(0.0%)
별로 필요하지 않다.	4(1.0%)
조금 필요하다.	149(35.5%)
매우 필요하다.	267(63.6%)
전체	420(100.0%)

표 41에 의하면 대부분의 교사들은 전통유아놀이를 교육과정에 포함시켜야 한다고 생각하고 있었다. '전혀 필요하지 않다'는 없었고, '조금 필요하다'(35.5%)와 '매우 필요하다'(63.6%)가 대부분이었다.

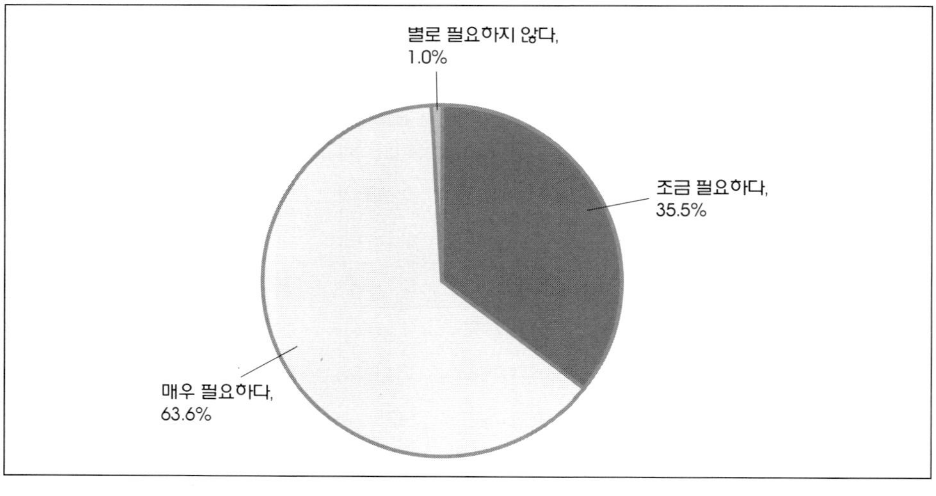

| 그림 12 | **전통유아놀이를 교육과정에 포함시키는 태도**

표 42 교사의 학력과 경력에 따른 전통유아놀이를 교육과정에 포함시키는 태도

		교육과정의 일환으로 포함시키는 것에 대한 태도					x^2	p
		전혀 필요 하지 않다	별로 필요 하지 않다	조금 필요하다	매우 필요하다	전체		
교사 교육 정도	전문대 졸	0(0.0%)	3(2.7%)	41(36.3%)	69(61.1%)	113(27.0%)	12.21	.016*
	4년제 대학 졸	0(0.0%)	1(0.5%)	83(40.5%)	121(59.0%)	205(49.0%)		
	대학원 졸 이상	0(0.0%)	0(0.0%)	25(25.0%)	75(75.0%)	100(23.9%)		
	전체	0(0.0%)	4(1.0%)	149(35.6%)	265(63.4%)	418(100.0%)		
교육 경력	3년 미만	0(0.0%)	1(1.0%)	45(45.5%)	53(53.5%)	99(23.7%)	6.46	.374
	5년 미만	0(0.0%)	1(0.9%)	39(36.4%)	67(62.6%)	107(25.7%)		
	10년 미만	0(0.0%)	2(1.0%)	63(30.7%)	140(68.3%)	205(49.2%)		
	10년 이상	0(0.0%)	0(0.0%)	2(33.3%)	4(66.7%)	6(1.4%)		
	전체	0(0.0%)	4(1.0%)	149(35.7%)	264(63.3%)	417(100.0%)		

* : $p<.05$

표 42에서 나타나듯이 교사들이 경력 차이에 상관없이 대다수가 전통유아놀이를 교육과정에 포함시키는 것이 필요하다고 응답하였다. 교사의 교육 정도에서는 '대학원 졸' 이상의 경우가 '매우 필요하다'의 비율(75%)이 다른 집단에 비해 높게 나타나 유의한 차이(x^2=12.21, p< .05)를 나타냈다.

3) 전통유아놀이가 교육과정에 포함되는 것이 필요하다고 생각하는 이유

표 43 전통유아놀이를 교육과정에 포함시키는 것이 필요한 이유

	반응수(%)
우리나라 고유의 문화에 관심을 갖고, 이를 계승하기 위하여	272(30.5%)
우리 문화에 대한 자긍심과 문화적 정체성 확립을 위하여	287(32.2%)
교육과정의 내용을 다양하게 하기 위하여	62(7.0%)
세계화 · 국제화 교육을 위한 일환으로	94(10.5%)
유아의 성장과 발달에 많은 도움이 되기 때문에	171(19.2%)
기타	6(0.7%)
전체	892(100.0%)

표 43에 의하면 전통유아놀이를 교육과정에 포함시키는 것이 필요하다고 생각하는 이유로는 '우리 문화에 대한 자긍심과 문화적 정체성 확립을 위하여' (32.2%)가 가장 많았으며, 다음으로 '우리나라 고유의 문화에 관심을 갖고, 이를 계승하기 위하여' (30.5%), '유아의 성장과 발달에 많은 도움이 되기 때문에' (19.2%)의 순으로 답하였다. 다음으로는 '세계화 · 국제화 교육을 위한 일환' (10.5%), '교육과정 내용의 다양화' (7.0%), '기타' (0.7%) 순이었다.

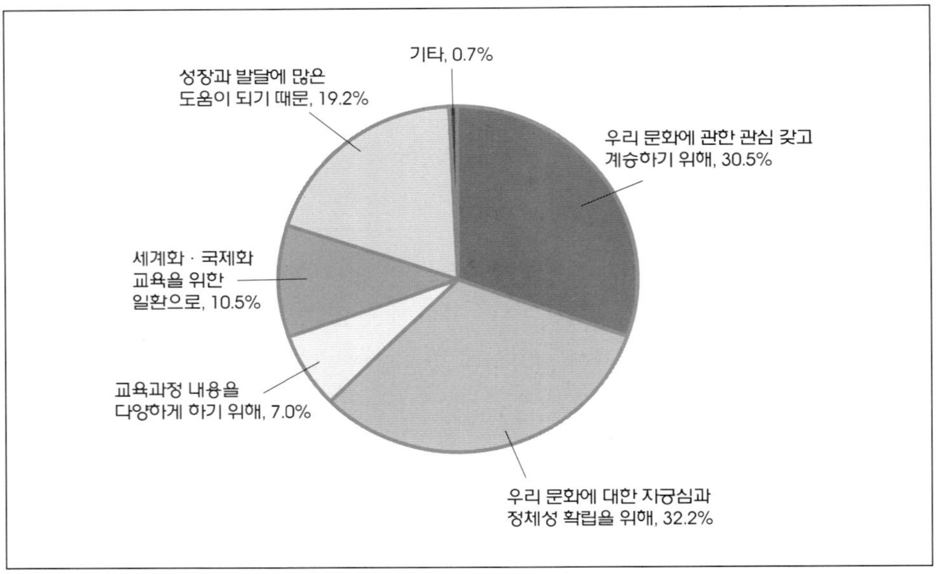

| 그림 13 | **전통유아놀이를 교육과정에 포함시키는 것이 필요한 이유**

표 44 교사의 학력과 경력에 따른 전통유아놀이를 교육과정에 포함시키는 것이 필요한 이유

		필요하다고 생각하는 이유(복수응답)						전체
		우리나라 고유의 문화에 관심을 갖고, 이를 계승하기 위하여	우리 문화에 대한 자긍심과 문화적 정체성 확립을 위하여	교육과정의 내용을 다양하게 하기 위하여	세계화·국제화 교육을 위한 일환으로	유아의 성장과 발달에 많은 도움이 되기 때문에	기타	
교사 교육 정도	전문대 졸	68(31.8%)	70(32.7%)	13(6.1%)	18(8.4%)	45(21.0%)	0(0.0%)	109(26.5%)
	4년제 대학 졸	137(30.6%)	143(32.0%)	34(7.6%)	48(10.7%)	81(18.1%)	4(0.9%)	203(49.4%)
	대학원 졸 이상	65(28.6%)	73(32.2%)	15(6.6%)	27(11.9%)	45(19.8%)	2(0.9%)	99(24.1%)
	전체	270(30.4%)	286(32.2%)	62(7.0%)	93(10.5%)	171(19.3%)	6(0.7%)	411(100.0%)
교육 경력	3년 미만	64(31.4%)	68(33.3%)	12(5.9%)	22(10.8%)	37(18.1%)	1(0.5%)	97(23.7%)
	5년 미만	72(28.8%)	76(30.4%)	17(6.8%)	36(14.4%)	47(18.8%)	2(0.8%)	105(25.6%)
	10년 미만	127(30.0%)	141(33.3%)	33(7.8%)	35(8.3%)	84(19.9%)	3(0.7%)	202(49.3%)
	10년 이상	6(60.0%)	2(20.0%)	0(0.0%)	0(0.0%)	2(20.0%)	0(0.0%)	6(1.5%)
	전체	269(30.3%)	287(32.4%)	62(7.0%)	93(10.5%)	170(19.2%)	6(0.7%)	410(100.0%

표 44에 의하면 전통유아놀이를 교육과정에 포함시키는 것이 필요한 이유에서 교사의 교육 정도와 경력별 차이는 유의하게 나타나지 않았다. '우리 문화에 대한 자긍심과 문화적 정체성 확립을 위하여'(32.2%)가 가장 많았으며, 다음으로 '우리나라 고유의 문화에 관심을 갖고, 이를 계승하기 위하여'(30.4%)가 많이 나타났다.

4) 전통유아놀이를 교육과정에 포함시키는 시기

표 45 전통유아놀이를 교육과정에 포함시키는 시기

	사례수(%)
우리나라 또는 명절이라는 생활주제를 다루면서 실시	57(14.3%)
정기적으로 전통놀이를 계획하여 실시	87(21.9%)
모든 생활주제에 포함시켜 관련된 놀이를 일상적으로 실시	248(62.3%)
특정 행사를 연간계획에 포함하여 실시	3(0.8%)
기타	3(0.8%)
전체	398(100.0%)

표 45에 의하면 전통유아놀이를 교육과정에 포함시키는 시기로는 '모든 생활주제에 포함시켜 관련된 놀이를 일상적으로 실시'가 과반수 이상(62.3%)으로 나타났다. 다음으로 '정기적으로 전통놀이를 계획하여 실시'(21.9%)와 '우리나라 또는 명절이라는 생활주제를 다루면서 실시'(14.3%) 순으로 나타났다.

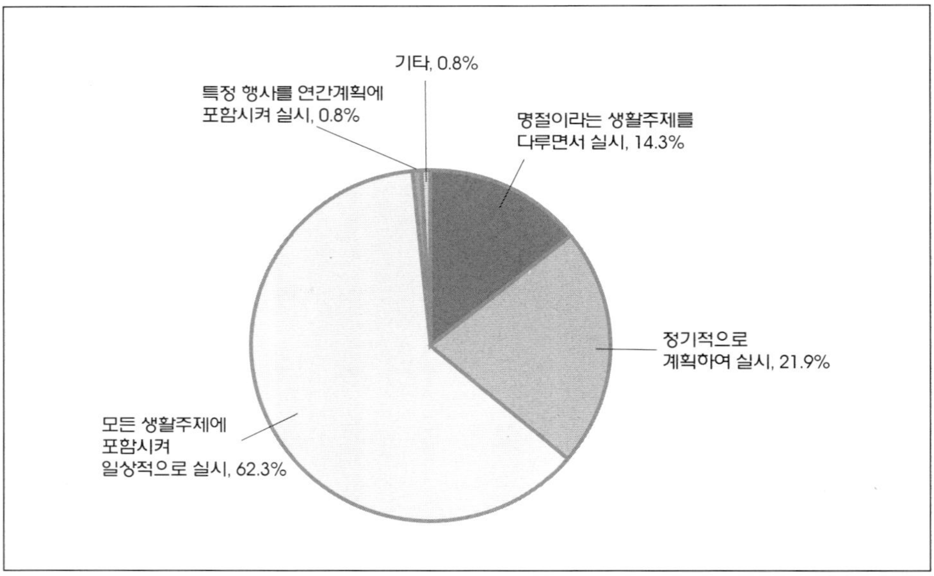

그림 14 전통유아놀이를 교육과정에 포함시키는 시기

표 46 교사의 학력과 경력에 따른 전통유아놀이를 교육과정에 포함하는 시기

		전통유아놀이를 유아교육과정에 포함시키는 이상적인 시기						x^2	p
		우리나라 또는 명절이라는 생활주제를 다루면서 실시	정기적으로 전통놀이를 계획하여 실시	모든 생활주제에 포함시켜 관련된 놀이를 일상적으로 실시	특정행사를 연간계획에 포함하여 실시	기타	전체		
교사 교육 정도	전문대 졸	23(21.5%)	29(27.1%)	54(50.5%)	0(0.0%)	1(0.9%)	107(27.0%)	14.63	.067
	4년제 대학 졸	27(14.2%)	35(18.4%)	125(65.8%)	2(1.1%)	1(0.5%)	190(48.0%)		
	대학원 졸 이상	7(7.1%)	22(22.2%)	68(68.7%)	1(1.0%)	1(1.0%)	99(25.0%)		
	전체	57(14.4%)	86(21.7%)	247(62.4%)	3(0.8%)	3(0.8%)	396(100.0%)		
교육 경력	3년 미만	17(18.5%)	17(18.5%)	57(62.0%)	0(0.0%)	1(1.1%)	92(23.3%)	27.83	.006**
	5년 미만	16(15.5%)	21(20.4%)	65(63.1%)	0(0.0%)	1(1.0%)	103(26.1%)		
	10년 미만	23(11.9%)	47(24.2%)	122(62.9%)	2(1.0%)	0(0.0%)	194(49.1%)		
	10년 이상	0(0.0%)	1(16.7%)	4(66.7%)	0(0.0%)	1(16.7%)	6(1.5%)		
	전체	56(14.2%)	86(21.8%)	248(62.8%)	2(0.5%)	3(0.8%)	395(100.0%)		

** : p<.01

표 46에 의하면 전통유아놀이를 교육과정에 포함시키는 시기에 대해서 교사의 교육 정도와 교육 경력에 따라 통계적으르 유의미한 차이(x^2=27.83, p< .01)를 보인다.

5) 전통유아놀이를 교육과정에 도입하는 방법

표 47 전통유아놀이를 교육과정에 도입하는 방법

	사례수(%)
유아들이 자유롭게 놀 수 있도록 교구나 교재를 준비해 둠.	337(41.3%)
대 · 소집단 활동을 통해 교사가 다양한 전통놀이를 소개함.	289(35.4%)
전통놀이와 관련된 행사를 정기적으로 계획함.	97(11.9%)
가정에서 전통놀이를 할 수 있게 부모교육을 적극적으로 실시함.	92(11.3%)
기타	1(0.1%)
전체	816(100.0%)

표 47에 의하면 전통유아놀이를 교육과정에 도입하는 방법으로는 '유아들이 자유롭게 놀 수 있도록 교구나 교재를 준비해 둠' (41.3%)과 '대 · 소집단활동을 통해 교사가 다양한 전통놀이를 소개' (35.4%)의 비율이 높게 나타났다.

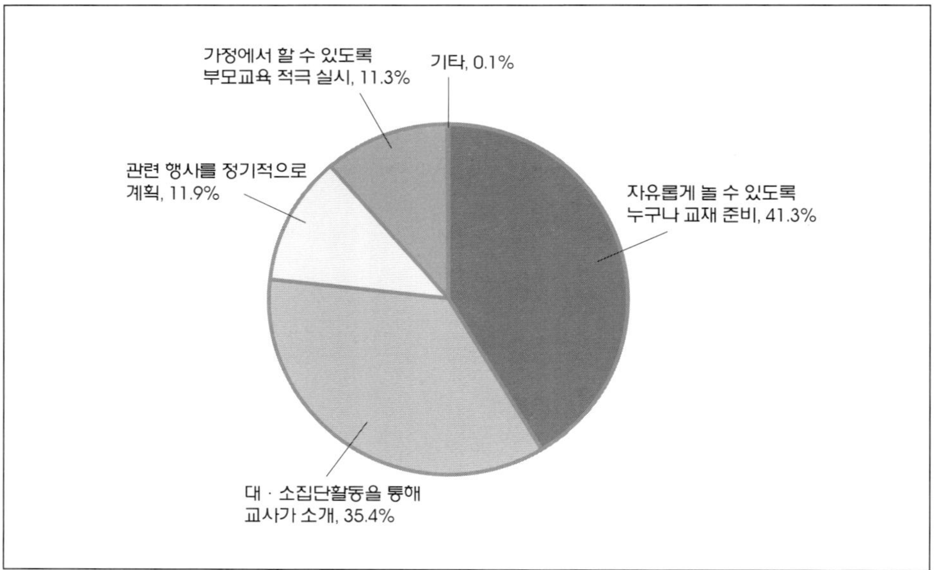

그림 15 전통유아놀이를 교육과정에 도입하는 방법

표 48 교사의 학력과 경력에 따른 전통유아놀이를 교육과정에 도입하는 방법

		전통유아놀이를 교육과정에 도입하는 방법(복수응답)					전체
		유아들이 자유롭게 놀 수 있도록 교구나 교재를 준비	대 · 소집단 활동을 통해 교사가 다양한 전통놀이를 소개	전통놀이와 관련된 행사를 정기적으로 계획	가정에서 전통놀이를 할 수 있게 부모교육을 적극적으로 실시	기타	
교사 교육 정도	전문대 졸	84(41.4%)	74(36.5%)	23(11.3%)	22(10.8%)	0(0.0%)	112(26.9%)
	4년제 대학 졸	170(41.9%)	141(34.7%)	48(11.8%)	46(11.3%)	1(0.2%)	205(49.2%)
	대학원 졸 이상	81(40.3%)	73(36.3%)	24(11.9%)	23(11.4%)	0(0.0%)	100(24.0%)
	전체	335(41.4%)	288(35.6%)	95(11.7%)	91(11.2%)	1(0.1%)	417(100.0%)
교육 경력	3년 미만	84(42.2%)	67(33.7%)	24(12.1%)	24(12.1%)	0(0.0%)	99(23.8%)
	5년 미만	87(42.0%)	69(33.3%)	26(12.6%)	25(12.1%)	0(0.0%)	107(25.7%)
	10년 미만	158(39.8%)	151(38.0%)	46(11.6%)	41(10.3%)	1(0.3%)	204(49.0%)
	10년 이상	6(60.0%)	1(10.0%)	1(10.0%)	2(20.0%)	0(0.0%)	6(1.4%)
	전체	335(41.2%)	288(35.4%)	97(11.9%)	92(11.3%)	1(0.1%)	416(100.0%)

표 48에 의하면 교사의 교육 정도와 교육 경력별로 전통유아놀이를 교육과정에 도입하는 방법을 살펴보았을 때, 유의한 차이를 나타나지 않았다. '유아들이 자유롭게 놀 수 있도록 교구나 교재를 준비해 둠' 과 '대 · 소집단활동을 통해 교사가 다양한 전통놀이를 소개' 의 비율이 높게 나타났다.

6) 전통유아놀이 지도 방법에 대한 태도

표 49 전통유아놀이 지도 방법에 대한 태도

	사례수(%)
전통놀이의 내용과 방법을 알려주고 그대로 실천하게 함	29(7.4%)
전통놀이의 내용과 방법을 알려주되, 유아들이 창의적으로 놀게 함	320(81.6%)
전통놀이 도구를 제공해 주고 유아들이 자유롭게 놀도록 함	31(7.9%)
기타	12(3.1%)
전체	392(100.0%)

표 49에 의하면 교사의 전통유아놀이 지도 방법에 대한 태도에 대한 응답을 살펴보면, '전통놀이의 내용과 방법을 알려주되 유아들이 창의적으로 놀게 함'(81.6%)이 매우 많이 나타났다.

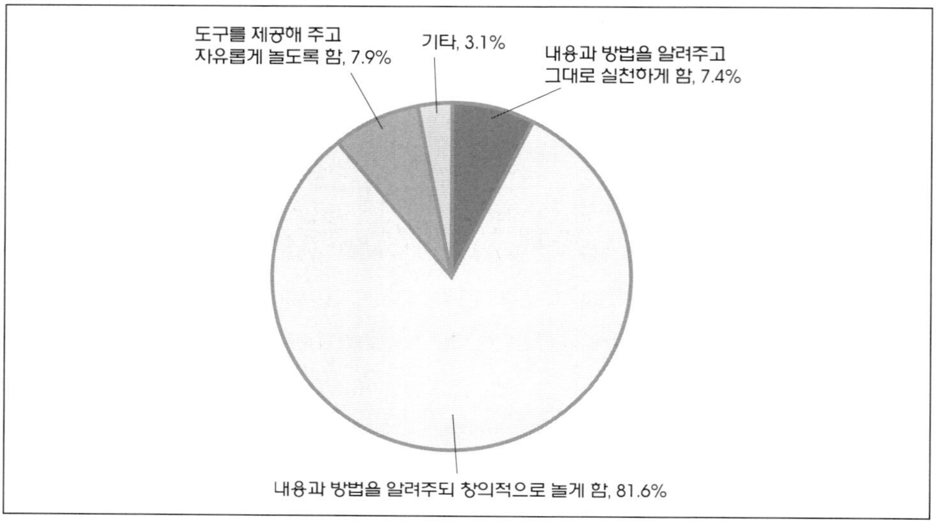

| 그림 16 | 전통유아놀이 지도 방법에 대한 태도

표 50 교사의 학력과 경력에 따른 전통유아놀이 지도 방법에 대한 태도

		전통유아놀이 지도 방법에 대한 태도					x^2	p
		전통놀이의 내용과 방법을 알려주고 그대로 실천하게 함	전통놀이의 내용과 방법을 알려주되, 유아들이 창의적으로 놀게 함	전통놀이 도구를 제공해 주고 유아들이 자유롭게 놀도록 함	기타	전체		
교사 교육 정도	전문대 졸	6(5.9%)	83(81.4%)	10(9.8%)	3(2.9%)	102(26.2%)	5.37	.497
	4년제 대학 졸	12(6.2%)	160(82.5%)	17(8.8%)	5(2.6%)	194(49.7%)		
	대학원 졸 이상	11(11.7%)	76(80.9%)	4(4.3%)	3(3.2%)	94(24.1%)		
	전체	29(7.4%)	319(81.8%)	31(7.9%)	11(2.8%)	390(100.0%)		
교육 경력	3년 미만	5(5.2%)	83(86.5%)	5(5.2%)	3(3.1%)	96(24.7%)	8.06	.528
	5년 미만	8(8.0%)	75(75.0%)	13(13.0%)	4(4.0%)	100(25.7%)		
	10년 미만	16(8.6%)	154(82.4%)	12(6.4%)	5(2.7%)	187(48.1%)		
	10년 이상	0(0.0%)	5(83.3%)	1(16.7%)	0(0.0%)	6(1.5%)		
	전체	29(7.5%)	317(81.5%)	31(8.0%)	12(3.1%)	389(100.0%)		

표 50에 의하면 교사의 교육 정도와 현장 경력에 따라서 전통유아놀이 지도 방법에 대한 태도에서 유의한 차이는 나타나지 않았다. 모든 범주에서 '전통놀이의 내용과 방법을 알려주되 유아들이 창의적으로 놀게 함' 이 높게 많이 나타났다.

7) 전통유아놀이를 교육과정에 적용할 때 느끼는 어려운 점

표 51 전통유아놀이 운영 시 어려운 점

	반응수(%)
전통놀이 도구의 구입 및 제작이 힘들었다.	209(27.2%)
전통놀이를 유아들에게 이해시키고 전달하는 데 어려움이 많았다.	86(11.2%)
교사 자신이 전통놀이에 대한 사전 지식이 부족했다.	212(27.6%)
교사 : 유아의 비율이 높아서 적용에 어려움이 있엇다.	130(16.9%)
놀이 시간이 부족하여 적용하기가 어려웠다.	54(7.0%)
장소의 제약이 많았다.	73(9.5%)
기타	5(0.7%)
전체	769(100.0%)

표 51에 의하면 전통유아놀이를 교육과정에 적용할 때 느끼는 어려운 점은 '전통놀이 도구의 구입 및 제작이 힘듦' (27.2%)과 '교사 자신이 전통놀이에 대한 사전 지식이 부족했다' (27.6%)가 높게 나타났고, '교사 : 유아 비율이 높아서 적용에 어려움이 있었다' (16.9%), '전통놀이를 유아들에게 이해시키고 전달하는 데 어려움이 많았다' (11.2%), '장소의 제약이 많았다' (9.5%), '놀이 시간이 부족하여 적용하기가 어려웠다' (7.0%) 순으로 나타났다.

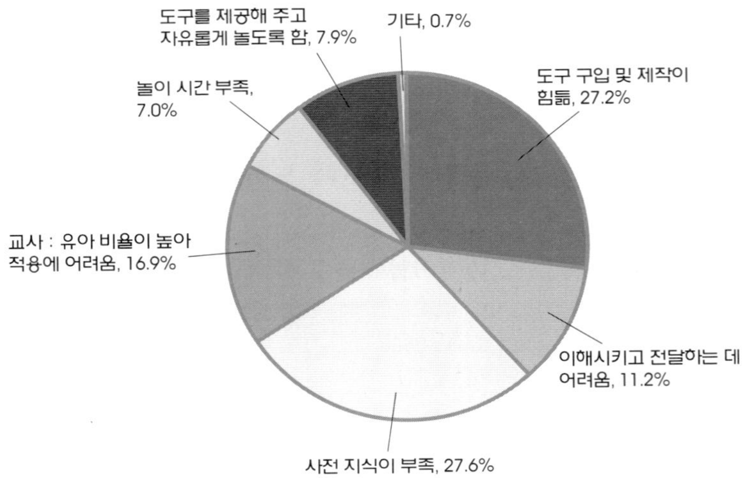

| 그림 17 | 전통유아놀이 운영 시 어려운 점

표 52 교사의 학력과 경력에 따른 전통유아놀이 적용 시 어려운 점

		전통유아놀이를 교육과정에 적용할 때 느끼는 어려운 점(복수응답)							전체
		전통놀이 도구의 구입 및 제작이 힘들었음	전통놀이를 유아들에게 이해시키고 전달하는 데 어려움이 많음	교사 자신이 전통놀이에 대한 사전지식이 부족했음	교사 : 유아의 비율이 높아서 적용에 어려움이 있었음	놀이 시간이 부족하여 적용하기가 어려웠음	장소의 제약이 많았음	기타	
교사 교육 정도	전문대 졸	51(25.8%)	23(11.6%)	52(26.3%)	34(17.2%)	12(6.1%)	26(13.1%)	0(0.0%)	111(26.7%)
	4년제 대학 졸	112(28.6%)	45(11.5%)	107(27.3%)	66(16.8%)	32(8.2%)	28(7.1%)	2(0.5%)	206(49.6%)
	대학원 졸 이상	46(26.1%)	17(9.7%)	52(29.5%)	29(16.5%)	10(5.7%)	19(10.8%)	3(1.7%)	98(23.6%)
	전체	209(27.3%)	85(11.1%)	211(27.5%)	129(16.8%)	54(7.0%)	73(9.5%)	5(0.7%)	415(100.0%)
교육 경력	3년 미만	42(23.0%)	29(15.8%)	49(26.8%)	33(18.0%)	13(7.1%)	17(9.3%)	0(0.0%)	98(23.7%)
	5년 미만	54(26.5%)	11(5.4%)	55(27.0%)	44(21.6%)	19(9.3%)	20(9.8%)	1(0.5%)	106(25.6%)
	10년 미만	107(29.2%)	43(11.7%)	103(28.1%)	53(14.5%)	22(6.0%)	34(9.3%)	4(1.1%)	204(49.3%)
	10년 이상	5(41.7%)	1(8.3%)	4(33.3%)	0(0.0%)	0(0.0%)	2(16.7%)	0(0.0%)	6(1.4%)
	전체	208(27.2%)	84(11.0%)	211(27.6%)	130(17.0%)	54(7.1%)	73(9.5%)	5(0.7%)	414(100.0%)

표 52에 의하면 교사들의 교육 정도와 교육 경력에 따라 전통유아놀이 적용 시 어려워하는 점들은 유의한 차이가 없었다. 교사의 교육 정도에 있어서는 적용 시 어려워하는 점의 비율이 유사하지만, 경력에 있어서는 다소 차이가 있음을 알 수 있다.

8) 전통유아놀이의 활용 및 보급을 위해 필요한 것

표 53 전통유아놀이 활용과 보급을 위해 필요한 것

	반응수(%)
전통놀이에 관련된 풍부한 교육 자료를 개발하여 우치원에 보급한다.	368(44.8%)
전통놀이에 관한 교사 연수 기회를 늘린다.	290(35.3%)
전통놀이 전문가를 양성하여 전문가 활용을 용이하게 한다.	37(4.5%)
가정과 연계하여 부모들이 전통놀이에 관심을 가지도록 한다.	69(8.4%)
대학 교육과정에서 예비 교사들에게 전통놀이를 충분히 지도한다.	57(6.9%)
기타	1(0.1%)
전체	822(100.0%)

표 53에 의하면 전통유아놀이를 활용 및 보급을 장려하기 위하여 가장 필요하다고 생각되는 것은 '전통놀이에 관련된 풍부한 교육 자료를 개발하여 유치원에 보급'(44.8%)이 가장 많았고, '전통놀이에 관한 교사 연수 기회를 늘린다'(35.3%)가 높았다. 다음으로 '부모들이 전통놀이에 관심 가지도록 한다'(8.4%), '예비 교사들에게 전통놀이 충분히 지도'(6.9%), '전문가 양성하여 활용'(4.5%) 순으로 나타났다.

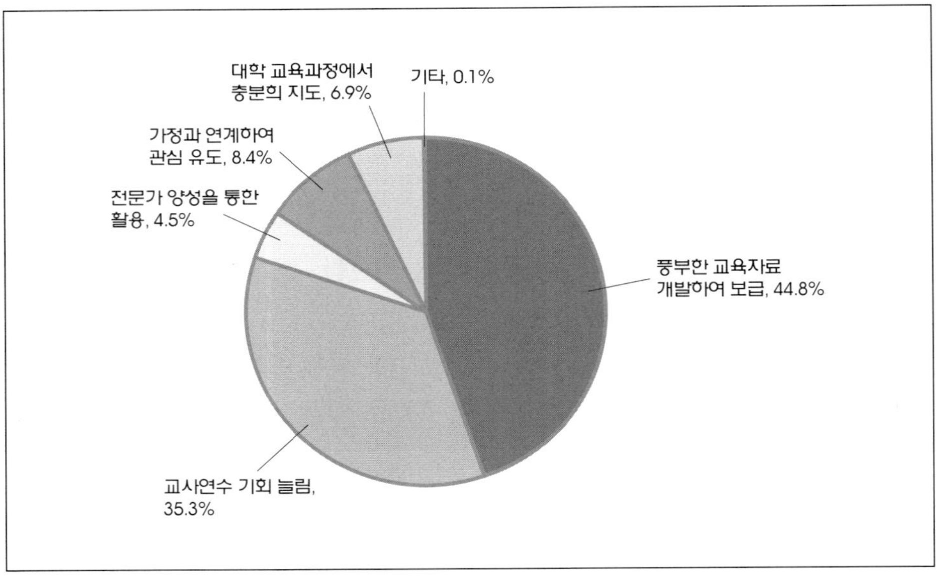

| 그림 18 | 전통유아놀이 활용과 보급을 위해 필요한 것

표 54 교사의 학력과 경력에 따른 전통유아놀이 활용과 보급을 위해 필요한 것

		활용 및 보급을 장려하기 위하여 가장 필요하다고 생각되는 것(복수 응답)						전체
		전통놀이에 관련된 풍부한 교육 자료를 개발하여 유치원에 보급	전통놀이에 관한 교사연수 기회를 늘림	전통놀이 전문가를 양성하여 전문가 활용을 용이하게 함	가정과 연계하여 부모들이 전통놀이에 관심을 가지도록 함	대학 교육 과정에서 예비교사들에게 전통놀이를 충분히 지도함	기타	
교사 교육 정도	전문대 졸	98(45.0%)	73(33.5%)	15(6.9%)	17(7.8%)	15(6.9%)	0(0.0%)	112(27.0%)
	4년제 대학 졸	186(45.8%)	139(34.2%)	15(3.7%)	38(9.4%)	27(6.7%)	1(0.2%)	204(49.2%)
	대학원 졸 이상	83(42.8%)	76(39.2%)	7(3.6%)	14(7.2%)	14(7.2%)	0(0.0%)	99(23.9%)
	전체	367(44.9%)	288(35.2%)	37(4.5%)	69(8.4%)	56(6.8%)	1(0.1%)	415(100.0%)
교육 경력	3년 미만	86(43.4%)	65(32.8%)	11(5.6%)	16(8.1%)	19(9.6%)	1(0.5%)	98(23.7%)
	5년 미만	93(44.1%)	70(33.2%)	11(5.2%)	20(9.5%)	17(8.1%)	0(0.0%)	105(25.4%)
	10년 미만	181(45.9%)	149(37.8%)	15(3.8%)	31(7.9%)	18(4.6%)	0(0.0%)	205(49.5%)
	10년 이상	5(35.7%)	5(35.7%)	0(0.0%)	2(14.3%)	2(14.3%)	0(0.0%)	6(1.4%)
	전체	365(44.7%)	289(35.4%)	37(4.5%)	69(8.4%)	56(6.9%)	1(0.1%)	414(100.0%)

표 54에 의하면 전통유아놀이의 활용 및 보급을 장려하기 위하여 필요하다고 생각하는 내용에는 교사의 교육 정도와 교육 경력 정도 간에는 유의한 차이가 나타나지 않았다.

V. 논의 및 결론

본 연구는 전국 유치원의 전통유아놀이 실시 현황과, 교사의 전통유아놀이 인식을 살피는 데 목적을 두고 있다. 유치원이 속한 지역별, 설립 유형별, 유아 연령별로 실시 현황은 어떠한지, 유치원 교사의 학력, 경력에 따른 전통유아놀이에 대한 인식은 어떠한지 알아보는 질문지를 통해 유치원 교사들을 대상으로 조사된 연구 결과를 분석하였다. 연구 결과와 논의는 다음과 같다.

1 전통유아놀이 실시 현황

1) 선정한 전통유아놀이의 실시 현황

전통유아놀이의 유치원 교육 현장 실시 현황에 대한 결과는 다음과 같다. 첫째, 선정한 62종의 전통유아놀이의 현장 실시 현황을 보면, 유치원 교사의 80%이상이 알거나 실시하고 있는 것으로 나타났다. 62종의 전통유아놀이 중 '실시한다' 의 비율이 높은 놀이들은 여우야 여우야(95.0%), 술래잡기(94.5%), 제기차기(94.3%), 윷놀이(93.8%), 투호놀이(93.1%), 수건돌리기(91.9%), 소꿉놀이(91.4%), 무궁화 꽃이 피었습니다(91.4%)로 나타났다. '알지만 실시하지 않는다' 의 비율이 높은 놀이들은 쥐불놀이(90.35%), 달맞이(78.6%), 썰매타기(70.2%), 자치기(65.5%), 풀각시놀이(59.5%), 농악놀이(57.7%), 풀싸움놀이(55.8%), 연날리기(54.2%), 널뛰기(51.1%), 군사놀이(50.7%) 순으로 나타났다. '모른다' 의 비율이 높은 전통놀이는 잰부닥불넘기(83.8%), 남승도놀이(80.3%), 단지팔기(68.7%), 달집사르기(64.8%), 달따기(64.2%), 대말타기 1(62.9%), 장치기(62.5%), 쫄기접시(59.6%), 진쨋기 놀이(58.7%), 고리잡기(57.0%), 청어엮자놀이(51.3%) 순으로 나타났다. 전통놀이 중에 모르는 비율이 0%인 놀이를 살펴보면, 닭싸움, 술래잡기, 숨바꼭질, 제기차기, 줄넘기, 팔씨름, 팽이치기, 수건돌리기, 투호놀이로 나타났다. 유치원에서는 간단한 도구를 사용하는 익숙한 놀이를 많이 활용하였고, 불을 사용하거나 넓은 공간이 필요한 놀이에 대해서는 알아도 활용하지 않는 비율이 높았다. 도구 중 썰매나 연을 사용한 놀이는 유치원에서 하지 않았으며, 풀을 이용한 놀이들도 활용하지 않는 것으로 나타났다. 조사한 62종의 전통유아놀이 중에도 유치원 교사들이 모르는 잊혀져 가는 전통유아놀이들이 많은 것으로 나타났다.

둘째, 유치원 소재지에 따른 전통유아놀이 실시 현황을 살펴보며, 강원 · 제주 지역은 사례수가 부족하여 통계 분석에 넣지 않았다. 지역별 사례수는 유치원의 지역별 비율에 의해 설문지를 배부하고 수거한 바에 따랐다. 꼬리잡기의 경우 충청지역(92.6%)에서 가장 많이 실시하였다. 눈싸움은 충청지역(90.6%)에서 가장 많이 실시하였으나, 경상지역(45.8%)에서는 실시하지 않는 비율이 높았다. 닭싸움은 경상지역(95.8%)에서 가장 실시하는 비율이 높았다. 돈치기는 서울(60.8%), 경기지역(55.4%)에서 모른다의 비율이 높았고, 알지만, 실시하지 않는 비율은 전라(57.1%), 경상지역(68.8%)이 높았다. 돌아잡기는 모른다의 비율이 서울지역(52.7%)이 높았고, 실시한다의 비율은 경상지역(40.0%)이 높았다. 돌차기는 서울(32.9%), 경기지역(30.6%)이 모른다의 비율이 높았고, 알지만 실시하지 않는 비율은 전라지역(66.1%)이 높았고, 실시한다의 비율은 경상지역(45.8%)이 높았다. 땅재먹기는 경상(43.8%), 충청지역(44.4%)에서 실시하는 비율이 높았다. 봉사놀이는 전라(70.2%), 경상(72.9%), 충청지역(79.2%)에서 실시하는 비율이 높았다. 줄넘기는 서울지역(21.6%)이 알지만 실시하지 않는 비율이 높았다. 팽이치기는 전라지역(50.9%)이 알지만 실시하지 않는 비율이 높았다. 풀각시놀이는 서울지역(37.8%)이 모르는 비율이 높았고, 경기(65.3%), 충청지역(68.5%)이 알지만 실시하지 않는 비율이 높았다. 풀싸움놀이도 서울지역(38.4%)이 모르는 비율이 높았다. 널뛰기는 서울지역(62.2%)에서 가장 많이 실시하였다. 달집사르기는 경상지역(63.5%)에서 알고 있는 비율이 가장 높았다. 산가지놀이는 경상지역(50.0%)에서 실시하는 비율이 가장 높았다. 청어엮자놀이는 서울(67.6%), 전라지역(64.9%)에서 모르는 비율이 가장 높았다. 칠교놀이는 경상지역(87.5%)이 실시한다는 비율이 가장 높았고, 실시한다의 비율이 가장 낮은 지역은 전라지역(56.1%)이었다. 전통유아놀이 실시 현황에서 지역별 유의한 차이를 나타내는 놀이는 대체로 전라, 경상, 충청에서 실시하는 비율이 높았으나, 서울지역이 모르거나 실시하지 않는 경우가 많았다.

셋째, 유치원의 설립 유형별 전통유아놀이 실시 현황을 살펴보기 위해 국공립과 사립 유치원의 수는 현 유치원 개수의 비율과 동일한 비율로 선정하고 분석하였다. 봉사놀이는 국공립 유치원(70.6%)이 실시하는 비율이 높았다. 풀각시놀이는 사립 유치원(30.8%)이 모르는 비율이 높았으며, 풀싸움놀이도 사립 유치원(27.9%)이 모르는 비율이 높았다. 고누놀이는 국공립 유치원(42.5%)에서 실시하는 비율이 높았고, 사립 유치원(30.8%)에서는 모르는 비율이 높았다. 그네뛰기는 국공립 유치원(65.1%)에서 실시하는 비율이 높았고, 사립 유치원(52.7%)은 알지만 실시하지 않는 비율이 높았다. 산가지놀이는 국공립 유치원(41.1%)이 알지만 실시하지 않는 비율이 높았고, 사립 유치원(42.3%)은 모르는 비율이 높았다. 줄다리기는 사립 유치원(92.6%)이 실시하는 비율이 높았고, 공립 유치원(77.9%)도 실시하는 비율이 높았으나 국공립 유치원(22.1%)의 상당수가 알지만 실시하지 않았다. 청어엮자놀이는 사립 유치원(59.4%)에서 모르는 비율이 높았고, 국공립 유치원(45.7%)은 알지만 실시하지 않는 비율이 상당수 되었다. 농악놀이는 사립 유치원(53.5%)에서 실시하는 비율이 높았으며, 국공립 유치원(69.4%)은 알지만, 실시하지 않는 비율이 높았다. 설립 유형별 전통유아놀이 실시 현황을 보면, 국공립 유치원이 전통유아놀이를 알거나 실시하는 비율이 높았다. 사립 유치원에서는 널뛰기, 줄다리기와 농악놀이를 실시하는 비율이 국공립 유치원에 비해 높았다. 국공립 유치원이 사립 유치원에 비해 여러 전통유아놀이를 실시하는 비율이 높은 것으로 나타났다.

넷째, 담당 연령을 만 3세, 만 4세, 만 5세, 혼합 연령으로 구분하여 연령별 실시 현황을 분석하였다. 만 5세반의 수거 비율이 가장 높고, 혼합 연령, 만 4세, 만

3세 순으로 수거되었다. 꼬리잡기는 만 4세(26.3%)가 알지만 실시하지 않는 비율이 높았다. 대문놀이는 만 3세(90.3%)의 대부분이 실시하고 있는 것으로 나타났다. 땅재먹기는 만 3세(71.0%)가 알지만 실시하지 않는 비율이 높았다. 풀싸움놀이는 만 5세(27.0%)가 많이 실시하는 것으로 나타났다. 고누는 만 5세(38.0%), 혼합 연령(42.2%)이 실시하는 비율이 높았고 만 3세(58.1%)가 알지만, 실시하지 않는 경우가 많았고, 만 4세(37.0%)가 모르는 경우가 많았다. 그네뛰기는 만 5세(57.4%)와 혼합 연령(68.8%)이 실시하는 비율이 높았고, 만 3세(67.7%), 만 4세(51.9%)가 알지만 실시하지 않는 비율이 높았다. 산가지놀이는 만 3세(48.4%), 만 4세(40.7%)에서 모르는 비율이 높았다. 탈놀이는 만 5세(59.2%), 만 3세(53.3%) 순으로 실시하는 비율이 높았다. 담당 연령별로 전통유아놀이 실시 현황을 보면, 담당 연령이 만 5세일수록 전통유아놀이를 실시하는 비율이 높았으나, 만 3세와 만 4세의 경우에는 알지만 실시하지 않거나 모르는 비율이 높았다.

2) 전통유아놀이 운영 현황

전통유아놀이 운영 현황에 대해 알아보기 위해 유치원의 설립 유형별, 교사의 담당 유아 연령별로 살펴보았다.

첫째, 유치원 교육 현장에서 전통유아놀이 운영 여부를 살펴보면, 설립 유형과, 담당 유아 연령에 따라 차이를 보이지 않았으며, 전통유아놀이를 대부분 운영하고 있다고 응답하였다. 대다수(91.1%)의 유치원에서 전통유아놀이를 운영하고 있다고 나타났다. 전통유아놀이를 운영하지 않는 소수의 교사들은 운영하지 않는 이유로 '전통놀이 내용이나 방법을 모르거나', '자료와 도구를 구하기 어려워서', '생활주제와 연관짓기 어려워서' 를 들었다.

둘째, 전통유아놀이를 실시하는 동기로는 '유치원 내 방침에 의해' (44.4%)가 가장 많았고, 다음으로 '개인적인 관심' (37.5%)이 많았다. 설립 유형별로 전통유아놀이 실시 동기를 살펴보면, 국공립 유치원(44.8%)에서는 '개인적인 관심' 이 가장 높았고, 사립 유치원(54.9%)은 '유치원 내 방침에 의해서' 가 가장 높았다. 이처럼 국공립 유치원의 교사들은 개인적인 관심에 의해 전통유아놀이를 많이 실시하였으며, 사립 유치원 교사들은 원의 운영 방침에 의해 전통유아놀이를 실시하는 비율이 높았다. 이는 적은 학급 규모의 국공립 유치원 교사들은 전통유아놀이 운영에 교사 개인의 견해가 많이 작용하는 것으로 나타났으나, 사립 유치원 교사들은 이에 비해 유치원 내 방침을 따르는 것으로 나타났다. 담당하는 유아들의 연령으로 전통유아놀이의 실시 동기를 살펴보면, 혼합 연령(44.0%)에서만 '개인적인 관심에서'가 높았고, 만 5세(44.7%), 만 4세(56.3%), 만 3세(53.6%)는 모두 '유치원 방침에 의해서'가 높았다. 연령별로 유아들을 구분하여 반편성을 한 경우는 보다 유치원 내의 방침에 의해 전통유아놀이를 실시하게 되는 경우가 많았고, 혼합 연령의 경우는 실시 동기에 교사 개인의 관심이 높게 작용하는 것으로 나타났다.

셋째, 전통유아놀이를 계획할 때 참고하는 자료로는 '교육부 지도자료(39.9%)'를 가장 많이 사용하였으며, 전문서적(21.5%)과 인터넷(16.5%)을 많이 사용하는 것으로 나타났다. 설립 유형과 담당 유아 연령과 관계없이 비슷한 비율로 참고 자료를 이용한다고 나타났다. 유치원 교육 현장의 교사들에게 교육부에서 제시하는 전통놀이 활용 지도 자료가 유용하게 사용되는 것을 알 수 있었다. 전통유아놀이를 계획할 때 참고 자료에 있어서 우리나라의 인터넷 보급률과 사용인구의 증가에 맞추어 인터넷이 유용한 참고 도구로 활용되고 있는 것으로 나타났다.

넷째, 전통유아놀이를 교육과정에 포함시키는 시기로는 '일상적으로 실시'(39.3%)의 비율이 가장 높았고, '우리나라나 명절 주제를 다루며 실시(32.8%)', '정기적으로 전통놀이 계획, 실시'(21.9%)의 순으로 나타났다. 설립 유형별로 살펴보면, 국공립 유치원(48.6%)은 '일상적으로 실시'하는 비율이 높았으나, 사립 유치원(46.4%)은 '우리나라나 명절 주제를 다루며 실시'가 높았다. 국공립 유치원이 일상적으로 전통유아놀이를 실시하는 반면, 사립 유치원은 우리나라 명절 주제와 연관지어 전통유아놀이를 운영하는 것으로 나타났다. 담당 유아 연령별로 살펴보면, 만 3세(61.5%)의 경우는 '우리나라나 명절 주제를 다루며 실시'가 가장 높았고, 만 5세(40.1%)와 혼합 연령(47.7%)은 '일상적으로 실시' 비율이 높았다. 만 3세 연령의 유아들에게는 전통유아놀이를 교육과정에 일상적으로 포함시키기보다는 우리나라 명절 주제에 맞추어 활동하도록 하였고, 만 5세와 혼합 연령의 경우는 일상적으로 전통유아놀이를 교육과정에 포함시키는 것으로 나타났다. 유치원 내에서 높은 연령의 유아들에게 전통유아놀이를 더 많이 일상적으로 실시하고 있다는 것을 보여준다.

다섯째, 전통유아놀이를 유치원 교육과정에 도입하는 방법을 살펴보면 '대 · 소집단을 통해 소개' (41.8%), '자유롭게 놀도록 교재 · 교구 준비' (38.4%) 순으로 비율이 높았다. 설립 유형별과 담당 유아 연령에 관계없이 '대 · 소집단 소개' 와 '자유롭게 놀도록 교재 · 교구 준비' 가 높게 나타났다. 교사들은 유아들에게 대 · 소집단으로 전통놀이를 소개하여 교육과정에 도입하거나, 교재 · 교구를 내주어 자유롭게 놀도록 하는 방법을 사용하는 것으로 나타났다. 소개하지 않고 전통놀이 교재 · 교구를 내주어 자유롭게 놀도록 제시하는 방법을 많이 사용하는 것으로 보아, 교사들은 유아들에게 자유롭게 탐색해 보게 하기 위해서이거나, 유아들이 사전에 전통유아놀이에 대한 경험이 있다고 전제하는 것으로 볼 수 있다.

여섯째, 전통유아놀이 지도 방법을 살펴보면 '내용과 방법을 알려주되 창의적으로 놀게 함' (58.5%)의 비율이 가장 높았다. 다음으로 '내용과 방법을 알려주고 그대로 놀게 함' (28.0%)의 비율이 높았다. 설립 유형별, 담당 유아 연령에 관계없이 '내용과 방법을 알려주되 창의적으로 놀게 함' , 다음으로 '내용과 방법을 알려주고 그대로 놀게 함' 순으로 높았다. 이는 앞서 유치원 교육과정에 도입하는 방법에서 '자유롭게 놀도록 교재 · 교구 준비' 의 비율이 높은 것과 같은 맥락에서 이해할 수 있다. 전통유아놀이를 지도할 때도 놀이의 내용과, 놀이 도구의 정확한 사용 방법을 소개하지만 정확한 내용과 방법으로 놀이하도록 강요하지 않고 자유롭게 놀이하고 창의적으로 활용하도록 지도하고 있었다.

일곱째, 전통유아놀이 도구 준비 방법을 살펴보면 '상품화된 놀이 도구 구입' (36.3%)이 가장 높았으며, 다음으로 '교사가 직접 제작' (27.5%), '교육부에서 나누어준 교구 활용' (18.8%), '교사와 유아가 함께 제작' (16.0%) 순으로 높았다. 설립 유형별로 살펴보면, 국공립 유치원과 사립 유치원 둘 다 '상품화된 놀이 도구 구입' , '교사가 직접 제작' 의 비율이 높았다. 그러나 국공립 유치원의 경우 '교육부에서 나누어준 교구 활용' (21.6%)의 비율이 '교사가 직접 제작' (20.0%)의 비율에 비해 약간 높았다. 담당 유아 연령별로 살펴보아도 '상품화된 놀이 도구 구입' , '교사가 직접 제작' 의 비율이 높았다. 단 혼합 연령에서는 '교육부에서 나누어준 교구 활용' (23.4%)의 비율이 '교사가 직접 제작' (18.1%)의 비율에 비해 약간 높았다. 유치원에서 전통유아놀이 도구는 상품화된 도구와 교사가 직접 제작한 도구가 가장 많이 활용되고, 교육부에서 제작하여 배부한 교구도 많이 활용함을 알 수 있다. 유치원에서 전통유아놀이 활용을 위해 상품화된 관련 놀이 도구가 많이 개발되어야 하고, 교육부에서 제작·배부한 관련 교구가 유치원 교육 현장에는 유용한 도움을 주는 것으로 나타났다.

여덟째, 전통유아놀이에 대한 유아들의 전반적인 반응을 살펴보면 대부분의 유아들이 흥미 있어 하고 재미있어 한다고(84.4%) 나타났다. 별로 관심이 없거나, 하기 싫어하고 어려워하는 유아들은 아무도 없다고 응답하였다. 설립 유형별, 담당 유아 연령별 대다수 유아들이 흥미롭고 재미있어 한다고 응답한 비율이 높았다. 유치원에서 유아들은 전통유아놀이를 접할 때 흥미 있고, 재미있어 한다고 나타났다.

아홉째, 교사가 전통유아놀이를 알게 된 동기를 살펴보면 '어렸을 때 해본 경험' (37.5%)이 가장 높았고, '전통놀이 관련 교사 연수' (28.2%), '서적이나 잡지' (12.6%) 순으로 높게 나타났다. 설립 유형별, 담당 유아 연령별도 이와 유사한 비율로 '어렸을 때 해본 경험', '전통놀이 관련 교사 연수' 가 높게 나타났다. 교사들이 어린 시절 경험한 전통놀이는 전통놀이 인식에 높은 영향을 미쳤고, 전통놀이 연수가 전통놀이를 알게 하는 데 유용한 통로임을 알게 되었다. '선배나 동료 교사를 통해서' 와 '대학에서 전공과목을 통해서' 는 매우 낮은 것으로 나타났다. 이는 유치원 교사를 양성하는 대학에서 전통유아놀이에 대한 교육이 깊이 있게 다루어지지 않는다는 것을 알 수 있다.

2 전통유아놀이 실시에 대한 교사의 인식

전통유아놀이에 대한 유치원 교사들의 인식을 살펴본 결과는 다음과 같다. 교사들의 인식을 교육 정도(전문대 졸, 4년제 대학 졸, 대학원 졸 이상)와 경력 정도(3년 미만, 5년 미만, 10년 미만, 10년 이상)로 나누어 살펴보았다.

첫째, 전통유아놀이에 대한 유치원 교사들의 관심은 높은 것으로 나타났다. 대부분의 교사들(97.8%)은 아주 관심이 많거나, 조금 관심을 가지고 있었다. 전통유아놀이에 대한 교사의 관심은 교육 정도와 교육 경력과 상관없이 높은 것으로 나타났다. 유치원 현장의 교사들은 전통유아놀이에 대해 높은 관심을 가지고 있다는 것이 드러났다.

둘째, 전통유아놀이를 교육과정에 포함시키는 것에 대한 인식을 살펴보면, 대부분의 교사들(99.0%)이 필요하다고 느끼는 것으로 나타났다. 교사의 교육 정도와 교육 경력 정도와 상관없이 전통유아놀이를 교육과정에 포함시키는 것이 매우 필요하거나 조금 필요하다고 응답하였다. 특히 '대학원 졸 이상'의 교사들(75.0%)의 경우 '매우 필요하다'는 비율이 다른 집단에 비해서 높게 나타났다. 유치원 교사들이 대학원과정을 거치며 전통유아놀이의 중요성과 현장 활용의 유용성에 대해 더 많이 인식하는 것으로 드러났다.

전통유아놀이를 교육과정에 포함시키는 것이 필요하다고 생각하는 이유를 살펴보면, '우리 문화에 대한 자긍심과 문화적 정체성 확립을 위하여'(32.2%)이 가장 많았고 '고유 문화에 관심을 갖고 계승하기 위하여'(30.5%)가 다음으로 많았고, '유아의 성장과 발달에 많은 도움이 되기 때문에'(19.2%) 순으로 나타났다. 이는 교사의 교육 정도와 교육 경력과 상관없이 '우리 문화에 대한 자긍심과 문화적 정체성 확립을 위하여'가 가장 많았고 '고유 문화에 관심을 갖고 계승하기 위하여'가 다음으로 많았다. 유치원 교사들은 전통유아놀이를 교육과정에 포함시킬 때 전통유아놀이가 가지는 문화적 정체성을 중요하게 생각하는 것으로 나타났다. 전통유아놀이를 통해 유아발달을 꾀하거나, 교육과정을 다양하게 하는 이유보다는 유아들에게 고유의 문화를 경험시켜 주고자 하려는 이유가 높았다.

셋째, 전통유아놀이를 교육과정에 포함시키는 이상적인 시기에 대한 인식을 살펴보면, '모든 생활주제에 포함시켜 일상적으로 실시'(62.3%)가 높게 나타났다. '정기적으로 전통놀이를 계획하여 실시'(21.9%), '우리나라 또는 명절이라는 주제를 다루며 실시'(14.3%) 순으로 나타났다. 교사의 교육 정도와 교육 경력에 따라 살펴보아도 위와 같은 비율로 나타났다. 이는 전통유아놀이의 운영 현황을 살펴본 설문에서 전통유아놀이를 교육과정에 포함시키는 시기를 '일상적으로 실시'(39.3%), '우리나라나 명절이라는 주제를 다루며 실시'(32.8%), '정기적으로 전통놀이 계획 · 실시'(21.9%) 순으로 운영하는 것과 다른 차이를 보였다. 이를 통해 유치원 교사들은 전통유아놀이를 일상적으로 실시하고자 하는 생각이 훨씬 많으나, 실제 운영에 있어서는 '우리나라나 명절이라는 주제를 다루며 실시' 하는 경우도 많은 것으로 나타났다.

넷째, 전통유아놀이를 교육과정에 도입하는 방법에 대한 인식을 살펴보면 교사들은 '자유롭게 놀도록 교재 · 교구 준비' (41.3%), '대 · 소집단을 통해 소개(35.4%)' 하는 생각이 많은 것으로 나타났다. 이는 유치원 교사의 교육 정도와 현장 교육 경력에 따라 비슷한 비율로 나타났다. 이는 전통유아놀이의 운영 현황을 살펴본 설문에서 전통유아놀이를 유치원 교육과정에 도입하는 방법으로 '대 · 소집단을 통해 소개' (41.8%), '자유롭게 놀도록 교재 · 교구 준비' (38.4%) 순으로 실시하는 것과 유사하였다. 전통유아놀이의 실제 운영과 교사의 인식 간에 근소한 차이가 있지만, 대 · 소집단으로 소개하거나 교재 · 교구를 활용하여 자유롭게 놀이하도록 하는 방법을 선호하는 것으로 나타났다.

다섯째, 전통유아놀이 지도 방법에 대한 교사의 인식을 살펴보면, 교사들은 '전통놀이의 내용과 방법을 알려주되 창의적으로 놀게 함' (81.6%)을 많이 선호하는 것으로 나타났다. 교사의 교육 정도와 교육 경력과 관계없이 '전통놀이의 내용과 방법을 알려주되 창의적으로 놀게 함' 이 높은 비율로 나타났다. 전통유아놀이의 운영 현황을 살펴본 설문에서 전통유아놀이 지도 방법으로 '내용과 방법을 알려주되 창의적으로 놀게 함' (58.5%)의 비율이 가장 높은 결과와 유사하였다. 교사들은 실제 전통유아놀이를 운영할 때보다 인식에서 전통유아놀이의 내용과 방법을 알려주되 유아들이 창의적으로 놀게 하는 것을 선호하는 것을 알게 되었다. 이는 흥미로운 결과로 유치원 현장에서 전통유아놀이를 실시하는 이유로 '문화적 정체성' 과 '고유 문화' 를 지키기 위한 이유를 많이 선택하지만, 활용 방법에서는 유아들에게 그대로 답습하게 하는 것이 아니라 창의적으로 놀게 하는 것을 원한다고 나타났다.

여섯째, 전통유아놀이를 교육과정에 적용할 때 느끼는 어려운 점으로 교사들은 '교사의 사전 지식 부족' (27.6%), '전통놀이 도구 구입과 제작의 힘듦' (27.2%), '교사 대 유아의 비율이 높아서' (16.9%) 순으로 많이 인식하였다. 교사의 교육 정도와 현장 교육 정도에 따라 별 차이 없이 '교사의 사전 지식 부족' , '전통놀이 도구 구입과 제작의 힘듦' 을 높게 인식하였다. 이는 전통유아놀이의 운영 현황을 살펴본 설문에서 교사가 전통유아놀이를 알게 된 동기를 살펴보면 '어렸을 때 해본 경험' (37.5%)이 가장 높았다는 것과 결과와 같은 맥락이다. 전통유아놀이를 실시할 때 교사들이 어릴 때 경험에 많이 의존하게 됨으로 교사의 전통유아놀이에 대한 사전 지식 부족도 크다는 것을 알 수 있었다. 또 전통유아놀이 도구 준비 방법을 살펴본 결과에서 '상품화된 놀이 도구 구입' (36.3%), '교사가 직접 제작' (27.5%) 순으로 높게 나타났다는 것과 같은 맥락이다. 교사들은 전통유아놀이 도구를 상품화된 놀이 도구를 구입하거나 직접 제작하므로 실제 전통놀이 도구 구입과 제작에 어려움을 느끼고 있다는 높은 응답과 연결지어 볼 수 있다.

일곱째, 전통유아놀이 활용 및 보급을 장려하기 위하여 가장 필요하다고 인식하는 것을 살펴보면 교사들은 '전통놀이 관련 풍부한 교육자료 개발, 보급' (44.8%), '전통놀이에 대한 교사 연수' (35.3%)가 필요하다고 응답하였다. 교사의 교육 정도와 교육 경력에 따른 별다른 차이는 없었다. 교사들은 전통유아놀이에 대한 풍부한 자료와 다양한 연수를 원하는 것으로 나타났다. 폭넓은 자료와 정보가 제공될 때 교사들은 유치원 현장에서 전통유아놀이를 활용하고 보급하는 것이 장려될 것이라 예측하였다.

위와 같은 연구 결과를 논의하면 다음과 같다. 먼저 유치원에서의 전통유아놀이의 실시 현황을 볼 때 간단한 도구를 사용하는 익숙한 전통유아놀이의 실시현황이 높았으나, 선정된 전통유아놀이 가운데 잊혀져 가는 놀이들이 많은 것으로 나타났다. 이는 홍금연(2002)의 연구에 나타난 유아들이 선호하는 전통놀이는 재미있고 쉬운 이유이기 때문이라는 연구 결과와 유사하다. 전통유아놀이의 명칭이 친숙하고 간단한 놀이일수록 유치원 교육 현장의 활용도 높은 것으로 나타났다.

전통유아놀이 실시 현황의 지역별 유의미한 차이를 나타나는 놀이에는 전라, 경상, 충청지역에서는 실시 비율이 높았으나 서울지역에서는 실시하지 않을 때 나타났다. 유치원의 설립 유형에 따른 전통유아놀이 실시 현황을 비교해 보면, 국공립 유치원이 사립 유치원에 비해 실시 비율이 높은 것으로 나타났다. 국공립 유치원이 전통유아놀이에 대해 다양하게 알고 실시하는 것으로 나타났다. 교사들의 담당 유아 연령별로 비교했을 때 만 5세 유아들은 만 3, 4세 유아들에 비해 전통유아놀이를 실시하는 비율이 높은 것으로 나타났다.

둘째, 전통유아놀이 실시 현황에 의하면 대부분의 유치원에서 전통유아놀이를 실시하고 있으며, 유치원 내 방침이나 교사의 개인적인 관심에 의한 동기에 의해서이다. 이는 유치원 교사들은 전통유아놀이를 활용 시 교육부에서 제작한 지도 자료를 주요한 참고 자료로 보는 것을 알 수 있다. 이는 유치원 교육 현장의 교사들에게 전통유아놀이의 활발한 운영을 위해 정부 차원의 지원과 지도가 유용하다는 것을 알 수 있다. 또 최근 인터넷 사용 환경과 사용인구 증가로 인터넷을 통한 자료 활용도 많은 것으로 나타났다. 전통유아놀이를 교육과정에 포함시키는 시기로는 주로 일상적으로 실시하거나 관련된 특정 주제를 다루며 실시하는 것으로 나타났다. 국공립 유치원이 사립 유치원에 비해 일상적으로 실시하는 비율이 높았고, 유아들은 만 5세 유아들이 다른 연령대에 비해 일상적으로 실시하는 것으로 나타났다. 이는 김연진(2000), 이순자(2001), 홍금연(2002)의 연구에 나타난 관련 주제를 다루며 실시하고 전통유아놀이를 특정 행사로 인식하고 있다는 연구 결과와 반대되는 결과를 나타냈다.

유치원 교사들은 유아들에게 전통유아놀이를 교육과정에 도입할 때 대 · 소집단을 통해 소개하거나 자유롭게 놀 수 있도록 교재 · 교구를 준비해 주는 비율이 높았다. 또 지도 방법에 있어서도 전통유아놀이의 내용과 방법에 대한 제시는 하지만 유아들이 전통유아놀이를 창의적으로 활용할 수 있도록 지도한다는 것이다. 이를 통해 볼 때 유아들과 전통유아놀이를 운영할 때 전통놀이 전수라는 측면보다 창의적인 활용 면에 더 관심이 높은 것으로 나타났다. 이는 김선옥(1997), 김명애(2001)의 전통놀이가 유아의 창의성 발달을 지원한다는 연구 결과와 연결지을 수 있으며, 유치원 교육과정 안에서 규칙 있는 전통놀이도 창의적으로 활용하고 있다고 볼 수 있다. 전통유아놀이의 도구 사용은 상품화된 놀이 도구, 교사 제작, 교육부 배부 자료를 활용하고 있으며, 국공립 유치원이 사립 유치원에 비해 교육부 배부 자료 활용률이 높은 것으로 나타났다. 전통유아놀이의 상품화된 도구, 교육부 배부 자료는 유치원 교사들에 의한 활용도가 높으며 유용한 것으로 나타났다. 전통유아놀이를 교사가 알게 된 동기에서는 교사가 어렸을 때 해본 경험과 전통놀이 관련 연수를 통해 주로 알게 된 것으로 나타났다. 이는 전통유아놀이는 전수를 통해 알게 되고, 유치원 교사들을 위한 현직 교육이 전통유아놀이를 알게 하는데 도움이 되는 것으로 보인다. 또 교사 양성과정인 대학 전공과목을 통해서는 알게 되는 계기가 낮은 것으로 나타났다. 전통유아놀이에 대한 유아들의 반응도 대부분이 흥미롭고 즐거워한다고 나타났다. 이는 전통유아놀이의 유치원 교육 현장의 실시 비율이 높은 이유는 참여하는 유아들의 반응이 긍정적이기 때문이라고 볼 수 있다.

셋째, 유치원 교사들은 학력이나 경력에 상관없이 전통유아놀이에 대한 관심이 높고 전통유아놀이를 교육과정에 포함하고자 하는 인식이 높은 것으로 나타났다. 이는 고미순(2000), 김연진(2000), 이순자(2C01), 조기곤(2001)의 연구에 나타난 교사들의 전통놀이에 대한 높은 관심과 일치된 결과를 보인다. 전통유아놀이를 교육과정에 포함시키고자 하는 이유로는 문화에 대한 자긍심과 정체성 확립을 위해서와 고유문화에 대해 관심을 가지고 계승하기 위해서라는 이유가 높게 나타났다. 이런 이유들은 전통유아놀이가 유아들의 성장과 발달에 도움을 주기 때문이라는 이유보다 높게 나타났다. 이는 박소영(1997)의 연구에 나타난 부모들이 전통놀이가 필요한 이유로 꼽은 전통유아놀이가 고유한 전통의식을 담고 있기 때문이라는 인식과 유사하며 문화와 연계된 전통놀이의 특성을 깊이 인식하고 있는 것으로 보인다.

전통유아놀이를 교육과정에 포함시키는 시기에 대한 응답으로는 모든 생활주제에 포함하여 일상적으로 실시하는 것이 높게 나타났다. 실시 현황에서는 유치원에서 전통유아놀이를 실시하는 시기는 일상적 실시와 관련된 특정 주제를 다루며 실시하는 비율이 높았으나, 교사들의 인식에는 전통유아놀이를 일상적으로 실시하는 것을 이상적으로 꼽고 있는 것으로 보인다. 이는 김연진(2000), 이순자(2001), 홍금연(2002)의 연구와 다른 결과를 보여주고 있다.

전통유아놀이의 교육과정 도입 방법에 대한 인식에서는 앞서 나타난 실제 실행과 유사하게 자유롭게 교재·교구를 준비해 주거나 대·소집단을 통해 소개하는 것이 높게 나타났다. 이는 이순자(1991), 김유희(2000), 조기곤(2001)의 연구에 나타난 전통놀이를 게임 시간과 자유선택활동 시간에 활용한다는 연구 결과와 유사하다. 또 전통유아놀이에 대한 내용과 방법은 알려주지만, 창의적으로 활용하기를 놀이하도록 하고자 하는 교사 인식이 매우 높은 것으로 나타났다. 이는 전통유아놀이의 지도 방법 면에서는 전통에 대한 답습보다는 전통유아놀이를 통한 창의적인 놀이를 꾀하는 것으로 나타났다. 이는 조기곤(2001)의 전통놀이 활용 시 유아의 자율성을 최대한 허용한다는 연구 결과와 유사하다.

전통유아놀이를 교육과정에 적용할 때 느끼는 어려운 점으로 유치원 교사들은 학력과 교육 경력에 상관없이 전통유아놀이에 대한 사전 지식 부족과 전통유아놀이 도구 구입과 제작의 힘듦을 어려움으로 높게 인식하였다. 이는 전통유아놀이의 운영 현황을 살펴본 질문 응답에서 교사들이 전통유아놀이를 알게 된 동기에 어렸을 때 전통놀이를 해본 경험이 높게 나타난 것과 일치하는 것을 알 수 있다. 전통유아놀이 지도 시 과거 경험에 의한 동기를 중요시하므로 사전 지식 부족을 어려움으로 느끼는 것으로 연결되었다. 또 전통유아놀이 도구의 제작과 구입을 어려움으로 들고 있는데 앞서 살펴본 간단한 도구를 사용하는 전통유아놀이의 활용이 높기 때문인 것으로 보인다. 이는 엄정애(2000)의 연구에 나타난 전통놀이 자료가 전통놀이 활용에 많은 영향을 미쳤다는 결과와 유사하다. 유치원 교사들은 전통유아놀이의 활용과 보급을 위해 관련 교육자료 개발 및 보급과 교사 연수가 필요하다고 했다. 이는 유치원 교사에게 전통유아놀이에 대한 정보와 도구가 동시에 제공되기를 바라는 요구를 나타냈다.

본 연구는 전국 단위로 조사된 전통유아놀이 연구로서 유치원 교사들을 통해 전통유아놀이의 실시 현황과 이에 대한 인식을 조사하였다. 이를 통해 전통유아놀이의 유치원 교육 현장 활용을 활성화하기 위한 현황 파악 및 향후 지원을 돕기 위한 기초연구 자료를 제공하였다. 또, 유치원 교육 현장에서 전통유아놀이를 효과적으로 활용하고 다음 세대 유아들에게 전통유아놀이를 전수할 수 있는 타당성을 지원하고 있다.

_ 참고문헌 _

강은영(2001). 전통놀이 프로그램이 유아의 기초체력 및 기본운동기술에 미치는 영향. 전남대학교 교육대학원 석사학위논문.

고미순(2000). 유아교육기관에서 실시하는 전통놀이 교육 실태에 관한 조사연구. 군산대학교 교육대학원 석사학위논문.

교육부(1992). 제5차 유치원 교육과정. 서울: 대한교과서.

______(1993). 유치원 교사용 지도서: 유아전통놀이 교육활동 지도자료.

______(1998). 제6차 유치원 교육과정. 서울: 대한교과서.

______(1999). 유아를 위한 전통문화 교육활동 지도자료.

김경아(2002). 전통놀이에 나타난 유아의 물리적 · 논리-수학적 지식 활동 분석. 영남대학교 대학원 박사학위논문.

김경희(1987). 전통놀이 프로그램 개발 및 효과에 관한 연구 : 유아교육을 중심으로. 대구대학교 교육대학원 석사학위논문.

김광언(1982). 한국의 민속놀이. 인천: 인하대학교출판부.

김덕선(1973). 한국 아동놀이 변천사에 관한 연구. 중앙대학교 대학원 석사학위논문.

김명애(2001). 전통놀이유형에 따른 유아의 사회적 수행능력 및 창의성 발달에 미치는 영향. 전남대학교 교육대학원 석사학위논문.

김맹순(1999). 전통놀이가 유아의 언어발달에 미치는 영향 : 윷놀이, 비석치기, 팽이치기, 댓귀 맞추기를 중심으로. 서원대학교 교육대학원 석사학위논문.

김선옥(1997). 전통놀이가 창의성 발달에 미치는 영향. 건국대학교 교육대학원 석사학위논문.

김연옥(1994). 전통놀이가 유아의 인지발달에 미치는 영향 : 보존개념을 중심으로. 한국교원대학교 대학원 석사학위논문.

김연진(2001). 유치원 전통놀이 교육에 대한 현황 연구. 이화여자대학교 교육대학원 석사학위논문.

김유희(2000). 전통놀이 교육에 대한 유치원 교사들의 인식 정도와 활용에 관한 연구. 경남대학교 교육대학원 석사학위논문.

김호숙(2000). 전통놀이가 유아의 보존개념 형성에 미치는 영향: 제기놀이, 팽이놀이, 고누놀이를 중심으로. 한국교원대학교 교육대학원 석사학위논문.

도유호 · 박시형 · 황철상 · 전장석 · 김신숙 · 문하연 · 홍기문 · 최원희 · 계정희 · 박은용 · 선희창 · 정시경 · 채희국(1999). 북한 학자가 쓴 조선의 민속놀이. 서울: 푸른숲.

민행난(2001). 전통놀이를 통한 물리적 지식활동 구성과정 분석. 서울여자대학교 대학원 박사학위논문.
박소영(1997). 유아전통놀이 활성화를 위한 부모참여 프로그램. 동국대학교 교육대학원 석사학위논문.
박은미(2002). 전통놀이 활동이 유아의 수학개념 발달에 미치는 영향. 조선대학교 교육대학원 석사학위논문.
박태숙(1997). 전통놀이 프로그램이 유아의 사회 · 정서적 발달에 미치는 영향. 대구대학교 교육대학원 석사학위논문.
박향아(1993). 전통사회의 교육과 놀이로부터 본 〈어린이의 발견〉. 교육이론과 실천. 경남대학교 교육문제연구소. 3, 193-211.
백운학 · 김경아(1997). 전통적 아동놀이의 범주화를 위한 시도-유형별 분류와 특징을 중심으로-. 아동교육. 6(1), 168-198.
신동주(1998). 유아전통놀이의 현장 적용을 위한 기초 연구. 아동학회지. 19(1), 141-154.
신명숙(2003). 전통놀이 프로그램이 유아의 사회성 발달에 미치는 영향. 영남대학교 교육대학원 석사학위논문.
신숙희(1998). 유아교육과정 영역별 유아의 전통놀이 연구. 동아대학교 교육대학원 석사학위논문.
신화희(2002). 전통놀이 활동이 유아의 친사회적 행동에 미치는 영향. 계명대학교 교육대학원 석사학위논문.
심우성(1996). 우리나라 민속놀이. 서울: 동문선.
양영미(2002). 유아의 전통놀이에 대한 인식과 현황에 관한 연구. 영남대학교 대학원 석사학위논문.
엄정애(2000). 중국 조선족 유치원 교사들의 한국 전통놀이에 대한 인식 및 적용 실태에 관한 연구. 유아교육연구. 20(2), 53-67.
______(2001). 영아기 전래놀이노래에 대한 부모의 인식과 적용 실태. 아동학회지. 22(2), 195-203.
오춘숙(1998). 전통놀이 활동이 유아의 기본동작 능력 발달에 미치는 영향. 원광대학교 교육대학원 석사학위논문.
온영란(1996). 유아교육 프로그램의 전통놀이에 관한 조사 연구. 원광대학교 교육대학원 석사학위논문.
유안진(1981). 한국의 고유의 아동놀이. 서울: 정민사.
______(1990). 한국전통사회의 유아교육. 서울: 서울대학교출판부.
이경우 · 이은화(1987). 한국 어린이의 전통적 집단놀이에 관한 조사 연구. 서울: 이화여자대학교 한국문화연구원.
이기현(1987). 아동이 즐길 수 있는 민속놀이에 관한 연구. 어린이연구, 23, 9-27.

이나미(2001). 전통놀이가 유아의 수리 및 공간능력에 미치는 영향. 전남대학교 교육대학원 석사학위논문.

이미혜 · 박석희(1996). 전통민속놀이의 관광자원화 방안에 관한 연구. 관광학연구, 20(1), 177-198.

이미화(2000). 전통놀이 활동이 유아의 인지발달에 미치는 효과. 대구효성가톨릭대학교 교육대학원 석사학위논문.

이상금(1987). 한국 아동교육의 현황과 개선 방향. 유아교육 세미나 자료. 서울: 새세대육영회.

이순자(2001). 유치원의 전통놀이 활용에 관한 실태 및 교사의 지각 연구. 부산대학교 교육대학원 석사학위논문.

이영미(2002). 전통놀이가 유아의 사회적 능력 및 언어수행능력에 미치는 영향에 관한 연구. 경남대학교 교육대학원 석사학위논믄.

이은화(1989). 전통놀이의 유아교육 현장 적용을 위한 연구. 연세대학교 대학원 박사학위논문.

이은화 · 홍용희 · 조경자 · 엄정애(2001). 한국의 전통아동놀이. 2000년도 삼성복지재단연구과제 답신보고서.

임유경(2003). 전통놀이가 유아의 공간인식능력에 미치는 효과. 전남대학교 대학원 석사학위논문.

임채길(1996). 굴렁쇠 굴리기 놀이가 아동의 건강 관련 기초 체력에 미치는 영향. 국민대학교 교육대학원 석사학위논문.

장병동 · 임진택(2001). 지방화 시대와 스포츠: 체육사; 한국민속놀이의 신체운동적 가치와 전통문화적 가치. 제82회 전국체전 기념 제39회 한국체육학회 학술대회. 한국체육학회. 10-17.

조경만(1989). 놀이문화. 금호문학, 6월호, 152-155.

조금미(2001). 전통놀이가 유아의 사회 · 정서적 발달에 미치는 효과. 대구가톨릭대학교 교육대학원 석사학위논문.

조기곤(2001). 유아교육기관의 전통놀이활동에 관한 조사연구. 원광대학교 행정대학원 석사학위논문.

조난심(1993). 전통의 의미와 가치관 교육의 방향. 한국청소년연구. 13, 16-30.

조성실(2002). 놀이 유형이 유아의 사회성에 미치는 영향 : 전통놀이와 일반놀이의 비교. 성균관대학교 교육대학원 석사학위논문.

조주숙(1994). 유아교육에서의 전통놀이에 대한 교사 견해와 활용 현황에 관한 연구. 계명대학교 대학원 석사학위논문.

지춘상(1980). 아이놀이. 민족문화대관. 서울: 고려대학교 민족문화연구소.

최경숙(2000). 전통놀이가 유아의 기초적 수학개념 발달에 미치는 영향. 인천대학교 교육대학원 석사학위논문.

최문희(2000). 전통놀이가 유아의 사회적 능력에 미치는 영향. 한국외국어대학교 교육대학원 석사학위논문.

최연희(2001). 전통놀이 활동이 유아의 체력에 미치는 영향 : 마당놀이 중심으로. 충남대학교 교육대학원 석사학위논문.

최영자(2001). 수 관련 전통놀이 경험이 유아의 수학적 기초개념 향상에 미치는 효과. 경남대학교 교육대학원 석사학위논문.

최재숙(2002). 전통놀이 활동 프로그램이 유아의 친사회적 행동에 미치는 영향. 순천향대학교 교육대학원 석사학위논문.

최철영(1999). 민속놀이가 초등학교 학습자의 기초 체력 향상에 미치는 효과. 한국교원대학교 대학원 석사학위논문.

최충환 · 이진희(1999). 한국 전통여가놀이와 그 사상적 특질. **여가레크리에이션연구**, 16, 257-278.

홍금연(2002). 한국 전통유아놀이에 관한 조사연구. 우석대학교 대학원 석사학위논문.

홍란기(2001). 윷놀이가 유아의 수학적 개념 발달에 미치는 효과. 순천향대학교 교육대학원 석사학위논문.

홍양자(1997). **빼앗긴 정서 빼앗긴 문화**. 서울: 다림.

村山智順 編(1992). **조선의 향토오락**. 박전열 역. 서울: 집문당. (원전은 1936년에 출판).

Harris, J. C.(1981). Beyond Huizinga: Relationships between play and culture. In Cheska, A. T. (Ed.). *Play as context*. West Point, New York: Leisure Press.

Huizinga, J.(1989). **놀이하는 인간**. 권영빈(역). 서울: 기린원.

Huizinga, J.(1993). **호모루덴스: 놀이와 문화에 관한 한 연구**. 김윤수(역). 서울: 까치. (원전은 1955년에 출판)

Roopnarine, J. L., Johnson, J. E., & Hooper, F. H.(1994). *Children's playing diverse cultures*. Albany, New York: State University of New York Press.

제2부

전통유아놀이의 실제

1. 공기놀이
2. 그림자놀이
3. 꼬리잡기
4. 눈싸움
5. 닭싸움
6. 대문놀이
7. 봉사놀이
8. 소꿉놀이
9. 숨바꼭질
10. 술래잡기
11. 씨름
12. 제기차기
13. 줄넘기
14. 팔랑개비놀이
15. 팔씨름
16. 팽이치기
17. 강강술래
18. 실뜨기
19. 무궁화
20. 수건돌리기
21. 여우야 여우야
22. 꽃잡기놀이
23. 과녁맞히기
24. 그네뛰기
25. 두꺼비집짓기
26. 비석치기
27. 윷놀이
28. 줄다리기
29. 칠교놀이
30. 투호놀이
31. 탈놀이

본 장에 소개된 전통유아놀이 31종은 「전통유아놀이의 운영 현황과 교사 인식 및 기대」 연구를 통해 유치원 교육 현장에서 실시율 50% 이상이었던 전통유아놀이를 정리한 것입니다.

1 공기놀이

유래

공기놀이에 대한 유래는 문헌에 정확하게 밝혀진 바 없으나, 오래전부터 다양하게 전국적으로 보급되었던 놀이임에는 틀림없다. 평안북도에서는 공기줍기, 공기잡기, 조알채기, 조아질, 평안남도와 황해도에서는 좌돌리기, 조개질, 좌질, 조아질, 경상북도에서는 짜게받기, 경상남도에서는 살구, 전라남도에서는 닷짝걸이, 자짜구리, 콩주워먹기라 부른다. 조선 중기 이규경이 쓴 『오주연문장전산고(五洲衍文長箋散稿)』에 보면 둥근 돌을 가지고 하는 놀이를 공기(供基)라고 하고, 둥근 돌알을 공중에 던져 손바닥으로 받고 이미 받은 것을 솥발 형태로 만드는 것을 솥발공기라고 한다고 설명하고 있다.

공기놀이는 중국을 통해 우리나라로 들어왔을 가능성이 있다. 『역어유해(譯語類解)』(1690)에 공기에 대한 기록이 들어 있으며, 18세기에 윤덕희(1685~1776)는 공기 그림을 남겼다. 또, 사료에 의하면 일본인들은 8세기부터 즐겼다고 기록되어 있어 공기놀이의 유래를 정확히 기술하기는 어렵다. 서양의 그리스 · 로마 시대에도 이와 동일한 놀이가 있었으며, 그리스 시인 '아리스토파네스'는 공기놀이를 여자에게 가장 잘 어울리는 놀이라고 하였고, 그리스 신화에는 제우스가 사랑의 여신 에로스에게 공

윤덕희의 공기놀이하는 그림

기를 주었다고 나온다. 폼페이 유적의 조각 그림에 나타난 것처럼 공기놀이는 로마시대에도 널리 퍼졌던 것 같다.

활동 방법

크게 두 가지의 놀이 방법이 있다. 하나는 4, 5알의 공깃돌을 가지고 여러 가지 손재주를 부리면서 내기를 하는 것과 다른 한 방법은 많은 수의 공깃돌을 가지고 따먹는 내기를 하는 것이다. 공깃돌을 가지고 하는 방법은 다양하다. 그중에 초집기는 공깃돌을 벌려 놓은 다음 한 알을 위로 던지고 바닥의 한 알을 잡으면서 받는다. 손에 다섯 알을 쥐고 한 알을 조금 올렸다가 다시 잡는다. 두집기와 세집기는 초집기와 유사하게 한 알을 올리고 바닥에 있는 알을 두 알, 세 알씩 잡고 위로 올린 알을 잡는 것이다. 막집기는 앞에 네 알을 모아 놓고 한 알을 올리고 네 알을 잡으면서 받는 것이다. '강가부리' 라는 것은 다섯 알을 손에 모두 쥐고 손등에 올렸다가 위로 던져 다시 받는 것을 의미한다.

공깃돌을 따먹는 놀이는 먼저 바닥에 동그란 선 안에 공깃돌을 모아 놓는다. 공깃돌을 한줌 집어 손등으로 받았다가 한 알만 쥐고 떨어뜨리는데 모두 선 안에 떨어뜨려야 한다. 다음에는 손에 있는 한 알을 위로 올리면서 쥐고 싶은 만큼 공깃돌을 집는다. 집은 돌들을 손등으로 받아 공깃돌을 딴다. 많은 공깃돌을 딴 사람이 이긴다. 이 외에도 다양한 방법이 있다.

유아교육기관에서의 활용

유아들과 함께 위의 활동 방법에 제시된 놀이 방법을 이용하여 공기놀이를 즐기게 된다. 소근육이 발달하지 않은 유아들의 경우는 공깃돌을 던져 다시 받는 것이 어려우므로 동그란 원 안에 공깃돌들을 준비하고 옆에 있는 다른 돌들을 건드리지 않고 공깃돌을 집어 보는 활동으로 활용해 본다. 처음 공기놀이를 접하는 유아들에게는 두 손을 사용하도록 지도하여 더 쉽게 활동할 수 있도록 한다. 사용하는 공깃돌의 종류와 모양, 놀이 방법을 유아들이 스스로 생각해 낼 수 있도록 지도한다.

2 그림자놀이

유래

전깃불이 없던 시절 가족들이 한방에 모여 호롱불을 켜면 생기는 그림자를 이용하여 손이나 간단한 도구로 모양을 만들고 그 모양을 이용하여 이야기를 꾸미며 놀이하는 것이다. 태양을 숭상했던 서양인들과 달리 동양인들은 예로부터 밤과 달빛을 소중하게 생각하였다.

그림자놀이는 중국 · 동남아시아의 여러 나라에서 인형극 · 가면극과 함께 발생하였으며, 몽환성(夢幻性) · 종교성을 가지고 있어 널리 분포되었고, 독자적인 민속적 전통을 갖는다. 그림자놀이의 발생 연대나 전파 경로는 분명하지 않으나 중앙아시아계 · 열대계로 구별된다. 중앙아시아계는 이슬람교의 설화와 연관되어 터키 · 페르시아 · 이집트 · 아라비아 · 모로코 등에서 많이 볼 수 있다. 터키의 카라게우즈(karagheuz)는 대표적인 것이고 지금도 이슬람교 단식제(斷食祭)에 연출된다. 중국에서는 전쟁물 · 설화 · 전설 등에 기인하나 형태는 이것과 비슷하며 무대배경이 세밀하고 기교가 뛰어난 데다가 다채로우며 사실적이다. 열대계는 자바의 것이 유명하고 10~11세기에 발생되었다. 인도에서 전해졌다는 설과 고대 자바의 신화에서 전해졌다는 설이 있으나, 내용은 과장이 심하고, 자바 신화, 인도 서사시 등에서 찾아볼 수 있다. 그 밖에 발리 섬 · 타이 · 말레이시아 등에 같은 계통이 분포한다.

유럽의 그림자놀이는 원래 집시의 특기였으나, 1770년 도미니크 세라판이 베르사유 흥행에 성공하여 왕실의 보호를 받아 나중에 그림자놀이의 근원이 되었다. 독일에서는 1760~1830년 민속 그림자놀이의 전성시대를 맞이하였고, 베를린에 상설극장을 만들었다. 각 나라의 그림자놀이의 유래에서 볼 수 있듯이 그림자놀이는 단순한 그림자 이용 놀이를 넘어서 대체로 그림자 인형극으로 발전하였음을 알 수 있다.

▣ 활동 방법

촛불이나 호롱불, 백열전등을 이용하여 벽에 그림자를 만들어 놀이한다. 작게는 손가락과 손, 머리, 몸을 이용하여 다양한 모양을 만들 수 있다. 그림자로 만들어진 모양을 이용하여 이야기를 만들어 갈 수 있다.

▣ 유아교육기관에서의 활용

OHP, 탁상용 전등을 사용하여 빛을 만들 수 있다. 그림자도 흰 벽에 비추어 만들어 볼 수 있지만, 그림자 인형극 막을 이용해서 그림자 상이 맺히도록 해볼 수 있다. 만들어진 그림자로 구성되는 이야기를 들려주거나, 맺힌 그림자가 어떤 모양인지 다 함께 맞추어 보는 활동도 운영해 볼 수 있다. 유아들이 그림자를 이용하여 이야기를 구성해 보도록 격려한다.

3 꼬리잡기

활동 방법

꼬리잡기는 양편이 2줄로 각각 늘어서서 다른 편의 맨 끝에 위치한 아이를 잡는 놀이로 수박 따기, 호박 따기, 동아 따기라는 다른 명칭으로 불리기도 한다. 각 편의 맨 앞에 선 대장은 상대편이 자기 편의 끝 아이를 잡지 못하도록 움직여야 한다. 이때 각 조에서 줄을 설 때는 키순서로 연달아 서고, 앞에 있는 아이의 허리를 단단히 잡아야 한다. 놀이가 시작되면 대장을 선두로 그 지방 민요를 부르면서 마당을 빙빙 돌게 된다. 〈아리랑〉, 〈강강수월래〉 등 여러 민요를 부르게 된다. 노래는 두 조가 같이 합창으로 부르게 되며, 일정 시간이 지나면 노래를 중지하고 어느 편이 먼저 수박을 딸 것인지 결정한다. 늙은 할멈의 목소리 흉내를 내며 다음과 같은 노래를 주고받는다.

할멈 계신가? (대장 1인)

어떻게 왔습니까? (상대편 모두)

수박 따러 왔지! (대장 1인)

이제야 겨우 망울이 맺었소. 내일모레 옵소. (상대편 모두)

수박을 아직 딸 수 없게 되었다는 이야기를 들으면 양편이 다 함께 노래를 부르면서 마당을 돌게 된다. 수박을 딸 수 없는 이유는 다양하다. '이제야 겨우 사발만 해졌소. 내일모레 옵소.', '이제야 겨우 씨를 심었소.', '이제야 겨우 꽃을 피웠소.', '이제야 겨우 주먹만 해졌소.' 이와 같은 응답을 통해 수박의 성장 과정을 문답으로 반복하게 된다. 노래를 통해 수박을 따가라는 허락이 떨어지면 놀이는 절정에 이른다.

꼬리는 반드시 상대편 조장만이 잡을 수 있다. 이때 다른 편 아이들의 중간을 끊을 수는 없다. 꼬리를 빼앗기지 않으려고 상대편도 조장을 중심으로 막는다. 같은 편으로 움직여야 하기 때문에 앞사람의 움직임에 따라 기민하게 움직이고, 꼬리에 선 아이도 주의를 집중하여 움직여야 한다. 꼬리의 아이가 떨어지거나 중간에 아이들의 줄이 끊어지면 놀이는 끝나게 된다.

▣ 유아교육기관에서의 활용

실외놀이에서 유아들을 두 편으로 나누어서 가위바위보로 꼬리잡기를 먼저 할 조를 결정하고 시작한다. 위에서 설명한 대로 조장이 상대방의 꼬리를 잡는 방법을 사용하기도 하고, 두 편이 서로 앞 아이의 허리를 단단히 잡고 움직이며 서로의 꼬리를 잡으려는 놀이로 변형하여 놀이한다.

4 눈싸움

활동 방법

예부터 겨울이 있고, 눈이 있는 지방에서는 눈싸움 놀이를 접할 수 있었다. 하늘에서 내리는 눈이 쌓이고, 눈뭉치를 만들 수 있을 정도의 양이 내려야 눈싸움을 할 수 있다. 보통 양편의 아이들이 편을 나누고, 숨을 만한 장소를 찾아 각자 진으로 삼고 주먹 크기의 눈덩이를 던지며 놀이하는 것이다. 유럽과 북미에서도 흔히 볼 수 있는 놀이 형태이다. 최근에는 국제연맹을 중심으로 국제 대회가 열리고 있으며 게임 방법을 자세히 살펴보면 감독 1명과 선수 7명, 후보 2명 등이 한 팀으로 구성된다. 눈싸움대회는 길이 40m, 폭 10m 크기의 직사각형 경기장에서 1게임당 90개의 눈뭉치로 정해진 시간 내에 상대 팀의 깃발을 탈취하거나 상대팀 전원을 전사시켰을 경우 승리하는 방식을 채택하고 있다. 3분 3게임 3판 양승제가 적용되고 있다. 눈싸움 시 눈뭉치는 굴리거나 손으로 전해 주는 것만 가능하다. 이때 눈뭉치를 미리 옷에 잔뜩 넣는 것은 반칙으로 간주한다.

유아교육기관에서의 활용

눈뭉치를 이용하여 눈싸움하는 것과, 눈이 오지 않는 때는 신문지를 눈뭉치처럼 둥글게 뭉쳐 눈싸움의 대체 도구를 만들어 놀이하는 방법이 있다. 눈싸움의 시작과 끝을 알리기 위해 신호 악기나 음악을 이용하기도 한다. 이기고 지는 것에 대한 승패의 경계가 모호하므로 한바탕 공동체 의식을 가지고 눈싸움을 즐기는 것으로 충분하다.

5 닭싸움

활동 방법

닭싸움은 두 사람씩 혹은 다수의 사람들이 편을 나누어 도구 없이 겨루는 대결놀이이다. 다른 말로 '깨금발 싸움' 이라고 부른다. 한쪽 발꿈치나 바짓자락을 손으로 잡고, 다른 한쪽 발만 써서 무릎이나 몸으로 상대방을 공격하여 넘어뜨리는 경기이다. 닭싸움 중에는 발을 잡은 손을 놓거나, 손으로 상대방을 밀쳐서는 안 되며 힘이 든다고 발을 교대해서도 안 된다.

기술로는 한 발로 장시간 몸의 균형을 유지하고, 상대방의 다리 밑으로 다리를 넣어 들어올리거나, 위에서 상대방의 다리를 강하게 내리찍어서 다리를 놓치게 하는 방법들이 있다. 또 멀리서 달려들어 탄력을 이용하여 공격하는 방법도 있다. 먼저 넘어지거나 다리를 놓치는 사람이 진다. 다른 방법으로는 동그란 원 안에서 먼저 상대방을 밀어내는 것으로 승부를 내거나, 발을 손으로 잡지 않은 채 양손으로 상대방과 몸싸움을 하는 방법도 있다.

유아교육기관에서의 활용

유아들이 둥근 원 안에서 닭싸움을 할 수 있도록 하거나, 매트 위에서 자유롭게 2인씩 닭싸움을 할 수 있는 경기 방식을 선택할 수 있다. 한쪽 발을 손으로 붙잡고 한 발로 뛰면서 균형을 잡는 놀이이므로 유아들이 처음에는 균형 잡기가 쉽지 않다. 닭싸움의 자세가 익숙해지면 일대일 경기나 편 게임으로 운영한다.

6 대문놀이

■ 유래

동대문놀이, 남대문놀이, 문 열기, 문 뚫기 등 대문놀이와 관련된 놀이는 많다. 놀이 방법도 다양하고 지방에 따라서 부르는 노래도 다양하다. 대문놀이는 일본, 가까운 동남아, 서양에 널리 퍼져 있는 보편적인 놀이이다. 흔히 주위에서 많이 들어 온 "동동 동대문을 열어라. 열두 시가 되면 문을 닫는다."는 노래와 함께 행해지는 방식은 서양에서 들어온 놀이 형식이다.

■ 활동 방법

대문놀이는 아이들이 문 역할을 할 사람 2명을 뽑고, 이를 통해 문지기를 세우고 나머지 아이들은 어깨나 허리를 잡고 길게 줄을 만든다. 이들은 차례로 문 밑으로 지나가도록 한다. 문지기들은 이때 '종지 종지' 하며 아이들을 툭툭 치고 그 중에 한 아이를 마주 잡은 손 안으로 잡는다. 문지기는 잡힌 아이에게 묻는다. "너 뭐 먹고 살고 있니?", "밥 먹고 살았다" 또는 "젖 먹고 살았다."라고 응답한다. "밥 먹고 살았다"라고 응답하면 풀어 주지 않고, "젖 먹고 살았다"라고 하면 풀어 준다. 이때 문지기가 문 밑으로 지나가는 아이를 치지 못하도록 재빠르게 지나가는 것도 놀이의 재미이다.

다른 놀이 방법으로는 2명의 문지기가 자신이 좋아하는 단어를 고르고(예를 들어 사과, 바나나), 지나가는 아이가 걸리면 "사과 할래? 바나나 할래?" 라고 작은 소리로 속삭여 묻는다. 걸린 아이도 작은 소리로 다른 아이들에게 들리지 않도록 자신이 원하는 것을 고른다. 예를 들어 사과를 골랐다면 문지기 중에서 사과 편의 아이의 등 뒤에 허리를 잡고 선다. 이렇게 지나가는 모든 아이들이 양편으로 나누어지면, 꽃잡기놀이로 이어진다.

▣ 유아교육기관에서의 활용

대문놀이와 관련된 전래노래를 부르거나, 동대문 노래를 부르면서 다양한 대문놀이를 할 수 있다. 문지기들은 지나가는 아이를 잡고, 지나가는 아이들이 잡거나 피하는 과정에서 놀이의 즐거움을 더하므로 문지기 역할은 돌아가면서 하도록 격려한다.

7 봉사놀이

■ 유래

지방에 따라서 소경놀이, 까막잡기, 판수놀이라고 불렀으며 술래가 눈을 수건으로 가리고 노는 데서 비롯되었다. 최영년의 『해동죽지(海東竹枝)』(1925)에서는 봉사놀이를 엄목희(掩目戲)라고 하여 "어린이들의 놀이가 도리어 경계되는 점이 많다. 장님의 정신이 투명하지 못함을 웃으며 구경한다. 어쩌다가 장님 손에 잡히기만 하면 눈뜬 사람이 눈 감은 사람만도 못하게 된다."라고 묘사하고 있다.

■ 활동 방법

놀이 방법에는 여러 가지가 있다. 한 가지 방법은 아이들이 양편으로 나뉘고 가위바위보로 이긴 편과 진 편을 정하여 진 편의 한 사람을 뽑아 팀의 술래가 되어 눈을 가리고 아이들을 잡는다. 다른 편 아이들은 손뼉을 치면서 도망을 다니고 술래는 수건으로 눈을 가린 채 소리가 나는 쪽으로 다가가며 다른 아이들을 잡는다. 이때 같은 편 아이들은 둥그렇게 원을 만들고 다른 편 아이들이 원 밖으로 벗어나지 않도록 돕는다. 다른 놀이 방법으로는 가위바위보에서 진 아이가 술래가 되고 다른 아이들은 손뼉을 치면서 도망다니며 놀리는 것이다. 눈을 가린 술래가 도망다니는 아이들 중 한 명을 잡고, 잡힌 아이의 얼굴과 옷을 만져 누구인지 맞히어야 한다. 누구인지 맞히면 술래가 바뀌지만, 맞히지 못하면 술래가 바뀌지 않는다.

또 다른 방법으로 술래를 정하면 술래 모르게 한 아이를 뽑는다. 술래와 아이들이 앉아 있으면 한 아이가 원 밖을 돈다. 술래는 원 밖의 아이를 맞히어야 한다. 원 밖의 아이는 돌다가 원을 구성하는 아이 등뒤에 숨는다. 술래는 누가 누구 뒤에 숨었는지를 모두 맞히어야 한다. 모두 맞히어야 술래를 면하게 된다. 아이들이 봉사놀이를 하면서 다음과 같은 노래를 부르기도 한다.

봉사 봉사 떼봉사
어데 가노 떼봉사
아(아이) 잡으러 간다
아 잡어 뭐 할래
콧구멍에 약할란다
동으로 갈래 서로 갈래
개얼(개울) 건너주꾸마
누고(누군지) 누고 알어라

▣ 유아교육기관에서의 활용

술래가 눈을 가리고 다른 아이들은 손뼉을 치며 잡도록 유도하는 놀이는 익숙한 방법이다. 손뼉 대신에 방울이나 신호 악기를 이용하여 방향 진행을 유도하기도 한다. 이를 통해 유아들의 청각을 통한 소리 변별을 꾀하기도 한다. 사물을 이용한 변형된 형태로 주머니에 조약돌, 풀잎, 콩, 팥알을 감추고 소리를 들려주거나 힌트를 주어 상대방이 누구인지 맞히도록 하는 방법도 있다.

8 소꿉놀이

활동 방법

소꿉놀이 방법으로는 우리 주변의 다양한 사물과 도구를 이용하여, 즉 폐품, 과일 껍질, 돌, 모래떡, 나뭇가지, 풀 등으로 가정에서 일어날 수 있는 역할놀이를 실시하는 것이다. 가장 흔하게 하는 놀이는 탑짓기, 음식 만들기 놀이, 아기 안고 달래기, 담배 물고 호령하기, 손님 응대 등이다. 주위 자연물에서 쉽게 구할 수 있는 꽃, 풀, 나뭇가지 등을 이용하여 찧거나 빻아서 음식을 만들고, 모래에 물을 섞어 모래떡을 만들기도 한다. 모래는 만들기의 좋은 재료가 된다. 현대의 역할놀이처럼 각자의 역할에 맞는 행동과 말을 하는 것이 주가 아니라 역할놀이를 위해 필요한 재료와 도구를 만드는 과정이 좋은 놀이가 된다. 과거 유아들은 겨울철 방 안이나 따스한 양지, 골목의 후미진 곳, 어디서나 놀이할 수 있었다.

유아교육기관에서의 활용

자유선택활동의 역할놀이에서도 소꿉놀이가 활발하게 이루어지고 있다. 소꿉놀이에 자연물을 이용하여 놀이를 더 풍성하게 만들 수 있다. 소꿉놀이에서 사용하는 도구들은 야외에서 구할 수 있는 소재를 이용하여 놀이할 수 있도록 격려한다. 나무 조각, 풀잎, 돌을 이용하여 소꿉놀이에 활용하고, 소꿉놀이 안에서 유아들의 자연스러운 역할놀이가 일어날 수 있도록 유도한다.

9 숨바꼭질

■ 유래

지방에 따라서 '술래잡기', '술래놀이' 라고도 한다. 술래라는 말은 '순라(巡邏)' 에서 온 것인데 이 말은 과거에 경비를 위해 순찰하는 것을 일컫는 말이다. 다른 유래로는 '숨다' 와 '박다' 의 단어 조합으로 숨어서 박혀 있다는 의미로 이해하기도 한다. 옛적에는 숨막질, 숨박질, 수묻져기라 불렀다.

영국과 미국의 숨바꼭질은 술래가 여러 명이 되기도 한다. 기본 형식은 사냥에서 따왔으며, 고대 신앙과도 연관이 있다. 악마인 술래가 어린이를 잡으러 다닌다는 의미가 있어서 술래 아닌 사람이 다니다가 쇠붙이나 나무를 잡으면 술래는 잡지 못하게 된다. 쇠는 악마를 쫓는 구실을 하고 나무는 십자가를 상징하기 때문이다. 이와 같이 숨바꼭질은 세계 여러 나라에서 동일한 놀이 형태로 나타나고, 실시되고 있다.

■ 활동 방법

한 명이 술래가 되어 일정 시간 눈을 가린 동안 다른 아이들이 몸을 숨기면 술래가 숨은 아이들을 찾아내는 놀이이다. 전해지는 놀이 방법을 자세히 알아보면 여러 아이들이 일렬로 죽 늘어선 다음 '차례 세기'로 마지막에 남은 아이가 술래가 된다. 이 술래를 '범'이라 부른다. 차례 세기는 보통 불려지는 노래로 정해진다. '범'이 결정되면 자기의 진 뒤에 엎드려서 눈을 감고 큰 소리로 하나에서 백까지 수를 센다. 그러면 나머지 아이들은 제각기 흩어져서 몸을 숨긴다. 이때 숨는 시간을 짧게 하기 위해 범은 숫자를 빠르게 센다. 수를 다 센 후에 숨은 아이들을 찾아나선다. 다른 방법으로는 진을 정한 다음 술래가 한 아이의 무릎 위에 엎드리면 그 아이가 술래의 등을 가볍게 두드리면서 하나에서 백까지 수를 세고 계속해서 다시 목청을 돋우어 노래를 하고 숨은 아이들을 찾아나선다.

숨은 아이들을 발견하면 "저기 있다"라고 큰 소리로 외치며 손가락으로 가리킨다. 그리고 재빠르게 자신의 진으로 돌아와서 손이나 발을 진에 대야 한다. 그러면 발견한 아이는 '죽게' 된다. 그러나 발견한 아이가 술래보다 먼저 진에 와서 몸이 닿으면 발견되었어도 '살아나게' 된다. 놀이는 계속되어 모든 아이들을 찾을 때까지 지속된다. 술래가 숨은 아이를 찾는 동안 '살아난' 아이와 '잡힌' 아이 모두는 진 주위에 모여서 술래잡기 노래를 부르며 숨어 있는 아이들을 응원하게 된다. 숨은 아이는 '잡혀 있는' 아이의 권리를 회복시키기 위해 술래 모르게 다가와서 진을 짚고 '찜', '랑랑'이라 소리를 친다. 이를 통해 '잡힌' 아이가 살아나게 된다.

술래에 의해 모든 아이들이 발견되면 잡힌 아이와 '살아난' 아이의 수를 세어 점수를 매기게 된다. 이것으로 숨바꼭질이 종료된다. 다시 차례 세기를 통해 술래를 정하고 새로이 진행하게 된다.

■ 유아교육기관에서의 활용

실외에서나 실내의 공간을 활용하여 유아들과 도구 없이 즐겁게 즐길 수 있는 놀이이다. 실외뿐 아니라 실내 공간에서 숨을 곳을 찾아 숨고, 숨은 유아를 찾아 발견하는 즐거움을 느낄 수 있다. 교실에서도 활용할 수 있는 전통유아놀이이다.

10 술래잡기

■ 유래

술래잡기를 앞서 기술한 숨바꼭질과 유사한 놀이로 보는 이들도 있다. 그러나 여기에서 말하는 술래잡기는 숨바꼭질과 다르게 동네 어느 곳에서나 접할 수 있었던 아이들이 즐기는 '잡기 놀이'를 지칭한다. 지역에 따라 술래잡기가 숨바꼭질과 동일 의미로 사용되기도 하지만, 대부분 숨바꼭질과 다른 놀이로 발전하였다.

■ 활동 방법

놀이 방법은 아이들 중에 술래를 정하고 술래가 다른 아이들을 잡기 위해 달려다니면서 놀이를 시작하게 된다. 술래가 바로 아이들을 잡기도 하지만, 아이들에게 도망 칠 시간을 주기 위해 숫자를 세거나 기다려 주기도 한다. 술래는 달려다니며 아이들을 잡고, 잡힌 아이는 술래가 된다. 술래의 손이 다른 아이들의 몸을 만지거나 닿게 되면 잡히는 것이다. 이때 술래에서 벗어난 아이들은 달리면서 술래를 놀리거나 웃고, 뛰어다니는 동작을 반복하게 된다. 술래를 피하는 아이들은 너무 멀리 도망가지 않도록 행동반경이 정해져 있다. 예를 들어 정해진 마당 안에서만 도망다닐 수 있으며 마당을 벗어나면 바로 술래가 된다.

▣ 유아교육기관에서의 활용

유치원에서 실외놀이를 관찰하면 유아들이 술래잡기를 자연스럽게 즐겨 하는 것을 볼 수 있다. 어린 유아들의 경우 자신이 술래가 되고 술래에서 벗어나게 되는 과정을 이해하기 힘들 수 있으므로 '술래'를 표시하는 목걸이나 표식을 정해 주면 이것을 주고받으면서 술래의 변화 과정을 더 쉽게 이해할 수 있게 된다. 도 다른 놀이 방법으로 유아들이 작은 원 안에 들어가면 원 밖에서 술래가 이리저리 달리며 잡는 것이다. 원 안의 유아들은 술래의 동작을 빠르게 파악하여 몸이 닿지 않도록 피해 다녀야 한다. 이때 피해 다니며 원의 선을 발로 밟지 않도록 하고, 선을 밟으면 술래가 되어야 한다.

11 씨름

유래

우리나라 씨름의 역사는 오래되었다. 고구려 고분벽화에도 나타나고, 김홍도의 〈씨름도〉에도 나타난다. 두 그림에는 복식의 차이가 있을 뿐 방법에는 차이가 느껴지지 않는다. 고려시대에는 씨름을 잘하는 사람을 용사라 불렀으며, 조선시대에는 역사(力士)라 불리며 왕을 호위하는 자들도 씨름으로 선발하였다. 유득공의 『경도잡지(京都雜志)』에서 서울의 단오 풍속에 대해 묘사하며 "서울의 젊은 사람들이 남산 기슭에 모여 씨름을 한다. 방법은 두 사람이 무릎을 꿇고서 서로 오른손으로 상대방의 허리를 잡고 왼손으로 상대방의 넓적다리를 잡고 동시에 일어선 후 서로 넘어뜨리는 것이다." 라고 기록하고 있다. 홍석모의 『동국세시기(東國歲時記)』(1849)에도 "힘이 세고 수가 날쌔서 여러 판을 다 이긴 사람을 '판막'을 했다고 한다. 단오에는 이 놀이가 매우 성하여 서울, 시골 할 것 없이 많이 한다." 고 기록하고 있다. 큰 명절이 아니어도 씨름을 즐기는 사람들이 많았고, 씨름꾼의 나이와 힘에 따라서 '애기씨름', '중씨름', '상씨름'의 등급이 있었다. 우리나라 씨름과 유사한 것을 중국에서는 솔교라고 불렀는데

김홍도의 씨름

중국 학자들은 몽골에서 시작한 것으로 보고 있으나, 고구려의 영향을 받은 것으로 보는 시각도 있다. 일본의 스모와는 크게 다르지만, 본토와 떨어진 오키나와의 씨름과는 많이 유사하다.

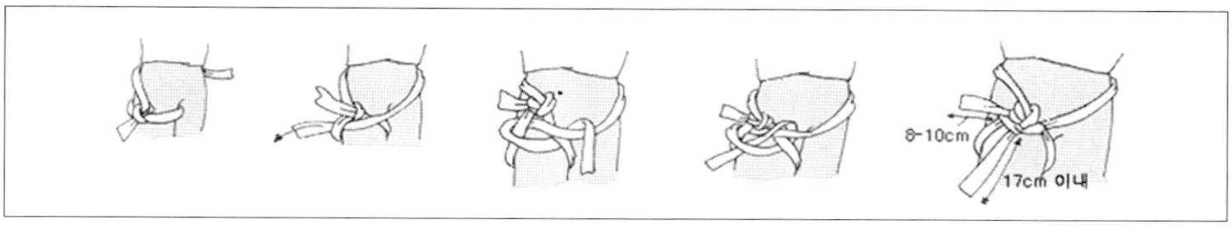

샅바 매는 순서

▣ 활동 방법

두 사람이 모래밭에서 상대의 허리춤을 잡고 여러 가지 기술과 힘을 이용해 상대방을 쓰러뜨리는 놀이이다. 씨름판은 마당 한가운데 따로 두어 직경으로 동그랗게 모래를 펴고, 넓적다리에 샅바를 매고, 샅바를 잡고 경기하였다. 평상시에는 샅바를 매지 않고 하는 '민둥씨름' 을 주로 하였으며, 선 채로 시작하는 '선씨름' 도 하였다. 상세히 나누면 서서하는 선씨름, 허리띠를 두 손으로 잡는 띠씨름, 오른팔과 다리를 샅바로 감고 겨루는 바씨름, 오른쪽 다리에 샅바를 두르고 오른손으로 상대의 허리 샅바를 잡고 왼손으로 상대방의 오른쪽 다리 샅바를 잡고 오른쪽 어깨를 맞대는 왼씨름과 왼씨름과 방향이 반대인 오른씨름이 있다. 1931년 전조선 씨름대회부터 공식적인 경기 방식으로 왼씨름을 채택하였으며 현재 민속씨름대회도 이 방식을 채택하고 있다. 그러나 김홍도의 〈씨름도〉, 유숙의 〈대쾌도〉에 묘사된 방식은 오른씨름 방식이며, 이 방식은 전라도와 경기, 함경도 지역에 전승된 방식이다. 띠씨름은 충청도에서 성행하였다.

씨름에는 공격기술인 '메치기' 와 방어기술인 '되치기' 가 있다. 메치기는 허리기술, 다리기술, 손기술로 나누어 볼 수 있다. 메치기의 허리기술에는 배지기, 엉덩배지기, 재치기, 돌려치기, 회목받치기, 회목걸이, 뛰어던지기가 있다. 다리기술로는 안다리걸기, 안걸어젖히기, 안다리후리기, 덧걸이, 바깥다리 걸기가 있다. 손기술에는 앞무릎치기, 앞무릎뒤집기, 뒷두릎치기, 앞다리채기, 덜미잡이, 꼭두잡이, 팔걸이가 있다. 되치기의 기술에는 엉덩배지기의 되치기, 안다리걸기의 되치기, 바깥다리걸기의 되치기, 덧거리의 되치기, 앞무릎치기의 되치기, 뒷무릎치기의 되치기, 덜미잡이의 되치기, 뒷샅바 잡고 바깥다리걸기, 맞배지기, 배지기의 방어를 들 수 있다. 위에 나열된 기술들의 몇 가지 예는 다음의 그림과 같다.

바깥다리걸기

안걸어젖히기

배지기

유아교육기관에서의 활용

모래밭이나 매트 위에서 상대방의 허리춤을 잡고 힘을 겨루는 씨름의 방법을 활용할 수 있다. 유아들에게 있어 샅바를 이용하거나, 앉아서 샅바를 잡고 일어나는 것은 어려울 수 있으므로 선 채로 허리춤을 잡거나 허리에 걸린 샅바를 잡는 형식으로 활용한다.

12 제기차기

유래

홍석모의 『동국세시기(東國歲時記)』(1849)에 나타난 축국(蹴鞠)이라는 놀이에 대한 묘사를 제기차기의 유래로 보는 설이 있다. 축국은 가죽 주머니 속에 털이나 헝겊 같은 부드러운 물건을 채워 만든 국(鞠)을 차고 노는 놀이이다. 옛 시절의 축국은 오늘날의 축구와도 비슷했다고 한다. 마당 양편에 세운 대나무 꼭대기에 그물을 얹어 놓고 7~8명이 짝을 지어 서로 골을 차서 그물 위에 많이 올리는 편이 이겼다. 『동국세시기』에 나타난 축국에 대한 기록을 살펴보면 공을 묘사하며 큰 탄환 같은데 위쪽에 꿩털을 꽂았다고 하며 두 사람이 마주보고 서서 떨어뜨리지 않는 것을 훌륭한 기술로 쳤다고 한다. 축국은 우리말 음으로 '적이'라고 부르며 이 말이 '제기'로 바뀌었다는 설이 유력하다. 다른 의견으로는 축국을 공차기, 축구의 유래로 보는 설도 있다.

활동 방법

엽전이나 구멍 뚫린 쇠붙이에 창호지를 감아 만든 제기를 발로 차고 노는 놀이이다. 일반적인 경우는 종이를 이용하여 만들지만, 가죽과 엽전을 이용하여 닭이나 꿩의 깃을 꽂아서 매어 만들기도 한다. 종이나 깃털로 술을 만드는 이유는 공중으로 올라간 제기가 천천히 떨어져서 발에 잘 맞도록 하기 위해서이다.

제기는 한 사람씩 차기도 하고 여러 사람이 모여서 마주 차기도 하였다. 한 사람이 차는 방법에는 한쪽 발로만 차는 외발차기, 양발로 벌갈아 가면서 차는 양발차기가 있고, 그외에 재주부리기 내기를 하는 것도 있다. 제기를 차다가 발이 아픈 경우는 제기를 머리 위나 어깨 위에 받아 한참 쉰 후 다시 찰 수 있도록 한다. 한 사람이 제기를 차면 다른 사람은 숫자를 세어 준다. 재주부리기는 간단한 것부터 시작한다. 보통은 제기를 찰 때 양발의 안쪽 모서리로 차지만 재주를 부릴 때는 발 안쪽과 바깥쪽은 물론이고 발등과 발뒤축, 무릎으로도 찬다. 차올린 제기를 머리, 좌우 어깨, 잔등, 허리 등 지정된 곳에 올려놓았다가 차기도 하고 앞으로 차올리고 돌아서 받기도 하고, 발뒤축으로 차올리고 앞으로 받기도 한다. 이때 하는 사람이 실수 없이 오래 하게 되면 상대방은 웃긴 이야기나 행동으로 방해하기도 한다.

제기차기는 발이 땅에 닿는 유무에 따라 놀이 방법이 나뉜다. 한 발은 땅바닥에 고정시키고 다른 발 안쪽 옆면으로 제기를 차올리는 방법으로 제기 차는 발만 올렸다 내렸다 하여 땅바닥에는 닿지 않도록 하는 것을 개칙구 또는 헐랭이라고 한다. 맨제기 또는 땅강아지로 불리는 제기차기의 차는 방법은 개칙구와 같으나, 차는 발을 땅바닥에 댔다 올리며 찬다.

▣ 유아교육기관에서의 활용

제기차기가 힘든 유아들을 위해 공중에 제기를 매달아 다리로 튕겨 보게 하거나, 다른 도구를 이용하여 제기를 위로 올려 받을 수 있도록 놀이한다. 평평한 채나 책받침을 사용하여 제기를 치거나 손으로 던져 잡아 보는 놀이로 응용해 본다. 또 제기를 만드는 과정에 유아들이 참여하도록 하고, 제기 차는 횟수를 세어 보면서 자연스럽게 수 세기를 경험하게 한다.

13 줄넘기

■ 활동 방법

새끼줄을 잡고 뛰는 놀이로, 키의 1.5배쯤 되는 줄을 가지고 노는 짧은 줄넘기와 5m쯤의 줄을 양쪽에서 서로 잡아 돌리면서 한 사람 또는 서너 사람이 가운데에 뛰어 들어가 노래에 맞추어 뛰다가 돌아 나오는 긴 줄넘기가 있다. 혼자서 하는 줄넘기에도 여러 가지 방법이 있다. 두 아이가 제각각 자기 줄을 가지고 동시에 줄넘기를 시작하여 누가 줄에 걸리지 않고 더 오래 넘는가를 겨루어 보기도 하고 또 한 사람씩 따로 줄을 넘어 누가 더 많이 넘었는가를 세어서 승부를 내기도 한다. 아이들이 많으면 편으로 나누어서 줄을 넘은 총 수를 계산하거나 일정한 목표를 정하여 어느 편이 먼저 목표에 이르는가로 승부를 결정하기도 한다.

한자리에서 계속 횟수를 겨루기도 하고 줄을 넘으면서 달리기도 한다. 달리기를 할 때에는 일정한 거리를 누가 빨리 달리는가로 승부를 결정한다. 한 줄 안에 두세 아이가 함께 뛰기도 하고 한번 뛰는 사이에 줄을 두세 번 돌리기도 한다.

긴 줄을 가지고 하는 줄넘기는 여러 명의 아이들이 참여할 수 있다. 줄이 넘어

갈 때 리듬을 타서 줄 안으로 들어와 뛰기를 시작한다. 들어와서 가위바위보를 통해 진 사람은 다시 나간다. 만약 줄에 걸리게 되면 걸린 아이가 줄을 돌리고 줄을 돌리던 아이는 줄넘기를 하게 된다. 아이들은 줄넘기를 할 때 반드시 노래를 부르며 그 박자에 동작을 맞추게 된다. 구전되어 오는 전래동요를 부르거나 그 시기의 아이들이 구전으로 창작한 노래를 부르기도 한다.

▣ 유아교육기관에서의 활용

줄넘기는 팔, 다리와 온몸을 사용하는 전신운동으로 리듬감을 기르고 신체를 단련시키는 데 유용하며, 유아들과 함께 노래를 맞추어 공동체감을 기르는 데 유용하다. 유아들이 놀이하기에는 처음에는 어려운 감이 있지만, '꼬마야 꼬마야' 노래를 부르며 여러 명의 아이들이 긴 줄을 이용하여 줄넘기 하는 것에 즐겁게 참여할 수 있다. 성인이 줄을 돌려 줄 때 땅바닥에 쓸리도록 크게 돌려 주고, 리듬감 있게 숫자를 세어 주는 방법을 사용하여 유아들이 쉽게 넘을 수 있도록 돕는다.

14 팔랑개비놀이

■ 유래

팔랑개비놀이는 바람개비놀이라고 부르기도 한다. 음력 정월 대보름 '보름 볏가리' 에 팔랑개비를 달아 두는 풍속이 예부터 전해 내려왔다. 음력 정월 보름날이 되면 짚을 뭉쳐서 긴 장대 끝에 묶고 수수깡으로 벼, 보리, 조, 옥수수 같은 곡식 이삭을 많이 만들어 그 짚뭉치 밑에 큼직하게 만든 팔랑개비를 단다. 그 장대를 대문 곁에 높이 세운 다음 팔랑개비 밑에다 십여 가닥의 새끼를 달아 땅바닥에 벌려 맨다. 이는 그 해 농사가 풍년이 되도록 축원하는 연중행사 가운데 하나이다. 음력 정월은 바람이 많이 부는 철이므로 팔랑개비 돌아가는 소리가 장대에 울려 큰 소리를 내며 돌아간다. 동네 아이들이 음력 정월에 이 놀이를 경쟁적으로 하였다.

■ 활동 방법

만든 팔랑개비를 높은 곳에 달아 놓으면 저절로 돌아가거나, 손에 들고 앞으로 내달리면 돌아가게 된다. 또는 팔랑개비의 축을 손으로 힘 있게 비비면서 돌리기도 하고, 축에 노끈을 감아 노끈을 빨리 풀면 공중으로 휭 날아오르기도 한다. 이를 통해 어느 팔랑개비가 멀리 높이 날아가는지 경쟁하기도 한다.

팔랑개비를 만드는 방법은 여러 가지인데 팔랑개비 날개를 나무로 만드는 방법도 있다. 나무를 길쭉하고 납작하게 깎아 만들어 2개의 날개가 서로 바람을 받아 넘기면서 돌아가도록 하여, 나무 날개의 중심축에 구멍을 뚫어 축을 꽂아 돌리면 된다. 다른 방법은 나무막대기의 중간에 구멍을 뚫고 한쪽에는 왼쪽으로 종이를 붙이고 반대쪽은 오른쪽으로 종이를 붙인다. 종이는 두껍고 빳빳한 것으로 제작하여 중심축을 가지고 돌리면 된다. 또 다른 방법은 종이를 접어서 만드는 것이다. 정사각형 종이를 대각선 선을 중심으로 가운데 부분이 잘리지 않도록 칼집을 넣는다. 잘라진 네 끝을 중심축에 꽂아 꿰어 팔랑개비를 만든다. 종이는 두껍고 빳빳한 것이 좋으며 종이를 접지 않아야 한다.

▣ 유아교육기관에서의 활용

유아들이 직접 수수깡과 색종이, 핀을 이용하여 다양한 크기의 팔랑개비를 실제로 제작하여 놀이할 수 있다. 실외에서 바람에 날리거나, 유아 스스로 달려 팔랑개비가 돌아가도록 하거나 입으로 불어 돌리는 등 다양한 방법을 사용해 볼 수 있다. 또 기성품으로 제작된 플라스틱 팔랑개비를 이용하여 날려 보는 실험을 할 수도 있다.

15 팔씨름

유래

팔씨름은 때와 장소를 가리지 않고 할 수 있는 전통놀이이다. 아이들은 물론 어른들도 즐겨하는 놀이로 아무런 준비물이 필요 없다. 가장 원시적인 놀이 형태가 지금까지 그대로 전해져 내려오고 있으며 세계 여러 나라에서 행해지며 그 방법은 조금씩 다르지만 우리나라와 일본, 중국에서 유사한 팔씨름 놀이가 행해지고 있다.

활동 방법

놀이 방법으로 두 사람이 낮은 책상을 놓고 앉거나 엎드려서 손을 마주 잡는다. 팔을 구부려 팔꿈치를 바닥에 대고 다른 한 손은 상대방의 팔꿈치 밑에 놓는다. 준비가 되면 힘을 겨룬다. 팔씨름을 하는 도중 팔꿈치가 바닥에서 떨어지면 무효가 되고, 손등이 넘어가는 것을 막기 위해 손목을 꺾는 것은 반칙이다. 손등이 바닥에 닿는 사람이 지게 되고, 경기에 따라서 손등이 45도 이상 내려갔으면 졌다고 인정하기도 한다.

경우에 따라 나이나 힘 차이가 월등할 때는 힘이 센 쪽이 힘이 적은 쪽의 팔목을 쥐고 팔씨름을 하기도 한다. 팔씨름은 경기가 시작되자마자 승패가 결정되는 경우가 많으므로 처음 시작부터 긴장을 늦추지 않아야 한다. 순간에 승패가 결정되므로 제3자가 심판을 보는 것이 필요하다.

■ 유아교육기관에서의 활용

낮은 책상이나 높은 책상을 사이에 두고 팔씨름 경기를 실시한다. 언제 손에 힘을 주어야 할지 알려주어야 하므로 팔씨름의 시작을 분명히 알려준다. 팔씨름 도중에 유아들은 손목을 꺾거나 팔꿈치를 떼거나, 두 손으로 상대방의 손을 누르는 방법을 쓸 수도 있다. 그렇기 때문에 서로 한 손만을 이용하여 겨루는 것이 어떤 의미인지 유아들에게 알려주어 운영하는 것이 필요하다.

16 팽이치기

■ 유래

요즘 우리 아이들이 하는 팽이 놀이의 대부분은 일본에서 들어온 줄팽이놀이이다. 팽이는 원래 한국에서 일본으로 건너간 놀이이다. 팽이를 한자로는 독락(獨樂)이라고 쓰는데 일본어로는 고마(こま)라고 한다. 일본에서는 옛날에는 고마(獨樂)를 고려(高麗)라고 썼다. 아마도 고려시대 때 우리나라 팽이가 일본으로 건너가서 붙여진 명칭이라고 유추된다. 17세기 일본 자료를 보면 일본에서도 우리나라 팽이를 가지고 놀았다고 한다. 우리나라 팽이는 원추형의 깎은 나무 팽이를 끈을 잡아맨 채 때리면서 돌리는 것으로, 주로 겨울에 얼음판 위에서 행해지는 놀이였다.

■ 활동 방법

팽이치기는 넓은 뜰이나 한길에서, 또는 방 안이나 얼음판 위에서 팽이를 돌리고 노는 놀이이다. 팽이는 지방에 따라 팽이, 팽돌이, 뺑이, 빼리, 뺑돌이, 뺑생이, 봉애, 포애, 세리 등 여러 가지 이름으로 불린다. 팽이는 대개 나무로 만드는데 무겁고 단단한 나무로 만든 팽이가 팽이 끝이 무디지 않아서 오래 사용할 수 있다. 간혹 기왓장을 갈아서 만들기도 한다. 팽이는 잘 돌 수 있도록 균형 잡히게 제작하는 것이 좋다. 팽이채는 보통 약 50cm 정도의 길이로 만들고, 끝에 20~30cm의 길이의 명주실이나 무명실을 달아 제작한다. 채의 끝은 실을 풀어 부슬부슬하게 만들어서 팽이를 칠 때 잘 돌아가도록 만든다. 여러 명이 하는 팽이 돌리기에서는 팽이채로 치며 오래 돌아가는 팽이를 가진 아이가 승자가 된다.

팽이채 없이 돌리는 팽이로 깨진 바가지로 만든 '바가지 팽이' 가 있다. 바가지 조각을 어린이 손바닥 크기만큼 동그랗게 깎고, 중심을 뚫어 5cm 가량의 나뭇가지를 꽂아 만든다. 손가락으로 돌리거나 손바닥으로 돌려 시작한다.

▣ 유아교육기관에서의 활용

팽이 돌리기를 이용하여 유아들끼리 승부를 내는 놀이에 참여하도록 할 수 있다. 서로 팽이를 돌려 상대방의 팽이를 부딪혀 넘어지게 만들거나, 더 오래 돌리기로 승부를 겨룰 수 있다. 간단한 종이 팽이와 팽이채 없이 돌릴 수 있는 팽이도 준비하여 팽이 돌리기에 이용하도록 한다. 특히 종이 팽이의 윗부분을 여러 색으로 칠하면 팽이가 돌아가며 색의 혼합을 관찰하여 재미를 더하게 된다. 팽이의 모양과 채에 따라 얼마나 오래 돌아가는지 알아보는 실험을 계획할 수도 있다.

17 강강술래

유래

강강술래는 임진왜란 때 유래한 놀이이다. 왜적과 싸우던 이순신 장군이 적군에게 해안을 경비하는 우리 군세를 우세하게 보여주기 위해 강강술래를 하게 하였다. 적군이 해안에 상륙하는 것을 감시하기 위해서 남해안 일대의 부녀자들에게 수십 명씩 떼를 지어 해안 부근의 산에 올라가 곳곳에 불을 피우고 그 주변을 돌며 춤을 추면서 주위를 경계하라는 뜻으로 '강강술래' 를 부르게 하였다.

활동 방법

한가위날이나 음력 정월 대보름날 밝은 밤에 곱게 단장한 부녀자들이 일정한 장소에 모여 서로서로 손을 잡고 원형을 이루어 춤을 추고 노래하면서 노는 놀이이다. 영호남지방에서는 해마다 한가위나 음력 정월 대보름이 되면 달이 밝은 밤에 부녀자들이 곱게 단장하고 일정한 장소에 모여 30~40명이 서로서로 손을 잡고 원형을 이루어 일제히 '강강술래' 의 후렴이 붙은 4.4조 가락의 노래를 부르면서 깡충깡충 뛰며 빙빙 돌아가는 놀이로 행하였이다. 점점 빨라지며 '강강술래' 노랫소리가 잦아지고 원형 돌기가 빨라지다가 재빨리 한데 섞여 홍이 나면 춤을 추고 노래한다. 목청이 좋은 한 여성이 가운데에서 먼저 노래를 메기면 둘러선 여성들이 일제히 후렴을 부른다. 이때 부르는 가사는 지방마다 다르다.

강강술래의 노래 가사는 정해져 있는 것이 따로 없으며 오래전부터 구전되어 내려오고 있다. 그때그때 지어 부르기도 하고 종류도 많은 편이다. 예시로 남도지방에서 유래되는 노래 가사를 기록하였다.

〈강강수월래〉 (남도 유래)

대밭에는 대도 총총 강강수월래
하날에는 별도 총총 강강수월래
꽃밭에는 꽃이 총총 강강수월래

하날에다 베틀 놓고 강강수월래
구름 잡어 잉아 걸고 강강수월래
둥둥 떠가는 구름 경상 강강수월래
총총 하날에 별도 밝다 강강수월래

〈강강술래〉 (진도지방)

술래소리는 어디로 갔나 강강술래
찾아 잘 돌아온다 강강술래
달떠온다 달떠온다 강강술래
동창에서 달떠온다 강강술래
우리 님은 어데를 가고 강강술래
달떠온 줄 모르는가 강강술래 강강술래

유아교육기관에서의 활용

실외, 실내에서 유아들과 동그랗게 원을 만들어 쉽게 활동할 수 있는 전통놀이이다. '강강수월래' 의 가락에 맞추어 참여하며 공동체의 움직임의 변화를 느끼며 즐길 수 있다.

18 실뜨기

활동 방법

실뜨기는 실이나 노끈의 양쪽 끝을 연결해서 실테가 되게 한 뒤, 마주 앉아서 실테를 서로 번갈아 가며 손가락으로 걸어 떠서 여러 가지 형태로 변화시켜 노는 놀이이다. 실뜨기의 기본 방법 및 순서는 다음과 같다. 첫 번째 아이가 살테를 양손에 한번 걸어서 감고 다시 양손 가운데손가락으로 감은 실을 집어 떠서 상대편 아이에게 내놓는다. 그 모양을 날틀이라 부른다. 두 번째로 다른 아이가 날틀의 양쪽 가위처럼 벌어진 각을 엄지손가락과 둘째손가락으로 걸어쥐고 아랫줄을 밑으로 둘러 밑으로부터 위로 향하게 가운데로 올려 뜬다. 세 번째로 두 엄지손가락과 둘째손가락으로 '바둑판' 의 복판에 줄이 교차된 두 각을 걸어쥐고 바깥 줄을 밖으로 둘러서 아래로부터 위로 향해 가운데로 올려 뜬다. 그러면 젓가락 모양이 만들어진다. 네 번째로 두 새끼손가락으로 평형으로 놓여 있는 두 줄을 걸어 서로 반대로 당겨 늘인다. 다시 양쪽 엄지손가락과 둘째손가락을 벌려 바깥 줄을 걸어 아래로부터 가운데로 올려 뜬다. 처음의 '날틀' 의 모양과 반대 방향의 모양이 만들어진다. 이것을 '베틀' 이라 한다. 다섯째로 엄지손가락과 둘째손가락으로 베틀의 양쪽 각을 걸어쥐고 바깥으로 둘러 위로부터 가운데로 내려 뜨면 두 번째 만들어졌던 바둑판이 다시 만들어진다. 그때 실을 건 손가락은 앞에서와는 반대로 모두 아래로 향하게 된다. 여섯째로 바둑판에서 젓가락을 만들었던 방법처럼 베틀을 올리면 가운데 커다란 구멍이 뚫린 '소눈깔' 이라는 모양이 완성된다. 일곱째로 양 새끼손가락으로 나중 아이의 엄지손가락과 둘째손가락 사이에 걸린 줄을 건 다음 자기의 엄지손가락과 둘째손가락으로 '소눈깔'의 양쪽 각을 걸어쥐고 아래로부터 위로 향해 복판 구멍으로 떠올린다. 그러면 손가락들이 걸린 모든 줄이 한가운데에서 한데 얽히게 된다. 이것을 '절구공이' 또는 '가위줄'이라고 한다. 여덟째로 베틀로 바둑판을 뜰 때와 같이 한데 얽힌 절구공이의 교차점 양각을 걸어쥐고 한가운데를 통하여 위에서 아래로 내려 뜨면 바둑판이 만들어진다. 이때 손가락은 아래로 향하게 된다. 이상의 방법들을 반복하면 이전 형태들이 반복된다.

위의 방법과 달리 한 가지 모양으로 단독 놀이를 하는 방법도 있는데 아이가 '날틀' 모양을 손가락에 걸어쥐고 있으면 다른 아이가 각이 진 줄 밑으로 가로 걸린 한쪽 줄을 잡는다. 다음 먼저 아이가 두 손에 실을 걸어쥐고 있기 때문에 나중 아이가 걸어쥔 반대쪽의 가로 걸린 줄을 입으로 물고 자기의 가운데손가락의 줄이 벗어지지 않도록 조심하면서 안으로 가만히 내려 뽑는다. 그런 다음 서로 이리저리 당기면서 톱집하는 놀이를 하게 된다.

실뜨기를 하며 기술이 모자라거나 주의가 부족하여 손가락을 잘못 걸거나 잘못 움직이면 실뜨기가 실패한다. 솜씨 있는 아이들은 뜨는 방법을 바꾸거나 순서를 바꾸어서 다른 형태를 만들어서 상대방을 곤경에 빠뜨리기도 한다.

▣ 유아교육기관에서의 활용

긴 줄만 있으면 언제든지 간단히 할 수 있는 놀이이다. 유아들에게 실뜨기의 기본 형태를 그림으로 제시하고 방법을 익히도록 한다면 더욱 쉽게 놀이에 참여할 수 있을 것이다. 손과 손가락을 이용하므로 소근육 발달에 효과적이다. 유아교육기관뿐 아니라 가정에서 부모와 함께 즐길 수 있는 놀이이다.

19 무궁화

유래

옛 문헌에서는 찾아볼 수 없는 놀이인 것으로 보아 아마도 일제 강점기에 만들어진 놀이라고 볼 수 있다. 주위에 흔히 볼 수 있는 꽃이 아닌 '무궁화' 꽃 이름을 사용하는 것에 독립에 대한 염원이 담겨 있다고 보았다. 다른 유래에 대한 유추로는 일본 전래놀이인 '오뚝이가 넘어졌다', '스님이 방귀를 뀌었다' 등의 10개의 말로 된 놀이가 일제시대 때 행해지다가 해방과 더불어 '무궁화 꽃이 피었습니다'로 바뀐 것이라 보는 견해도 있다.

활동 방법

놀이 방법으로는 술래를 뽑고, 술래가 벽이나 나무 또는 기둥을 보고 서 있으면 나머지 아이들은 술래에게서 5m 정도 떨어진 곳에 출발선을 긋고 그 앞에 선다. 놀이가 시작되면 술래는 기둥이나 나무를 바라보며 '무궁화 꽃이 피었습니다'를 외치고 재빨리 나머지 아이들이 있는 곳을 바라본다. 아이들은 술래가 외치는 동안 한발 한발 앞으로 나아간다. 술래가 외치는 동안은 나머지 아이들이 움직이는 것이 괜찮지만, 돌아보았을 때 움직이게 되면 잡힌다. 잡힌 아이는 술래에 의해 이름이 불리고, 술래와 새끼손가락을 걸어 손을 잡는다. 다음에 잡힌 아이들은 먼저 잡힌 아이의 뒤에 길게 늘어선다. 여러 번 반복하다가 술래 앞까지 간 아이가 술래와 맨 처음 잡힌 아이의 손을 끊어 모든 아이들을 술래로부터 풀어 준다. 이때 아이들은 원래 출발선이 있는 곳으로 도망가고, 술래는 재빨리 도망가는 아이들을 붙잡아야 한다. 새로이 잡힌 아이가 술래가 되어 놀이를 다시 시작한다.

놀이를 하며 술래의 눈을 피해 움직이는 것이 재미를 안겨 주고, 술래가 '무궁화 꽃이 피었습니다'를 천천히 말하거나 빠르게 말함에 따라 긴장감이 고조된다. 나중에 술래잡기 놀이까지 연결되어 이어질 수 있다.

▣ 유아교육기관에서의 활용

무궁화 놀이는 유아들에게 움직임과 정지에 대해 알려주기 적합한 놀이이다. 술래의 말에 따라 술래가 보지 않을 때 움직일 수 있는 규칙은 하지 않아야 하는 일을 몰래 해볼 수 있는 긴장과 스릴을 안겨 준다. 술래 역할을 맡은 유아가 '무궁화 꽃이 피었습니다'라는 문장을 빠르게, 느리게 말함으로써 놀이의 난이도를 더할 수 있다. 몸의 움직임의 순간 정지와 동작을 반복하는 놀이 방법이 처음에는 어색하지만 익숙해지면 언어와 몸동작이 결합된 협응의 놀이 동작을 완성하게 된다.

20 수건돌리기

■ 활동 방법

수건돌리기는 아이들이 둥글게 모여앉아 수건을 돌리며 노는 놀이이다. 이를 '수건 찾기' 라고 부르기도 하는데, 달 밝은 명절이나 뒷동산에 둘러앉아 즐길 수 있는 놀이이다. 놀이 방법은 다양하다. 먼저, 모여 있는 아이들이 가위바위보로 술래를 뽑고 둥글게 둘러앉는다. 술래는 수건을 손에 쥐고 아이들이 둘러앉은 원을 빠르게 돈다. 아이들의 등 뒤를 돌다가 앉아 있는 아이가 알아차리지 못하도록 살짝 수건을 놓고 달아난다. 만약 자신의 뒤에 수건이 있는 것을 발견한다면 재빨리 일어나 수건을 들고 술래의 뒤를 쫓아가야 한다. 술래를 잡지 못하면 대신 술래의 역할을 맡게 된다. 원래 술래를 맡은 사람은 일어난 사람의 자리에 재빨리 앉아야 술래에서 벗어나게 된다. 술래가 한 바퀴 다 돌고 와도 눈치 채지 못할 때는 등을 가볍게 쳐서 알려주고 이 사람이 술래가 된다.

다른 방법의 수건돌리기는 아이들이 모두 무릎을 세우고 둥글게 앉고 술래는 원 가운데로 나와 서게 한다. 아이들은 두릎 안쪽으로 눈치 채지 못하도록 손을 움직여 수건을 돌린다. 이때 술래는 자신이 생각하는 수건의 위치를 말해야 한다. 이때 수건을 가진 아이를 맞히게 되면 술래가 바뀐다. 다른 방법으로 무릎 사이가 아니라 등 뒤로 수건을 돌리는 방법도 있다. 또 다른 수건돌리기 방법 중 술래 없이 사회자가 수건을 돌리며 노래를 부르도록 하는 방법이 있다. 신호음으로 노래를 멈추게 되면 이때 수건을 가지고 있는 아이에게 벌칙이 내려진다. 다시 놀이를 시작할 때는 멈추었던 곳에서부터 돌아가도록 한다.

■ 유아교육기관에서의 활용

수건돌리기의 놀이 방법 중 수건을 전달하다가 노래가 멈추면 술래가 되거나, 몰래 돌리다가 술래를 맞히는 방법은 유아들과 놀이하기 어렵지 않다. 다만 술래가 몰래 수건을 놓고 수건이 놓인 아이가 다시 술래가 되는 놀이 방법은 익숙해질 때까지 놀이 방법을 경험하고 놀이하는 것이 필요하다.

21 여우야 여우야

■ 유래

여우아 여우야는 옛날에는 '토끼놀이', '뱀놀이'라고 불리던 놀이로, 오래전부터 우리나라에서 전해 내려오는 명칭이 바뀐 전래놀이라는 설이 있다. 특히 가까운 일본에 이와 비슷한 놀이가 있으므로 일본에서 전해진 놀이라고 보는 경향이 있으나, 도구 없이 어느 공간에서나 할 수 있는 쉬운 놀이라는 성격 때문에 일본에서 전해진 놀이라고 단정하기는 어렵다.

■ 활동 방법

여우 역할을 할 술래를 1명 뽑는다. 여으가 아닌 아이들은 여우와 떨어진 위치에서 바라본다. 아이들은 노래를 부르며 여우에게 한 발짝씩 다가간다. 고개를 넘어가는 노래를 부르고 나서 여우에게 다가가면 문답식 노래를 부른다.

한 고개 넘어서 아이고 다리야
두 고개 넘어서 아이고 허리야
세 고개 넘어서 아이고 어깨야

여우야 여우야 뭐하니?
잠잔다.
잠꾸러기
여우야 여우야 뭐하니?
세수한다.
멋쟁이
여우야 여우야 뭐하니?
밥 먹는다.
무슨 반찬
개구리 반찬
살았니? 죽었니?

이렇게 문답식 노래를 주고받다가 마지막에서는 개구리가 죽었는지 살았는지에 따라 나머지 아이들이 움직인다. 개구리가 살았다고 하는 경우는 재빨리 출발선으로 돌아가야 한다. 이때 술래는 도망가는 아이를 손으로 치게 되고 그 사람이 다음 술래가 되게 된다. 개구리가 죽었다고 하는 경우는 움직이지 않고 그 자리에 있어야 하는데, 이때 움직이는 아이는 술래가 된다. 따라서 마지막에 술래가 선택하는 어휘를 잘 파악하여 움직임을 정해야 한다.

■ 유아교육기관에서의 활용

문답식 노래와 술래잡기가 결합된 놀이 형태로 주고받는 문답식 노래를 익힐 수 있도록 돕고, 마지막에 술래의 선택에 따라 움직임을 재빠르게 결정할 수 있도록 한다. 유아들에게는 듣기와 행동을 민첩하게 연결시킬 수 있는 기술을 익히는 데 유용하다.

22 꽃잡기놀이

■ 활동 방법

놀이 방법은 양편으로 아이들을 나누고 나서 문답식 노래를 부르며 같은 편끼리 손을 잡고 마주 보는 상대편 쪽으로 걸어 나오며 노래를 부르며 운영된다. 노래의 음률에 맞추어 같은 편이 발걸음을 맞추어 놀이하게 된다.

우리 집에 왜 왔니 왜 왔니 왜 왔니?
꽃 찾으러 왔단다 왔단다 왔단다
무슨 꽃을 찾으러 왔느냐 왔느냐?
○○꽃을 찾으러 왔단다 왔단다
가위바위보

노래를 부르며 양편이 번갈아 가며 앞으로 전진한다. 양편의 아이들은 가위바위보를 주고받으며 놀이를 이어간다. 자기 편으로 데려오고 싶은 상대편 아이의 이름을 부른다. 가위바위보에서 이기면 원하는 아이를 데려가지만, 지면 같은 편 아이를 잃게 된다. 같은 편이 한 명도 남지 않으면 지게 된다.

유아교육기관에서의 활용

놀이 노래에 맞추어 같은 편끼리 한목소리로 노래를 부르고 같은 속도로 발을 맞추어 움직여야 된다. 유아들이 꽃잡기놀이를 할 때 노래를 부르고 승부를 내는 것을 각 편의 대장이 주도하는 방법으로 운영하거나 각 편의 유아들에게 다음에 불리는 꽃은 '항상 왼쪽에서부터' 라는 순서를 정하여 운영하는 방법이 있다. 다음에 불릴 이름의 순서가 정해져 있으면 모든 아이들이 소외감 없이 놀이에 참여할 수 있다. 실외에서 유아들이 또래 유아들과 친숙해지면서 서로의 이름을 익히고 또래 관계를 형성하는 데 도움을 주는 놀이이다.

23 과녁맞히기

■ 유래

과거 돌을 던지는 놀이들이 과녁맞히기로 변형 발전한 듯하다. 주로 남아들이 나무둥지, 나무 구멍, 바위 구멍, 과일, 사 등에 돌을 던져 명중시키는 놀이로 명중하면 승리하게 된다. 옛날에는 마을마다 정해진 '재수구멍' 이라는 물 건너 바위 구멍에 돌을 던져 넣느냐, 못 넣었느냐로 그날의 운수를 점치기도 하였다. 아침 시간과 오전 시간에 정해진 장소에 모여 그날의 운세를 점쳐 보기도 하였다. 또 활쏘기 놀이의 기초 형태로 보는 시각도 있다.

■ 활동 방법

작은 돌이나 기타 작은 물건으로 바위, 바위 구멍 등과 같은 특정 목표물이나 목표지점을 과녁 삼아 명중시키는 놀이로 이때 과녁의 맞는 부위에 따라 다른 점수를 얻게 된다. 과녁맞히기는 연못이나 강가에서 돌을 던지는 쫄기접시와 유사한 점이 많다. 쫄기접시는 돌을 던져 물두늬를 내거나 물 위를 튀어 가는 횟수를 측정하는 놀이이다.

유아교육기관에서의 활용

과녁판을 준비하여 나무나 바위에 매어 놓고, 작은 돌과 나무 조각으로 던져 맞힐 수 있도록 한다. 유아들이 적절한 거리에서 목표 과녁을 향해 적절한 속도로 맞출 수 있도록 돕고, 팔 휘두르는 동작에 따라 날아가는 돌의 모습이 달라지는 것을 관찰하도록 한다. 돌을 던질 때 안전선을 제시하여 다른 유아들에게 맞지 않도록 주의한다. 실내에서는 벨크로 테이프로 제작된 과녁판과 도구를 사용하여 던져 맞히거나 바닥에 표시된 과녁판에 팥주머니 등을 던져 맞히는 방법을 이용해 볼 수 있다.

24 그네뛰기

유래

그네뛰기는 오래된 민속놀이로서 지방에 따라 굴리, 굴기, 훌기, 궁구, 군디라고도 부르며 한자어로 추천(鞦韆)이라고도 한다. 특히 우리나라에서는 단오에 부녀들이 즐긴 놀이로 유명한다. 아직 결혼하지 않은 처녀들은 명절이 아닌 때에도 그네뛰기를 즐겼다. 전래 소설인 〈춘향전〉에서는 춘삼월 어느 날 춘향이 광한루에서 그네를 뛰는 모습을 묘사한 대목이 있다. 아녀자들의 바깥출입이 자유롭지 않았던 시대에는 처녀들이 그네터에 몰려가서 즐기는 것은 허용이 되었다. 그래서 그네터에 그네 뛰러 나온 처녀를 살펴보는 것을 결혼 전에 선보는 방법으로 이용하기도 하였다. 알록달록한 옷차림으로 그네를 뛸 때 사뿐사뿐 새처럼 움직이는 우아한 모습을 보여줄 수 있다.

중국의 송나라 때 쓰인 『사물기원(事物紀原)』을 보면 그네에 대해 "북방 종족들이 경쾌하게 높이 뛰어오르는 모습을 익히기 위하여 해마다 한식이 되면 이 놀이를 한 것인데 후일 중국 여자들이 그것을 배웠다."라고 쓰여 있다. 우리나라에서도 13세기 시인 이규보가 쓴 『동국이상국집(東國李相國集)』(1241)에 단오에는 반드시 그네뛰기를 하였다는 기록이 남아 있다. 또한 조선시대 『성종실록(成宗實

錄)』에 의하면 종로 네거리에 화려하게 그네터를 설치하고 겨루기 대회를 하였다고 한다. 그네가 얼마나 높이 올라가는지 측정하기 위하여 그넷줄 앞에 높게 방울줄을 달기도 하였다.

■ 활동 방법

전망이 좋은 낮은 언덕이나 터의 큰 버드나무나 소나무 가지에 그네 틀을 매달아 놀이하였다. 그네를 구를 때 강약 조절을 발로 할 수 있어서 흥미로운 놀이가 될 수 있다. 그넷줄은 발판에 얹어서 두 발을 잘 구를 수 있도록 만든다. 또 부드러운 무명으로 손목과 그넷줄을 연결하여 안전줄을 만들기도 한다. 전통적인 그넷줄의 길이는 보통 8~9m 정도가 적당하며, 줄의 굵기는 손아귀에 들어가도록 제작하였다.

그네는 한 사람이 뛰는 것이 기본이지만, 두 사람이 같이 움직이는 것은 쌍그네, 맞그네라고 부른다. 경기 방법으로는 그네 앞의 적당한 곳에 나뭇가지나 꽃가지의 목표물을 정하고 그것을 발끝으로 차거나 입에 물어야 이기도록 하는 방법이 있다. 또 그네 앞쪽에 방울줄을 달아 그것을 발로 차도록 하여 높이를 측정하며, 방울줄은 경기 중간에 높이를 조정할 수 있도록 한다.

■ 유아교육기관에서의 활용

실외놀이에 전통놀이 방식의 그네를 제작하여 활용하는 경우는 드물지만, 실외놀이에 그네가 있는 놀이터는 많다. 안전하게 유아들이 그네를 이용할 수 있도록 하고, 그네의 반동과 함께 발과 손의 힘을 조절하여 그네를 앞뒤로 높이 뛰며 신체의 협응을 경험하도록 한다.

25 두꺼비집짓기

■ 유래

우리나라에는 등이 우둘투둘한 '옴두꺼비'라고 불리는 독을 가진 두꺼비가 있다. 두꺼비집짓기는 옴두꺼비에 얽힌 슬픈 이야기와 관계가 있다. 옴두꺼비는 알을 품으면 이상한 행동을 하는데, 그 동안에는 무서워하며 피해 다니던 독사를 찾아다닌다고 한다. 독사를 만나게 되면 독을 뿜으면서 있는 힘을 다해 싸우다가 결국 독사에게 잡아 먹히고 만다. 두꺼비는 잡아 먹히면서 남겨 두었던 독을 독사의 뱃속에 쏘아 독사도 죽게 한다. 그러면 뱃속에 있던 두꺼비의 알은 어미와 독사를 먹이 삼아 튼튼하고 건강하게 자라게 된다. 옛 사람들은 이 놀이를 통해 헌 집은 자식을 위해 자신을 희생하는 어미를 말하고 새집은 자식을 지칭한다고 보았다.

■ 활동 방법

두꺼비집짓기의 놀이 방법은 간단하다. 모래 속에 한 손을 집어넣고 그 집 위를 모래로 덮는다. 모래를 덮고 다른 손으로 두드리며 노래를 부른다. 동굴 모양의 집을 짓기도 하고 다른 아이가 양손을 넣으면 상대방이 위에 모래를 뿌리고 만져서 터널 모양으로 만들기도 한다. 부르는 노래의 종류가 여러 가지인데 다음은 그중 3가지를 제시했다.

❶ 두껍아 두껍아 헌 집 줄게 새집 다오
까치야 까치야 헌 이 줄게 새 이 다오

❷ 두껍아 두껍아 헌 집 줄게 새집 다오
두껍아 두껍아 물 길어 오너라 너희 집 지어 줄게
두껍아 두껍아 너희 집에 불났다 솥이랑 가지고 뚤레뚤레 오너라

❸ 두꺼비집 짓자 두꺼비집 짓자
황새는 물 긷고 두꺼비는 집짓고
두들겨 짓고 만져도 짓고 두꺼비집 짓자

▣ 유아교육기관에서의 활용

유아들에게 모래는 친숙한 놀이 재료이다. 손으로 만져 다양한 만들기를 시도할 수 있다. 마른 모래보다 촉촉한 모래가 두꺼비집을 지을 때 튼튼하게 지어진다. 만들기 전에 물 스프레이로 모래를 촉촉하게 만들어 주는 것이 필요하다. 손으로 잘 다지고 빼어 튼튼한 형태로 만들어 보도록 하고 주변의 나뭇가지나 풀로 꾸미도록 해 본다.

26 비석치기

유래

비석치기는 지방에 따라 '비사치기', '비새치기', '비사색기', '비켜치기', '자새치기', '마네치기', '망깨까기'라고 불린다. 비석치기의 기원을 보면 고을의 고위층과 권력층이 자신들의 조상과 자신들의 업적을 드러내기 위해 설치한 각종 기념비를 보고, 민중들이 분노하여 비석에 돌 던지기나 발길질을 하던 것이 놀이로 정착되었다는 설이 있다. 또 우리 민족이 즐겨 놀았던 투석전을 비석치기의 기원으로 보아 돌싸움이 돌을 던지고 쳐서 맞히는 놀이 형태로 변형되었다고 보는 의견도 있다.

활동 방법

두 편으로 나누어 약 10m 거리에서 양쪽에 선을 긋고, 선의 중간 지점에 손바닥만 한 얇은 돌을 세워 두고 양편에서 한 명씩 나서서 다양한 방법으로 돌을 던져 세운 돌을 먼저 쓰러뜨리는 편이 이기게 되는 놀이이다. 던지는 돌은 '말'이라 부르고 모양은 대개 동글납작하게 다듬고 크기와 무게가 같도록 두 개를 만들어서 한 편에 한 개씩 가진다. 각각 양쪽의 선 위에서 말을 던진다. 자기 위치의 돌을 잡은 다음 양편이 차례를 바꿔 가면서 한 사람씩 나서서 중간에 세운 돌을 겨누어 말을 던진다.

첫 번째는 말을 손에 쥐고 돌아서서 다리를 벌린 다음 두 다리 사이로 말을 던져 중간에 세운 돌을 넘어뜨린다. 두 번째는 세 걸음 앞으로 걸어간 다음 말을 땅 위에 놓고 발로 말을 차서 단번에 넘어뜨리는 것이다. 세 번째는 말을 발등 위에 얹어서 다섯 걸음 앞으로 걸어 나간 다음 발등으로 말을 던진다. 네 번째는 말을 두 발 사이에 끼운 다음 여섯 걸음 앞으로 뛰어나가서 두 발로 말을 던진다. 다섯 번째는 말을 두 무릎 사이에 끼운 다음 일곱 걸음 뛰어나가서 두 무릎으로 말을 던진다. 여섯 번째는 말을 겨드랑이에 끼운 다음 여덟 걸음 앞으로 걸어 나가서 겨드랑이로 말을 던진다. 일곱 번째는 말을 어깨 위에 얹은 다음 앞으로 아홉 걸음 걸어 나가 어깨로 말을 던진다. 여덟 번째는 말을 머리 위에 얹은 다음 열 걸음 앞으로 걸어 나가 머리로 말을 던진다. 아홉 번째는 말을 목덜미에 얹고 뒷걸음으로 열 걸음 걸어 나가서 목으로 말을 던진다. 열 번째는 말을 손에 쥐고 눈을 감고 제 마음대로 앞으로 걸어 나가 던진다. 이렇게 열 번째까지 성공하면 한 번의 놀이가 끝난다.

말 던지는 방법이 다양한 것은 놀이의 좋은 구경거리가 된다. 눈을 감고 말을 던지는 모습은 아이들로 하여금 웃음을 자아내게 하는 유머스러운 광경을 연출하게 된다.

유아교육기관에서의 활용

비석치기를 통해 목표물에 시선을 집중하고 신체를 조절하여 목표물을 맞히는 능력을 기를 수 있다. 비석치기를 통해 신체 각 부분을 유기적으로 활용하는 고도의 기술이 필요하게 된다. 세워진 돌과 던지는 돌의 크기, 힘과 거리 조절의 관계를 인식하게 된다. 비석치기를 팀으로 놀이하며 공동체 의식을 기를 수 있으며, 비석치기의 정해진 놀이 순서를 통해 신체를 순서적으로 활용하는 방법을 익히게 된다.

27 윷놀이

유래

윷놀이에 등장하는 도, 개, 걸, 윷, 모 등은 옛날 부여(扶餘)의 관직명에서 가져왔다고 보는 설이 있다. 윷놀이는 원래 종정도(승경도)놀이와 같은 것이었다는 설도 있다. 윷은 우리 민족이 오랫동안 즐겨 온 놀이 가운데 하나로, 정월 대보름이나 명절에 가족이나 이웃끼리 즐겨 하는 놀이이다. 『주서』에 보면 '투호, 저포가 있으며 특히 바둑을 즐긴다' 라고 기술되어 있다. 저포가 윷이라고 보면 윷놀이의 기원은 적어도 6세기 초 이전으로 올라가는 것이다. 고려시대 이색에 의하면 저포 내용은 윷놀이를 닮았으며 최세진도 저포를 윷으로 여겼다. 이수광의 『지봉유설(芝峯類說)』(1614)에는 "정초에 남녀가 뼈나 나무를 잘라 만든 네 토막을 던져서 승부를 짓는 놀이를 탄희라고 하였다."는 기록이 있고, 『훈몽자회(訓蒙字會)』(1527), 『동국세시기(東國歲時記)』(1849)에는 '탄' 이 '저포' 라고 기술되어 있다.

활동 방법

두 명 이상의 놀이자가 4개의 앞뒤가 다른 윷가락을 던져 모, 윷, 걸, 개, 도를 정하고 던져진 윷가락에 따라 말을 움직이며 노는 놀이이다. 윷가락을 제작할 때

가운데 배를 불룩하게 만드는데, 그 이유는 윷을 던졌을 때 굴러서 엎어질 듯하다가 젖혀지고 젖혀질 듯하다가 또 엎어지는 변화를 맛볼 수 있게 하기 위해서이다. 도는 한 개가 젖혀진 상태이고 이는 1점에 해당한다. 개는 두 개가 젖혀진 상태이고 이는 2점에 해당하고, 걸은 세 개가 젖혀진 상태이고 이는 3점에 해당한다. 모두 젖혀진 상태는 윷이라 부르고 이는 4점에 해당하고, 다 엎어진 상태는 모라고 부르고 5점에 해당한다. 윷가락은 한 뼘 길이의 '가락윷'을 가장 많이 사용하고, 1~2cm인 '밤윷', 콩이나 팥을 사용하는 '콩윷'도 있다.

윷을 던져서 나온 점수에 따라 윷판을 이동하며, 윷가락이 튀거나 많이 구르지 않도록 멍석이나 짚방석을 사용한다. 준비한 짚방석 밖으로 윷가락이 떨러지면 무효가 되거나 벌칙이 있다.

윷판을 나아가는 말은 홀로 가기도 하고, 함께 가기도 한다. 반대편끼리는 선두에 있는 말을 잡을 수 있어 끝가지 승부를 알 수 없는 흥미진진한 놀이가 되기도 한다. 지방에 따라 윷가락을 던지는 방법에 난이도를 주기도 하고, 윷판에 말을 놓는 것과 상관없이 윷을 던져 무엇이 나왔느냐에 따라 승부가 달라지기도 한다.

유아교육기관에서의 활용

윷놀이 중에 말이 대각선 방향으로 바로 진행이 가능하다거나 말을 겹쳐서 이동할 수 있는 전략을 이해하기 어려운 유아들이 있다. 따라서 시작점과 결승점을 간단하게 변형한 윷판을 사용하여 놀이하기도 한다. 큰 윷판을 만들어 유아들이 실제 윷말이 되어 놀이하기도 한다. 유아들은 윷가락을 던지는 자체에 매력을 느끼게 된다. 나무토막이 부딪히며 내는 소리를 듣고, 떨어지는 모양이 각기 다르다는 것에 흥미를 가진다. 유아들은 윷놀이를 통해 그룹 게임의 규칙에 대해 이해하고 놀이 방법을 익히게 된다.

28 줄다리기

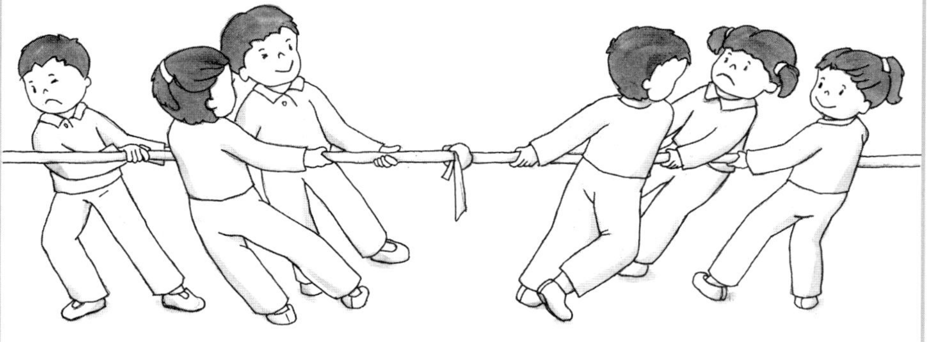

유래

줄다리기는 『동국여지승람(東國輿地勝覽)』(1481), 류의건의 『화계집(花溪集)』(1730), 홍석모의 『동국세시기(東國歲時記)』(1849) 및 기타 문헌에 등장하며 일찍부터 대중적인 오락으로 성행하였다. 경상도 일대에서는 20세기 초까지 음력 정초에 각 지역마다 활발하게 행하여졌다. 경상도 일대에서는 줄다리기가 1910~1920년대 말까지 음력 정초의 대중적인 행사로 진행되었고, 줄다리기를 대규모로 운영하는 마을은 대구, 안동, 예천, 문경 등이 있었다.

대표적인 문경지방의 줄다리기 관습을 살펴보면 다음과 같다.

청소년들이 두 편으로 나누어져서 하는 줄다리기는 '애기줄' 이라 하였고, 오랜 관습에 따라 상대는 윗동네와 아랫동네로 고정되었다. 정월 3~4일경부터 시작하여 낮에 각각 자신의 동네의 집집마다를 돌며 볏짚을 추렴 받아다가 줄을 드린 다음 다음 달 초생달이 뜰 무렵 두 동네를 경계로 줄다리기를 한다.

줄을 당길 때는 당사자뿐 아니라 마을의 모든 주민들이 함께 '우역싸 우역싸' 라는 소리를 낸다. 승부에 초점을 맞추고, 이긴 편은 상대방으로부터 뺏은 줄을 합쳐 어깨에 메고 자기 동네를 돌아다닌다. 돌아다니며 '우야 허휘 억술래' 라고 소리를 크게 외친다. 여기서 줄다리기는 끝나는 것이 아니라 이긴 편과 진 편은 줄다리기 줄을 다시 만들기 시작한다. 진 편은 줄을 빼앗겼기 때문에 더 굵은 줄을 만들기 어렵지만, 많은 짚과 자재를 동원하여 노력한다. 이러한 과정을 7~8회 이상 반복하며 줄다리기 줄은 기하급수적으로 굵어진다. 양편의 인원수 역시 증가한다. 이때 줄을 준비하는 일에 많은 신경을 쓰는데 이는 줄이 약하여 끊어지면 지는 것은 물론이거니와 사람이 다칠 수 있기 때문이다. 줄을 만들 때는 짚 세 가닥으로 꼬고 다시 세 개를 합쳐서 꼬는 삼합 줄의 공정을 반복한다. 원줄은 직경 50~60cm, 길이 300~400m에 달한다. 원줄은 굵어서 당길 수 없고 원줄에 붙어 있는 수많은 동줄들을 당긴다. 동줄은 원줄에 1m 간격으로 직경 9~10cm, 길이 3~4m의 작은 줄들을 좌우로 늘이는 것이다. 줄의 모습은 무수한 작은 줄이 달린 큰 줄의 형태를 하고 있다. 줄다리기의 도구인 줄을 만드는 것부터 중요하게 여기므로 자재 수집, 크기, 줄 드리는 방법은 마을의 비밀이었으며, 상대방의 줄에 쇠못이나 바늘을 몰래 꽂아 놓아 경기 도중 끊어지게 만들었다. 따라서 경기 전과 경기 시 상대방 측을 경계하게 되고 주야를 돌아가며 장정들이 경비를 서게 하였다. 이를 통해 지역 공동체의 모든 이들의 마음을 하나로 모으는 기능을 하였다.

▣ 활동 방법

줄다리기는 짚 또는 칡과 짚을 섞어 역은 새끼줄로 큰 줄을 꼬고 줄의 양머리에 수많은 작은 줄을 매달아 두 편으로 나누어 줄을 서로 잡아당기는 놀이이다. 줄에는 수줄과 암줄의 구별이 있는데 양편이 하나씩 준비한다. 줄은 만들 때부터 수줄과 암줄을 구별하고 관행상 윗동네는 수줄을 아랫동네는 암줄을 만든다. 양 마을의 줄의 머리를 단단하게 연결하고 이를 당기게 한다. 줄을 당길 때는 기세를 높이는 함성을 지르게 되며, 같은 편이 한 가지 소리를 내게 된다. 가운데 경계선을 만들고 경계선을 넘어 상대방의 줄을 끌어당기는 편이 이기게 된다. 징, 꽹과리, 장고, 소고로 흥을 돋우고, 양편의 고무자들이 메기는 선소리에 맞추어 동시에 구령을 외치며 줄을 잡아당긴다.

▣ 유아교육기관에서의 활용

줄다리기에 사용하기 편리한 기성품으로 제작된 줄을 사용하여 줄다리기를 실시한다. 줄다리기는 같은 편을 인식하고, 공동체 의식을 높이는 데 좋은 활동이다. 유아들끼리 편으로 줄다리기를 활용하기도 하지만, 일대일 줄다리기를 실시하기도 한다. 일대일 줄다리기 시 줄을 허리에 감아 당겨 보는 방법도 이용하여 본다.

29 칠교놀이

■ 유래

칠교놀이의 유래를 자세히 알 수 없으나, 유물과 구전자료로 미루어 보아 오래 전부터 유행하여 온 놀이라는 것을 추정할 수 있다. 이는 일곱 개의 조각으로 수천가지 형태를 만드는 것은 우리나라뿐 아니라 서양에서도 널리 행해지는 탱그램(tangram)이라 불리는 놀이이다. 탱그램은 웹스터 사전에 의하면 '지혜의 판, 7조각으로 된 중국 장난감' 이라고 소개되어 있다. 칠교로 만들 수 있는 모양은 무려 1만 가지에 이른다고 한다.

누구나 쉽게 할 수 있는 오락으로 경기도를 중심으로 하여 중부지방 일대에 비교적 늦게까지 남아 있었다. 칠교놀이는 집에 손님이 찾아왔을 때 음식을 준비하는 동안 혹은 사람을 기다리는 동안 접대 삼아 권하던 오락이다. 그래서 칠교판을 유객(留客)판(손님을 머무르게 하는 판), 칠교도를 유객도라고 부르기도 한다.

■ 활동 방법

칠교놀이는 정사각형의 나무판을 직각 삼각형 큰 것, 중간 것, 작은 것, 정사각형과 평행사변형 등 총 7개 조각으로 잘라 여러 형태를 만들면서 노는 놀이이다. 칠교판을 가지고 혼자 할 수도 있고, 몇 사람이 모여서 할 수 있다. 칠교판은 사방

10cm 정도의 얇은 나무판을 전부 7조각으로 나눈다. 재질은 피나무, 버드나무, 살구나무, 은행나무를 재질로 한다. 칠교의 조각으로 인물, 동물, 식물, 기물, 건축물, 지형, 글자형 등 여러 가지 모형을 만든 교본을 어린이들의 놀이 교본으로 사용하기도 한다. 자신이 만들고 싶은 모양을 만들기도 하고, 여러 명이 함께 놀이할 때는 상대편이 지정한 모양을 만들어야 한다. 7조각으로 모양을 만들 수 있는 칠교놀이는 어린이들의 사고 발달에 좋은 놀이로 여겨진다. 때와 장소의 구애 없이 놀이를 즐길 수 있다.

▣ 유아교육기관에서의 활용

기성품으로 제작된 칠교 조각을 구할 수 있어 이를 활용하기 적당하다. 먼저 다양한 칠교 모양을 그림으로 제시하고 그 그림에 맞게 칠교를 그대로 맞추어 보도록 한다. 이후 상대방이 놓은 칠교 모양 중에서 조각을 변화시켜 다른 모양으로 만들어 보도록 한다. 또 상대방이 지시하는 모양을 칠교로 만들어 보는 게임도 할 수 있다.

30 투호놀이

유래

조선시대에는 주로 궁정이나 고관들의 기로연(耆老宴) 때 여흥으로 투호놀이를 벌였다는 기록이 있다. 본래 중국 당나라 때 성행되었던 것인데 『북사(北史)』의 「백제전」과 『신당서(新唐書)』의 「고구려전」에 이것에 대한 기록이 있는 것으로 미루어 볼 때 투호놀이가 우리나라 삼국시대에 이미 있었음을 짐작할 수 있다. 투호는 초기에는 궁중에서만 성행하여 서민들에까지 알려지지 않았다. 놀이 기구인 투호병은 그 종류만 해도 수십 종인데 송나라 사마광의 『투호격범(投壺格範)』에는 투호놀이 기구의 설명과 놀이 방법에 대해 다음과 같이 쓰고 있다.

> "투호병은 입 지름이 3치이고 귀의 입 지름은 1치이며 높이는 1자이다. 병 속은 팥으로 채운다. 병은 던지는 이의 앉을 자리에서 2살 반쯤 되는 거리에 놓고, 살은 12개를 사용하며 그 길이는 2자 4치이다."

옛 문헌들을 보면 투호놀이는 평범한 일반 사람들의 놀이라기보다는 귀족, 왕족들이 주로 했던 놀이라는 것을 알 수 있다. 조선시대에도 왕실에서 경사스러운 일이 있거나, 왕족 사이에 친목을 도모하기 위해 행했다고 한다.

▣ 활동 방법

투호놀이는 일정한 거리에 놓인 병에 화살을 던져 넣는 놀이이다. 양편으로 나누어 화살의 색을 다르게 하고 어느 편이 화살을 많이 던져 넣느냐로 승부를 가린다. 놀이 방법을 상세히 기록하면 일정한 장소에 둔 투호병을 향하여 일정한 위치에서 살을 병구멍, 귓구멍 속에 던져 넣어 살 꽂힘에 따라 점수가 정해진다. 투호병에서 6자 정도 떨어진 거리에서 한 사람당 12개씩 던진다. 양쪽 어깨에 균형을 맞추고 어깨가 기울어지지 않도록 주의해야만 살을 정확하게 던질 수 있다. 과거 투호의 놀이 방법은 중국 고대 유가(儒家)의 경전인 『예기(禮記)』에 투호편이 있을 만큼 엄격하다.

▣ 유아교육기관에서의 활용

기성품으로 제작된 투호 세트를 이용하거나, 항아리, 병을 이용하여 화살을 던지는 놀이를 할 수 있다. 유아들의 발달에 따라 투호병과 던지는 위치를 가깝게 해주거나, 화살의 무게와 길이를 조절해 줄 수 있다. 유아들을 편으로 나누어서 투호놀이를 편 게임으로 해볼 수 있다. 이를 통해 같은 편의 투호병에 넣은 살을 함께 세어 볼 수도 있다.

31 탈놀이

유래

신라의 16세 소년 황창랑(관창)은 신라와 백제가 사이가 좋지 않았던 시기에 백제 거리에서 칼춤을 추었다. 황창랑의 정체를 모르는 백제 사람들은 재주에 놀라 칭찬하였고 이어 백제 궁중까지 가서 칼춤을 추게 되었다. 그는 백제왕 앞에서 춤을 추다 기회를 이용하여 왕을 죽이고 자신도 희생하였다고 한다. 이를 기념하기 위해 신라인들은 그의 얼굴을 본뜬 탈을 만들어 쓰고 춤을 추었다고 한다. 이 유래에서 알 수 있듯이 탈놀이는 놀이의 흥을 돋우기 위해 만들어진 것이 아니라 일터, 싸움터에서 사람들의 투쟁심을 고취시키기 위한 수단이었음을 알려준다. 4세기 중엽에 축조된 고구려 시대 무덤인 '하무덤(안악 제3호 무덤)'의 벽화에는 악기 타고 춤추는 4명의 사람이 그려져 있는데 그중의 한 사람은 코가 큰 탈을 쓰고 춤을 추고 있다. 이를 통해 일찍이 고구려 시대에도 탈놀이가 있었음을 알 수 있다. 신라 시대 초기의 질그릇에도 거북과 닭의 탈을 쓴 탈꾼들이 춤을 추는 장면이 그림으로 그려져 있다. 6세기 우륵이 지은 12곡 중에는 '사자놀이'가 있다고 한다. 백제는 일찍부터

탈놀이가 성행하여 612년에는 미마지라는 백제인이 일본에 가서 탈놀이를 가르쳐 주기도 하였다.

고려시대에는 특권계급의 팔관회와 연등회에서 탈을 쓰고 추는 칼춤, 무애무, 처용무를 비롯하여 민간에서 나타난 여러 탈놀이를 하였다. 놀이 장소에 늘어뜨린 5색 비단이 마치 산 모양과 같다 하여 '산대놀이' 라 불리며 조선시대까지 성행하게 되었다.

활동 방법

탈춤은 탈을 쓰고 춤추며 노는 놀이로 탈에는 상좌, 노승, 취발, 먹승, 소무, 양반 3형제, 미알 영감, 미알 할미, 포도비장, 남강 노인, 말뚝이와 같은 사람 탈과 사자, 원숭이, 동물 탈이 있다. 그 종류는 거의 30여 개에 달한다. 과거에는 탈놀이를 통해 심각한 사회 부조리와 계급적 모순을 드러내는 극을 진행하였다. 탈은 종이, 나무, 천, 바가지 등 여러 가지 재료로 만드는데, 지방에 따라서 흙을 빚어서 원형을 만들고 그 위에 종이를 여러 겹 붙여 그것이 마르면 흙을 긁어내는 방법도 있었다. 색을 사용하여 채색하여 장식하기도 하였다. 탈놀이의 악곡은 영산회상, 염불, 도도리, 굿거리, 타령, 단가, 잡가 등 사람들 사이에 많이 불리는 곡을 사용하였다.

유아교육기관에서의 활용

탈놀이를 위해 탈을 만드는 과정에 유아들이 참여하며 탈놀이의 즐거움을 더할 수 있다. 바가지나 풍선을 이용하거나, 직접 유아들이 쓸 수 있는 기성품으로 만들어져 있는 모형 틀을 이용하여 탈을 만들 수 있다. 유아들에게 우리 민족이 예부터 사용한 고유의 탈과 외국 각 나라의 민속놀이에 사용되는 탈을 비교해 보도록 한다.

_ 참고문헌 _

광주민속박물관(2004). 남도의 민속놀이. 광주민속박물관 기획전시 도록.

김광언(2004). 동아시아의 놀이. 서울: 민속원.

도유호 · 박시형 · 황철상 · 전장석, 김신숙 · 문하연 · 홍기문 · 최원희 · 계정히 · 박은용 · 선희창 · 정시경 · 채희국(1999). 북한 학자가 쓴 조선의 민속놀이. 서울: 푸른숲.

두산동아 편(1996). 두산대백과사전.

서울특별시교육청(1993). 유아전통놀이 교육활동 지도자료-이론편-.

심우성(1996). 우리나라 민속놀이. 서울: 동문선.

오장현 · 박진주 · 심우성(1987). 민속놀이 지도자료. 서울: 대광문화사.

유안진(1990). 한국전통사회의 유아교육. 서울: 서울대학교 출판부.

이상호(1999). 전래놀이 101가지. 서울: 사계절.

이은화 · 홍용희 · 조경자 · 엄정애(2000). 한국의 전통아동놀이. 삼성복지재단 연구과제 답신보고서.

홍양자(1997). 우리 놀이와 노래를 찾아서. 서울: 다림.

부록

부록 1 전통유아놀이 실시 현황 및 교사의 인식에 대한 설문지

부록 1 한국과 일본 유치원 · 보육시설에서의 전통유아놀이 비교 연구

부록 1

전통유아놀이 실시 현황 및 교사의 인식에 대한 설문지

안녕하십니까? 이 가을의 아름다움을 아이들과 함께 하시며, 유아교육에 전념하고 계실 선생님들께 다시 한 번 감사와 존경의 마음을 표합니다.

다름이 아니오라 저희들은 「전통놀이」에 대해 연구하고 있습니다. 한국의 전국 각지 유치원에서 실시하고 있는 전통놀이의 종류와 전통놀이 실태 및 전통놀이에 대한 선생님들의 생각을 여쭈어보게 되었습니다.

바쁘신 중에 죄송하지만, 설문 내용을 잘 읽어 보신 후 한 문항도 빠짐없이 선생님의 생각을 솔직하게 답해 주시면 연구에 많은 도움이 되겠습니다. 선생님께서 응답하신 자료는 연구 목적 이외에는 절대로 사용하지 않을 것을 약속드립니다. 완성된 설문지는 12월 20일까지 반송봉투에 넣어 보내 주시면 감사하겠습니다.

바쁘신 일과 중에도 귀중한 시간을 할애해 주셔서 감사드립니다.

2004년 11월 23일

이화여자대학교 유아교육과 이 기 숙
경 원 대 학 교 아 동 학 과 정 미 라
이화여자대학교 유아교육과 엄 정 애 올림

＊ 다음은 연구 진행에 필요한 개별적인 인적사항입니다. 해당되는 곳에 V표를 해 주십시오.

1. 현재 근무하고 계신 유치원의 설립 유형은?

________① 국공립 유치원

________② 사립 유치원

________③ 기타(　　　　)

2. 현재 근무하고 계신 유치원의 소재지는?

________① 서울	________⑨ 강원
________② 부산	________⑩ 충북
________③ 대전	________⑪ 충남
________④ 대구	________⑫ 전북
________⑤ 광주	________⑬ 전남
________⑥ 울산	________⑭ 경북
________⑦ 인천	________⑮ 경남
________⑧ 경기	________⑯ 제주

3. 선생님의 연령은?

________① 20~29세　　________② 30~39세

________③ 40~49세　　________④ 50세 이상

4. 선생님의 교육 정도는?

________① 전문대 졸　　________② 4년제 대학 졸

________③ 대학원 졸 이상　　________④ 기타(　　　　)

5. 선생님의 현장 교육 경력은?

총 교육 경력 (　　　　년)

6. 현재 맡고 있는 학급 유아들의 연령은?

________① 만 3세　　________② 만 4세

________③ 만 5세　　________④ 혼합 연령(　　　　)

7. 담당하는 학급의 운영 형태는?

________① 반일제　　　　　________② 연장제

________③ 종일제　　　　　________④ 기 타(　　　　)

＊ 다음은 한국의 전통유아놀이에 대한 현황과 선생님들의 인식에 관한 사항입니다. 해당되는 곳에 V표를 해 주십시오.

1. 아래 제시된 놀이는 한국의 전통유아놀이 종류입니다.
다음의 예시문을 읽고 해당번호에 V표를 허 주십시오.
예) 3번 (실시) : 과거 3년간 유치원에서 실시해 본 적이 있다.
2번 (알고 있음) : 놀이를 알고 있으나, 유치원에서 실시해 본 적은 없다.
1번 (모름) : 놀이를 모른다.

번호	놀이	놀이 방법	모른다	안다	실시 한다
1	공기놀이	작은 돌멩이를 가지고 손으로 던지고 받고 노는 놀이	1	2	3
2	군사놀이	두 편으로 나누어 상대방의 진지를 빼앗는 전쟁놀이	1	2	3
3	그림자놀이	밤에 등잔불이나 촛불을 이용하여 벽에 그림자를 투영시켜 형태를 만드는 놀이	1	2	3
4	꼬리잡기	양편에서 각각 앞사람의 허리를 잡고 대열을 만든 다음, 양편의 앞사람이 상대편의 끝에 있는 사람을 잡는 놀이	1	2	3
5	눈싸움	겨울에 눈이 많이 와서 쌓이면 아0 들이 두 편으로 나뉘어 눈을 뭉쳐 서로에게 던지며 노는 놀이	1	2	3
6	달맞이	정월 대보름에 달이 솟는 것을 제일 먼저 보면 좋다 하여 동산에 올라가 달맞이를 하며 소원을 비는 놀이	1	2	3
7	닭싸움	한쪽 발을 올려 무릎을 굽히고 두 손으로 굽힌 다리의 발목을 잡은 다음 한쪽 다리로 몸의 중심을 잡고 깨금발로 뛰면서 굽힌 무릎이나 몸을 사용하여 상대편을 밀어 넘어뜨리는 놀이	1	2	3
8	대말타기2	아이의 키보다 더 긴 참대나 나무막대기 2개를 한 손에 1개씩 잡고 나무 밑둥에 괸 발판에 올라서서 몸의 중심을 잡으며 걸어 다니는 놀이	1	2	3
9	대문놀이	한 편이 대문을 만들고 그 가운데 다른 편이 꼬리잡기할 때처럼 앞사람의 허리를 잡고 서서 노래를 부르다가, 원을 만든 편이 한 문을 열면 빨리 그곳을 지나가는 놀이	1	2	3
10	돈치기	땅바닥에 구멍을 파낸 다음, 그 속에 동전을 던져 구멍에서 튕겨져 나온 동전들을 따먹는 놀이	1	2	3
11	돌아잡기	땅바닥에 달팽이 모양을 그리고 안과 밖에서 각각 출발을 하여 마주치는 부분에서 가위바위보를 하여 이긴 편은 상대 진지를 향해 달리고 진 편은 자기 진지로 되돌아갔다가 다시 출발하여 먼저 상대 진지에 들어가는 편이 이기는 놀이	1	2	3

번호	놀이	놀이 방법	모른다	안다	실시 한다
12	돌차기	여러 개의 칸으로 구성된 놀이판을 땅바닥에 그려 놓고, 출발점에서 돌을 던진 다음 이를 발로 차면서 순서대로 칸을 다 지나 출발점으로 되돌아오는 놀이	1	2	3
13	땅재먹기	지면에 금을 그어 자기 집을 정하여 놓고 자기 집의 경계에 말을 놓고 손가락으로 말을 퉁겨 땅을 넓히는 놀이	1	2	3
14	봉사놀이	맹인놀이. 수건으로 눈을 가린 술래가 다른 아이들의 손뼉 소리를 듣고 아이를 잡는 놀이	1	2	3
15	소꼽놀이	여아들이 주로 하던 놀이로서 깨진 그릇 조각이나 자연물을 이용하여, 각종 인물의 역할과 살림살이를 흉내 내는 놀이	1	2	3
16	술래잡기	한 명이 술래가 되어 다른 아이들을 쫓아 붙잡고, 붙잡힌 아이가 다시 술래가 되어 다른 아이를 잡으러 다니는 놀이	1	2	3
17	숨바꼭질	한 명이 술래가 되어 일정 시간 눈을 가린 동안 다른 아이들이 몸을 숨기면 술래가 숨은 아이들을 찾아내는 놀이	1	2	3
18	썰매타기	대표적인 겨울 놀이의 하나로 경사진 눈길과 얼음판에서 이루어지는 놀이	1	2	3
19	씨름	두 사람이 모래밭에서 상대의 허리춤을 잡고 여러 가지 기술과 힘을 이용해 상대방을 쓰러뜨리는 놀이	1	2	3
20	연날리기	혼자서 연을 날리거나, 게임으로서 연이 올라간 높이, 상대방 연 끊기 등이 승부의 기준이 되기도 하는 놀이	1	2	3
21	제기차기	엽전이나 구멍 뚫린 쇠붙이에 창호지를 감아 만든 제기를 발로 차고 노는 놀이	1	2	3
22	줄넘기	새끼줄을 잡고 뛰는 놀이로, 키의 1.5배쯤 되는 줄을 가지고 노는 짧은 줄넘기와 5m쯤의 줄을 양쪽에서 서로 잡아 돌리면서 한 사람 또는 서너 사람이 가운데에 뛰어 들어가 노래에 맞추어 뛰다가 돌아 나오는 긴 줄넘기가 있음	1	2	3
23	진짯기놀이	아이들이 두 패로 편을 갈라서 일정한 장소에 진을 치고 서로 상대편을 잡아오거나 또는 상대편의 진을 점령하는 방법으로 노는 놀이	1	2	3
24	팔랑개비 놀이	댓조각이나 얇은 나무 조각을 깎아 만들거나 두꺼운 종이를 접어 날개를 손잡이 자루에 꽂아 만든 팔랑개비를 손에 쥐고 바람에 따라 돌아가게 뛰면서 노는 놀이	1	2	3
25	팔씨름	팔꿈치를 바닥에 대고 서로 상대의 손을 잡은 뒤, 시작과 함께 상대의 팔을 넘어뜨려 팔의 힘을 겨루는 놀이	1	2	3
26	팽이치기	넓은 뜰이나 한길에서, 또는 방 안이나 얼음판 위에서 팽이를 돌리고 노는 놀이	1	2	3
27	풀각시놀이	여름철에 여아들이 지랑풀이나 각시풀, 무릇, 진풀을 가지고 각시인형을 만들고 노는 놀이	1	2	3
28	풀싸움놀이	봄철에 여아들이 많이 하는 놀이로, 풀을 뜯어 줄기를 엇걸고 잡아 당겨서 끊어지는 쪽의 놀이자가 지게 되는 놀이	1	2	3
29	강강술래	한가위날이나 음력 정월 대보름날 밝은 밤에 곱게 단장한 부녀자들이 일정한 장소에 모여 서로서로 손을 잡고 원형을 이루어 춤을 추고 노래하면서 노는 놀이	1	2	3

번호	놀이	놀이 방법	모른다	안다	실시 한다
30	실뜨기	길이가 1m쯤 되는 실이나 노끈의 양쪽 끝을 연결해서 실테가 되게 한 뒤, 마주 앉아서 실테를 서로 번갈아 가며 손가락으로 걸어떠서 여러 가지 형태로 변화시켜 노는 놀이	1	2	3
31	무궁화	술래가 눈을 가리고 10을 세는 동안 다가가는 놀이	1	2	3
32	수건돌리기	원으로 앉아 술래가 정한 사람 뒤에 수건을 놓고 도망감	1	2	3
33	여우야 여우야	술래를 앉히고, 노래를 부르며 술러에게 뭐 하냐고 물어보다가 노래가 끝나면 술래가 다른 사람을 잡는 놀이	1	2	3
34	꽃잡기 놀이	두 집단으로 나누어 노래를 부르면서 사람을 뺏는 놀이	1	2	3
35	가면놀이	밤에 무서운 산짐승 가면이나 귀신 가면을 만들어 쓰고 어두운 골목에서 갑자기 나타나거나 문밖에서 불러내어 나오면 불쑥 나타나 친구를 놀라게 하는 놀이	1	2	3
36	고누	땅바닥이나 종이 혹은 사방 30cm 정도의 널판지에 말판을 그리고 돌멩이나 나무토막 등으로 말을 삼아 벌이는 놀이	1	2	3
37	고리잡기	토끼풀, 질경이 풀 등으로 고리를 만들어 모래나 흙을 덮어 숨기면 상태편이 모래나 흙더미를 파내어 고리를 찾아내는 놀이	1	2	3
38	고사리 꺾기	서로 손을 마주 잡고 둥글게 또는 일렬로 앉아 있으면 술래가 손 아래로 빠져 나가는 놀이	1	2	3
39	과녁 맞히기	작은 돌이나 물건으로 바위구멍 등과 같은 특정 목표물이나 목표지점을 과녁으로 삼아 명중시키는 놀이	1	2	3
40	그네뛰기	큰 나무에 매달린 그네의 줄을 두 손으로 잡고 발판에 올라서서 발을 구르며 몸을 앞뒤로 탄력적으로 움직여 그네가 높이 올라가게 하는 놀이	1	2	3
41	남생아 놀아라	손을 마주 잡고 둥근 원을 그리며 돌다가 두세 사람이 남생이가 되어 원 안으로 들어가 우스운 춤을 추면서 돌아다니며 노는 놀이	1	2	3
42	남승도놀이	서울을 떠나 팔도강산 명승고적, 특산물, 인물 등을 두루 유람한 다음 다시 서울로 돌아오는 판을 사용하여 노는 놀이. 다양한 특성(시인, 한량, 스님, 농부, 어부, 미인)을 지닌 사람들 중 하나를 선택하여 숫자 팽이의 수에 맞추어 여러 가지 규칙을 따르며 도착점까지 빨리 돌아오는 사람이 이기게 되는 놀이	1	2	3
43	널뛰기	가로 2m, 세로 30cm, 폭 5cm 크기의 널판 가운데 밑을 가마니로 괴고 널판의 양 끝에 각각 한 사람씩 올라서 평형이 이루어지게 한 뒤 한 사람이 먼저 뛰어올랐다가 내려오면 동시에 다른 사람이 뛰어오르는 놀이	1	2	3
44	단지팔기	성인이 유아를 자신의 허리 뒤에 가로로 놓고 양팔로 잡은 다음 사람들에게 가서 단지를 사달라고 익살스럽게 흥정을 붙이며 노는 놀이	1	2	3
45	달따기	보름달을 딴다는 구실로 긴 막대를 가지고 동네를 돌아다니며 대추, 감, 밤을 따먹으며 즐기는 놀이	1	2	3

번호	놀이	놀이 방법	모른다	안다	실시한다
46	달집 사르기	짚이나 솔잎을 모아 작은 오두막을 만들거나 막대기 3개를 삼각뿔 모양으로 세우고 정점에 달 모양을 만들어 매단 뒤, 달이 뜨는 것을 처음 본 사람이 불을 당겨 달집을 태우고 달을 향하여 절을 하면 나머지 사람들은 불이 다 탈 때까지 소리를 지르고 춤을 추는 놀이	1	2	3
47	대말타기1	말머리를 만들어 붙인 참대, 옥수숫대, 수숫대를 다리 사이에 끼고 말을 타는 시늉을 하고 뛰어노는 놀이	1	2	3
48	두꺼비집 짓기	모래더미에 한 손을 묻고 노래를 부르며 다른 손바닥으로 그 위를 토닥인 다음 묻은 손을 빼 집을 만드는 놀이	1	2	3
49	비석치기	두 편으로 나누어 약 10m 거리에서 양쪽에 선을 긋고, 선의 중간 지점에 손바닥만 한 얇은 돌을 세워 두고 양편에서 한 명씩 나서서 다양한 방법으로 돌을 던져 세운 돌을 먼저 쓰러뜨리는 편이 이기게 되는 놀이	1	2	3
50	산가지놀이	참대, 수숫대나 싸리를 짧게 깎아 만든 가는 대를 가지고 다양하게 노는 놀이로 산가지 떼어내기, 산가지 따기, 형태 바꾸기, 산가지 한 개로 많은 산가지 들기 등이 있음	1	2	3
51	윷놀이	두 명 이상의 놀이자가 4개의 앞뒤가 다른 윷가락을 던져 모, 윷, 걸, 개, 도를 정하고 던져진 윷가락에 따라 말을 움직이며 노는 놀이	1	2	3
52	자치기	20~30cm 가량의 나무 막대기와 5~10cm 가량의 작은 자를 가지고 치고 받으며 그 거리를 재어 승부를 내는 놀이	1	2	3
53	장차기	서양의 필드 하키와 비슷한 것으로, 여러 사람이 같은 수로 편을 나누어 나무토막들을 긴 막대기로 쳐서 상대편의 문 안에 넣는 놀이	1	2	3
54	잿부닥불 넘기	마당에 솔가지나 아주까릿대, 굵은 왕대를 쌓아 모닥불을 피우고 나이만큼 뛰어넘는 놀이	1	2	3
55	줄다리기	짚 또는 칡과 짚을 섞어 역은 새끼줄로 큰 줄을 꼬고 줄의 양머리에 수많은 작은 줄을 매달아 두 편으로 나누어 줄을 서로 잡아당기는 놀이	1	2	3
56	쥐불놀이	정월 열나흗날 밤에 마을의 아이들이 집 안에 있는 몽당이 빗자루나 나무를 묶어 만든 다발에 불을 붙여 들고 논밭둑에 불을 지르고 노는 놀이	1	2	3
57	쫄기접시	물수제비 뜨기. 마을 근처에 있는 저수지, 연못, 냇가에서 사금파리나 깨어진 기왓장, 납작한 돌을 가지고 수면에 던져 그 뛰는 수에 따라 승부를 겨루는 놀이	1	2	3
58	청어엮자 놀이	원무 형태로 손과 손을 맞잡고 설소리꾼이 '청어 엮자' 라는 노래를 부르면 여타의 놀리꾼들이 이 노래를 되받으면서 청어를 엮고 풀듯 맞잡은 손을 꿰고 풀며 노는 놀이	1	2	3
59	칠교놀이	정방형의 나무판을 직각삼각형 큰 것, 중간 것, 작은 것, 정사각형과 평행사변형 등 총 7개 조각으로 잘라 여러 형태를 만들면서 노는 놀이	1	2	3
60	투호놀이	일정한 거리에 놓인 병 속에 화살을 던져 넣는 놀이	1	2	3

번호	놀이	놀이 방법	모른다	안다	실시한다
61	농악놀이	징, 꽹과리, 장구, 북, 소고를 연주하면서 여러 사람이 넓은 뜰이나 들에서 춤추고 노래하고, 뛰고 달리며 노는 놀이	1	2	3
62	탈놀이	탈춤. 탈을 쓰고 춤추며 노는 놀이	1	2	3
63	기타				

1-1. 그 밖에 명칭이나 방법을 알고 있거나 유치원 현장에서 실시해 본 전통놀이가 있으면 위의 표 기타 항목에 적어 주시기 바랍니다.

1-2. 유치원에서 유아들이 가장 선호하는 전통놀이 종류를 5가지 써 주십시오.

① ________________ ② ________________

③ ________________ ④ ________________

⑤ ________________

2. 현재 유치원에서 전통놀이를 운영하고 계십니까?

________ ① 예(2-2로) ________ ② 아니오 (2-1로)

2-1. 전통놀이를 운영하지 않는 이유는 무엇입니까? (복수응답 가능, 10번으로)

________ ① 교사들이 전통놀이의 내용이나 방법을 잘 알지 못하므로

________ ② 전통놀이 자료나 도구를 구하기 어려워서

________ ③ 유치원의 생활주제와 연관 짓기 어려워서

________ ④ 현대 유아들의 생활에 맞지 않고 흥미와 관심이 적어서

________ ⑤ 유아의 성장과 발달을 위해 적절치 않아서

________ ⑥ 기타(   )

2-2. 전통놀이를 유치원에서 실시하게 된 가장 큰 동기는 무엇입니까?

________ ① 개인적인 관심에서 ________ ② 유치원 내의 방침에 의해

________ ③ 관할 교육청의 권유로 ________ ④ 기타(   )

3. 전통놀이를 계획하실 때 어떤 자료집을 참고하고 계십니까? (복수응답 가능)
________ ① 교육부 유아 전통놀이 교육활동 지도자료
________ ② 전통놀이에 관련된 전문서적
________ ③ 유치원 시범 및 연구 보고서
________ ④ 유아교육 관련 잡지, 신문, 텔레비전
________ ⑤ 인터넷을 통한 자료
________ ⑥ 기타 (　　　　　　)

4. 전통놀이를 교육과정에 포함시키는 시기는 언제입니까?
________ ① 우리나라 또는 명절이라는 생활주제를 다루면서 실시한다.
________ ② 정기적으로(주 1회/월 2회/분기별 등) 전통놀이를 계획하여 실시한다.
________ ③ 모든 생활주제에 포함시켜 관련된 놀이를 일상적으로 실시한다.
________ ④ 특정 행사를 연간계획에 포함하여 실시한다.
________ ⑤ 기타 (　　　　　　　　)

5. 전통놀이를 어떻게 유치원 교육과정에 도입하고 계십니까? (복수응답 가능)
________ ① 유아들이 자유롭게 놀 수 있도록 전통놀이 교구나 교재를 준비해 둔다.
________ ② 대 · 소집단활동을 통해 교사가 다양한 전통놀이를 소개한다.
________ ③ 전통놀이와 관련된 행사를 정기적으로 계획한다.
________ ④ 가정에서 전통놀이를 할 수 있게 부모교육을 적극적으로 실시한다.
________ ⑤ 기타 (　　　　　　　　　　　　　　)

6. 전통놀이를 어떻게 지도하고 계십니까?
________ ① 전통놀이의 내용과 방법을 알려주고 그대로 실천하게 한다.
________ ② 전통놀이의 내용과 방법을 알려주되, 유아들이 창의적으로 놀게 한다.
________ ③ 전통놀이 도구를 제공해 주고 유아들이 자유롭게 놀도록 한다.
________ ④ 기타 (　　　　　　　　　　　　　　)

7. 전통놀이 도구는 어떻게 준비하고 계십니까? (복수응답 가능)
________ ① 상품화된 놀이 도구를 구입한다.
________ ② 교육부에서 나누어준 교구를 활용한다.
________ ③ 교사가 직접 제작한다.

________ ④ 교사와 유아가 함께 제작한다.

________ ⑤ 부모에게 제작하도록 한다.

________ ⑥ 기타 (   )

8. 전통놀이에 대한 유아들의 전반적인 반응은 어떻습니까?

________ ① 흥미로워하고 재미있어 한다.

________ ② 흥미는 있지만 오래 참여하지 않는다.

________ ③ 별로 관심이 없다.

________ ④ 하기 싫어하고 어려워한다.

9. 전통놀이를 알게 된 동기는 무엇입니까? (복수응답 가능)

________ ① 어렸을 때 해본 경험을 통해서

________ ② 전통놀이 관련 교사연수 경험을 통해서

________ ③ 서적이나 잡지 등을 통해서

________ ④ TV나 대중매체를 통해서

________ ⑤ 선배 또는 동료교사를 통해서

________ ⑥ 대학에서 전공과목을 통해서

________ ⑦ 기타 (   )

10. 전통놀이에 대한 선생님의 관심도는 어느 정도이십니까?

________ ① 아주 관심이 많다   ________ ② 조금 관심이 있다.

________ ③ 별로 관심이 없다.   ________ ④ 전혀 관심이 없다.

11. 전통놀이를 교육과정의 일환으로 포함시키는 것에 대해 어떻게 생각하십니까?

________ ① 전혀 필요하지 않다(11-1로)

________ ② 별로 필요하지 않다(11-1로)

________ ③ 조금 필요하다(11-2로)

________ ④ 매우 필요하다(11-2로)

11-1. 필요하지 않다고 응답하신 경우 그 이유는 무엇입니까? (복수응답 가능, 12번으로)

________ ① 교사 자신이 전통놀이에 관심이 없어서
________ ② 현대 유아들의 생활에 맞지 않고 유아의 흥미와 관심에 맞지 않아서
________ ③ 유아의 성장과 발달을 위해 적절치 않아서
________ ④ 세계화 · 국제화 교육에 도움이 되지 않아서
________ ⑤ 기타(   )

11-2. 필요하다고 응답하신 경우 그 이유는 무엇입니까? (복수응답 가능)

________ ① 우리나라 고유의 문화에 관심을 갖고, 이를 계승하기 위하여
________ ② 우리 문화에 대한 자긍심과 문화적 정체성 확립을 위하여
________ ③ 교육과정의 내용을 다양하게 하기 위하여
________ ④ 세계화 · 국제화 교육을 위한 일환으로
________ ⑤ 유아의 성장과 발달에 많은 도움이 되기 때문에
________ ⑥ 기타 (   )

11-3. 전통놀이를 유아교육과정에 포함시키는 이상적인 시기는 언제라고 생각하십니까?

________ ① 우리나라 또는 명절이라는 생활주제를 다루면서 실시한다.
________ ② 정기적으로(주 1회/월 2회/분기별 등) 전통놀이를 계획하여 실시한다.
________ ③ 모든 생활주제에 포함시켜 관련된 놀이를 일상적으로 실시한다.
________ ④ 특정 행사를 연간계획에 포함하여 실시한다.
________ ⑤ 기타 (   )

11-4. 전통놀이를 어떻게 유치원 교육과정에 도입해야 한다고 생각하십니까? (복수응답 가능)

________ ① 유아들이 자유롭게 놀 수 있도록 교구나 교재를 준비해 둔다.
________ ② 대 · 소집단활동을 통해 교사가 다양한 전통놀이를 소개한다.
________ ③ 전통놀이와 관련된 행사를 정기적으로 계획한다.
________ ④ 가정에서 전통놀이를 할 수 있게 부모교육을 적극적으로 실시한다.
________ ⑤ 기타 (   )

11-5. 전통놀이는 어떻게 지도해야 한다고 성각하십니까?

________ ① 전통놀이의 내용과 방법을 알려주고 그대로 실천하게 한다.

________ ② 전통놀이의 내용과 방법을 알려주되, 유아들이 창의적으로 놀게 한다.

________ ③ 전통놀이 도구를 제공해 주고 유아들이 자유롭게 놀도록 한다.

________ ④ 기타 (   )

12. 전통놀이를 교육과정에 적용할 때 느끼는 어려운 점은 무엇이라고 생각하십니까? (복수응답 가능)

________ ① 전통놀이 도구의 구입 및 제작이 힘들었다.

________ ② 전통놀이를 유아들에게 이해시키고 전달하는 데 어려움이 많았다.

________ ③ 교사 자신이 전통놀이에 대한 사전 지식이 부족했다.

________ ④ 교사 대 유아의 비율이 높아서 적용에 어려움이 있었다.

________ ⑤ 놀이 시간이 부족하여 적용하기가 어려웠다.

________ ⑥ 장소의 제약이 많았다.

________ ⑦ 기타 (   )

13. 전통유아놀이의 활용 및 보급을 장려하기 위해 가장 필요하다고 생각되는 것은 무엇입니까? (2가지를 선택하여 주십시오)

________ ① 전통놀이에 관련된 풍부한 교육 자료를 개발하여 유치원에 보급한다.

________ ② 전통놀이에 관한 교사연수 기회를 늘린다.

________ ③ 전통놀이 전문가를 양성하여 전문가 활용을 용이하게 한다.

________ ④ 가정과 연계하여 부모들이 전통놀이에 관심을 가지도록 한다.

________ ⑤ 대학 교육과정에서 예비교사들에게 전통놀이를 충분히 지도한다.

________ ⑥ 기타 (   )

부록 2

한국과 일본 유치원·보육시설에서의 전통유아놀이 비교 연구*

이기숙
정미라
엄정애

요 약

본 연구는 한국과 일본의 유치원과 보육시설에서 실시되고 있는 전통유아놀이 현황 및 유아교사들의 인식을 전국적으로 조사하여 두 나라 간 공통점과 차이점을 분석해 보는 것을 목적으로 하였다. 이를 위해 한국과 일본 유치원 교사와 보육교사를 대상으로 총 2,400명에게 연구자들이 개발한 설문지를 배포하고 회수한 결과, 1,018명의 한국 교사, 634명의 일본 교사가 최종 연구 대상으로 선정되었다. 연구 결과, 한국과 일본 모두 각국의 전통놀이 종류에 따라 교사들이 알고 있고 현장에서 실시되고 있는 정도는 차이가 있었다. 또한 유치원과 보육시설에서 전통유아놀이를 적용하는 방법에 대한 현황과 교사들의 인식 역시 한·일 간에 유사점과 차이점이 나타났다.

주제어 : 유치원(kindergarten)
보육시설(child care center)
전통유아놀이(Children's traditional play)
비교연구(comparative study)

* 본 논문은 2004년도 정부(교육인적자원부)의 지원으로 한국학술진흥재단의 지원을 받아 수행된 연구이며. 『유아교육연구』 제26권 3호에 수록되어 있습니다.

I 서론

민족 고유의 전통놀이는 그 민족의 문화와 전통을 지니고 있으며, 민족의 고유한 정신을 지니고 있기 때문에 어떤 국가나 민족들도 자신들의 전통놀이를 연구하고 보존하여 새로운 어린 세대에게 널리 활용하는 일을 중대한 국가 과제로 여기고 있다. 전통놀이란 옛날부터 일반적으로 행해지면서 민간에 의해 전승되어 오는 놀이로서, 이를 보존하고 이어가는 것은 조상의 얼과 지혜를 배우고 그 사회집단의 독특한 문화를 계승, 발전시키는 데 있어 매우 중요하다(심우성, 1998; 유안진, 1990; 이은화, 1989; 홍양자, 1997a). 따라서 사회적 존재인 유아에게 현재 그들의 삶과 조화를 이룬 형태의 전통놀이를 경험할 수 있는 기회를 제공함으로써 민족의 전통적인 가치와 태도를 생활 속에서 이어가도록 하는 것은 문화적으로나 교육적으로 매우 큰 의의가 있다고 할 수 있다.

전통놀이가 문화적, 교육적으로 가치를 지니고 있음에도 불구하고, 우리나라의 경우에는 20세기 초에 시작된 일제 식민지 지배의 영향으로 우리의 전통놀이는 일본이나 서구 사회의 놀이로 대체되어 명맥을 유지하기가 힘들었다. 20세기 후반기부터 세계화 시대가 열리면서 이에 대한 잘못된 인식으로 한국 고유의 것을 소중히 여기기보다 외부 문화의 무조건적 수용이나 동화되려는 경향이 강하게 나타났다. 그 결과 우리 놀이의 문화적 정체성이 흔들리게 되었으며, 전통문화와의 단절 문제까지 대두되고 있다.

오랫동안 잃어버렸던 놀이 문화의 맥을 찾고 상실된 민족 정서를 맛볼 수 있도록 하기 위해서는 유아기 때 전통문화의 소중함을 느끼게 해주는 것이 매우 중요하다(이은화, 홍용희, 조경자, 엄정애, 2001). 이에 유아교육계에서도 한국 유아교육의 정체성을 정립해 나가야 한다는 반성의 소리가 들려오게 되고, 이를 해결하기 위한 노력이 유아교육 현장 곳곳에서 나타나고 있다. 그 증거로 교육부(1992, 1998)의 유치원 교육과정 내용에 전통놀이가 소개되면서 현행 교육과정에서도 세계화에 대비한 '전통문화교육의 충실' 을 강조하고 있다. 1993년 교육부에서는 유아교육기관 현장에서 적용 가능한 전통놀이 10가지를 선정하여 이를 교육활동에 어떻게 연결시킬 것인지를 구체적으로 다룬 '유아 전통놀이 교육활동 지도자료' 를 개발하였으며, 2000년에는 '유아를 위한 전통문화 교육활동 지도자료' 를 개발하고 유아교육기관에 배포하였다.

한국 전통놀이에 대한 유아교육계의 학문적 연구는 유안진(1981), 김경희(1987), 이기현(1987), 이경우, 이은화(1987), 이은화(1989) 등에 의해 1980년대부터 이루어져 왔으나, 이러한 연구들은 대부분 전통놀이의 발달적 가치를 강조한 연구들이다. 그 후, 대표적인 전통유아놀이 10가지의 활용 정도를 조사한 신동주(1998)의 연구와 전통유아놀이의 특성과 가치를 문헌을 통해 분석한 이은화 외(2001)의 연구가 수행되었으며, 한국 내에서의 전통유아놀이 적용 실태와 교사의 인식을 일부 지역을 중심으로 부분적으로 살펴본 연구(고미순, 2000; 김유희, 2000; 양영미, 2002; 엄정애, 2000; 조기곤, 2001; 홍금연, 2002)가 있다.

그러나 실제 한국의 유아교육기관 현장에서 전국적으로 전통놀이가 얼마나 가치롭게 여겨져 왔으며 활용되어 왔는지, 이러한 전통놀이들이 한국의 문화 속에서 어떻게 행해지고 있는지, 현장의 교사들이 전통유아놀이에 대해 어떠한 인식을 가지고 지도하고 있는지를 전국적으로 분석한 연구는 드물다. 더불어 21세기 '세계화' 시대가 열리면서 우리의 문화적 정체성의 문제가 심각하게 제기되고 있는 상황에서 우리나라 전통유아놀이를 비교 문화적인 관점에서 규명하는 노력은 아직까지 찾아보기 어렵다. 따라서 특정 문화권을 기준으로 한 보다 체계적인 전통유아놀이에 대한 비교 분석 연구는 독창적이고 새로운 시도이며 시기적으로 더 늦출 수 없는 과제이다.

세계의 유아들이 고안해 낸 놀이는 여러 경로를 통해 세계 각지의 나라에 이르고 있다. 물론 같은 시기에 같은 종류의 놀이가 세계 각지에서 만들어진 것도 있다(勅使千鶴, 2003). 한국의 전통놀이 중에도 '가면놀이', '숨바꼭질', '연날리기', '자장가', '풀각시 놀이(인형놀이)' 등은 세계적으로 분포되어 동일하게 나타나는 놀이들이다. 특히 아시아권 나라 간에는 유사한 놀이들을 보다 많이 찾아볼 수 있다. 기와밟기는 일본에도 있는 놀이이고, '팽이치기' 는 일본의 '고마' 와 유사한 놀이라고 볼 수 있다(이은화 외, 2001). 물론, 오늘날의 정보화사회에서는 어떤 나라에서 즐겨지는 놀이가 매스미디어를 통해서 상업화되어 순식간에 세계 각지로 확산되기도 한다.

이러한 점을 통해 볼 때 우리나라와 세계 여러 나라의 전통놀이를 비교하는 연구가 필요하다고 본다. 특히 일본은 우리나라와 동일한 동아시아 문화권에 속하는 나라이므로 한국과 일본의 동아시아 문화권을 중심으로 전통놀이를 비교 연구하는 것은 전통놀이를 발달적 차원에서만 연구하던 편협성에서 벗어나게 하고 나아가 전통놀이를 좀 더 문화적인 관점에서 이해하도록 도울 것이다.

1876년 한일 양국 간에 체결된 강화조약 이후 일본인의 한국 진출이 증가하였고, 청일전쟁 이후로 급증하여 일본인이 한국에 많이 거류하게 되었다. 한국에 유치원이 창립된 것은 1897년에 일본인 거류민단에 의해 설립되어 일본인의 자녀만을 위해 개원한 사립 부산유치원이다. 이러한 과정에서 한국의 근대 유치원은 일본의 영향을 많이 받았을 것임을 짐작할 수 있다. 이 당시 유치원은 음악과 율동, 유희가 중심이 되었는데, 이러한 경향을 주도한 것은 일본 유학 출신자들이었다. 1920년대와 1930년 전반기는 일본에서 율동 유희 및 표정 유희 보급의 전성기였다. 이 시기에 일본에 유학했던 유아교육 전문가는 주로 일본의 율동 유희를 중시하는 교육을 현장에서 실시하였다(이상금, 1987). 특히 1910년 이후 36년 식민지 시대 동안 일본은 놀이를 포함한 한국의 문화를 규제하고 자신들의 문화를 한국인에게 강요하였다. 이러한 일본의 영향은 한국의 전통유아놀이에도 나타날 것임이 분명하며, 지금까지도 전통놀이라고 알려진 많은 놀이들이 한국의 것인지, 일본의 것인지 밝혀지지 않은 채 원형 규명이 안 되고 있는 실정이다.

한국과 일본 두 나라가 전통유아놀이를 단순히 원형 그대로 보존해야 할 옛 문화로 간주하기보다 계속 형성 · 발전시켜 가야 할 우리의 놀이 문화로 인식하고 계승시켜 나가는 가운데, 각 나라의 사회 문화 속에서 전통이 어떻게 인식되고 행해지고 있는지를 유아교육기관을 중심으로 비교해 보는 연구가 필요하다. 동아시아의 주요국인 한 · 일 2개국 간의 영유아 보육 및 교육에서 가장 중요한 교육의 핵심이 되는 유아의 놀이 중 전통유아놀이를 상호 이해하기 위해 유아교육기관 현장을 중심으로 한 비교 연구가 필요하다. 이를 통하여 앞으로 한국을 중심으로 한 동아시아의 새로운 유아교육 연구 네트워크를 구축할 수 있을 것이다.

이에 본 연구에서는 한국과 일본의 유치원 · 보육시설에서 행해져 온 전통유아놀이 현황 및 유아교사들의 인식을 전국적으로 조사하여 두 나라 간 공통점과 차이점이 무엇인지를 비교 · 분석해 보고자 한다. 이를 통해 동아시아 문화권에 속한 두 나라의 문화 간 전통유아놀이를 비교문화적인 관점에서 폭넓게 고찰해 봄으로써 전통유아놀이 활성화를 위한 방안을 모색하고자 한다.

이러한 연구 목적을 위해 본 연구에서 설정한 연구문제는 다음과 같다.

1. 한국과 일본 유치원 · 보육시설에서 행해져 온 전통유아놀이 현황은 어떠하며, 두 나라 간의 공통점과 차이점은 무엇인가?
2. 한국과 일본 유아교사들의 전통유아놀이에 대한 인식은 어떠하며, 두 나라 간의 공통점과 차이점은 무엇인가?

Ⅱ 연구 방법

1. 연구 대상

한국과 일본 유치원과 보육시설에서의 전통유아놀이 적용 실태와 유아교사의 인식을 알아보기 위해, 각 나라의 유아교육기관 교사 1,200명씩(유치원 교사 600명, 보육시설 교사 600명) 총 2,400명을 연구 대상으로 선정하였다. 한국의 경우, 전국 16개 시 · 도의 유아교사들이 골고루 표집되도록 16개 시 · 도별로 무선 표집하여 유치원 교사 600명, 보육시설 교사 600명씩 총 1,200명의 유아교사를 선정하였다. 일본의 경우, 전국 47개 현의 유아교사들이 골고루 표집되도록 47개현별로 무선 표집하여 유치원 교사 600명, 보육시설 교사 600명씩 총 1,200명의 유아교사를 선정하여 설문지를 배부하였다. 이 중 한국은 1,025명, 일본은 651명이 설문에 응하였으며, 자료 분석 과정 중 응답이 불성실한 설문을 제외하고 한국은 1,018명, 일본은 634명이 최종 연구 대상으로 선정되었다. 일본에 비해 한국의 설문지 회수율이 높게 나타난 것은 한국의 경우 회수를 위해 추가적으로 반송을 부탁하거나 방문 회수를 할 수 있었기 때문이다.

표 1에 의하면 설립 유형에 따라서 한국은 유치원 교사 452명, 어린이집 교사 566명이었으며, 일본의 경우에는 유치원 교사 310명, 보육원 교사 324명이었다. 교사의 연령은 한국의 경우 20~29세 483명(47.5%), 30~39세 357명(35.1%), 40~49세 167명(16.4%) 순으로 나이가 어린 교사들이 많은 반면, 일본의 경우 40~

49세 219명(34.8%), 50세 이상 152명(24.1%), 30~39세 141명(22.4%), 20~29세 118명(18.7%) 순으로 나이 많은 교사들의 비율이 높았다. 교사의 교육 수준에 따라서 한국은 전문대 졸 이하 463명(47.1%), 4년제 대졸 이상 519명(52.9%)이며, 일본은 전문대 졸 이하 96명(15.4%), 단기대학 졸 426명(68.1%), 4년제 대졸 이상 103명(16.5%)으로 한국이 일본에 비해 4년제 대졸 이상의 응답자가 많은 것으로 나타났다.

표 1 **연구 대상 교사의 분포**

N(%)

구 분		한국	일본
설립 유형	유치원	452(44.4)	310(48.9)
	어린이집/보육원	566(55.6)	324(51.1)
	전체	1018(100.0)	634(100.0)
교사 연령	20~29세	483(47.5)	118(18.7)
	30~39세	357(35.1)	141(22.4)
	40~49세	167(16.4)	219(34.8)
	50세 이상	10(1.0)	152(24.1)
	전체*	1017(100.0)	630(100.0)
교사 교육 수준	전문대 졸 이하	463(47.1)	96(15.4)
	단기대학 졸	0(0.0)	426(68.1)
	4년제 대졸 이상	519(52.9)	103(16.5)
	전체*	982(100.0)	625(100.0)

* 교사 연령과 교사 교육 수준 변인의 경우에는 최종 연구 대상 중에 무응답자가 있어 이를 제외한 전체 수임.

2. 연구 도구

연구 도구는 전통놀이 관련 연구를 참고로 연구자들이 개발한 질문지를 사용하였다. 질문지는 한국용과 일본용으로 구분하였으며, 질문지 문항은 유치원 · 보육시설에서 행해져 온 전통유아놀이의 현황을 알아보기 위한 내용과 유아교사의 인식을 알아보기 위한 내용으로 구분하였다. 보다 구체적으로 살펴보면 한국과 일본의 공통된 전통유아놀이별 실시 현황과 기관에서의 구체적인 전통놀이 적용 방법을 알아보기 위한 문항으로 구성하였으며, 유아교사의 인식은 전통유아놀이의 중요성과 교육적 가치, 교육과정에의 적용 시기 및 적용 방법, 적용 시 어려운 점과 해결 방안을 알아보기 위한 문항으로 구성하였다. 한국용과 일본용 질문지는 각 나라의 전통유아놀이 종류와 각 놀이에 대한 설명만 부분적으로 차이가 날 뿐 다른 문항은 동일하게 작성되었다.

질문지 문항 작성 시 두 나라의 전통유아놀이 종류와 놀이에 대한 설명은 문헌 고찰을 통해 작성한 목록을 중심으로 이루어졌다. 한국의 경우, 교육부(1993), 김광언(1982), 김종만(1993), 도유호 외(1999), 심우성(1998), 유안진(1981), 이은화 외(2001), 이종명(1997), 조선총독부(1936), 지춘상(1980), 최재용 외(1999), 홍양자(1997b) 등의 문헌들을 참고하였다. 일본의 경우, 670개의 놀이가 게재되어 있는 秋葉英則、神田英雄、勅使千鶴、渡辺弘純(1994), 相場大(1976), 小川清實(2001), 多田道太郎(1974), かこさとし(1979a, 1979b), 芸術教育研究所(1985), 勅使千鶴(1999, 2003), 無藤隆(2000), 村山貞夫(1982), 森 洋子(1989), 守屋毅編(1989), 山田 敏(1996) 등의 문헌들을 참고하였다. 질문지에 포함된 각국의 전통유아놀이 종류는 한국의 경우 58가지였으며, 일본의 경우 61가지였다.

작성된 질문지는 전통놀이에 관한 연구를 수행해 온 각 나라의 유아교육 전공 교수 3명씩의 전문가에게 안면타당도를 검토받았으며, 각 나라의 유치원과 보육시설 교사 20명씩을 대상으로 예비 조사를 실시하였다. 전문가협의회와 예비조사를 통해 질문지 문항의 수정 · 보완이 이루어진 뒤, 완성된 질문지를 최종적으로 연구에 사용하였다.

3. 연구 절차 및 자료 분석

한국과 일본 유치원 · 보육시설에서의 전통유아놀이 현황과 유아교사의 인식을 전반적으로 알아보기 위하여 질문지 개발, 예비조사, 본조사, 자료 분석 순으로 진행되었다. 2004년 12월부터 2005년 2월까지 문헌 고찰과 전문가협의회를 통해 질문지가 개발되었으며, 연구 도구의 타당성을 검증하기 위해 2005년 3월에 한국과 일본의 유아교사 각각 20명씩 총 40명을 대상으로 예비 연구가 실시되었다. 본조사 실시에 앞서 한국의 경우에는 전국 16개 시 · 도의 유아교사들이 골고루 표집되도록 16개 시 · 도별로 군집 내 무선표집이 이루어졌으며, 일본의 경우에는 전국 47개 현의 유아교사들이 골고루 표집되도록 47개 현별로 군집 내 무선표집이 이루어졌다. 질문지 분석을 위한 본조사는 2005년 4월부터 5월에 걸쳐 이루어졌다. 총 2,400부의 교사용 질문지를 무선표집된 두 나라 유치원 · 보육시설 교사들을 대상으로 각각 1,200부씩 배부하고 회수하였다. 이 중 한국은 1,025명(회수율 85.4%), 일본은 651명(회수율 54.3%)이 설문에 응하였으며, 자료 분석 과정 중 응답이 불성실한 설문을 제외하고 한국은 1,018명, 일본은 634명의 자료가 분석 대상으로 선정되었다.

본 연구에서 수집된 자료는 SPSS 통계 프로그램을 이용하여 분석하였다. 통계처리 과정에서는 각 문항별 빈도와 백분율을 산출하였고, 두 나라 간의 차이를 알아보기 위해서는 검증을 실시하였다. 각 문항별 빈도 산출 시 무응답은 전체 사례수에서 제외하고 분석하였다. 그 밖에 질문지에 자유 응답한 기타의 내용은 유목별로 분류하여 종합, 정리하였다.

Ⅲ 연구 결과

1. 한·일 간 전통유아놀이 실시 현황 비교

한·일 간 전통유아놀이 실시 현황은 문헌을 통해 밝혀진 각 나라의 전통유아놀이별 실시 현황과 두 나라 간의 공통된 놀이별 실시 현황의 차이를 살펴보고, 한·일 유치원과 보육시설에서의 전통유아놀이 적용 방법에 대한 현황을 비교해 보았다.

우선 한국의 전통유아놀이에 대한 실시 현황 조사 결과, 실시하는 비율이 높은 전통놀이들은 소꿉놀이(90.9%), 술래잡기(89.5%), 제기차기(88.7%), 윷놀이(86.7%), 투호놀이(86%) 순으로 나타났다. 알지만 실시하지 않는 비율이 가장 높은 경우는 쥐불놀이(91.5%)였고, 달맞이(81.1%), 자치기(72.8%), 땅재먹기(66.8%), 썰매타기(63.3%), 연날리기(59%), 농악놀이(57%), 널뛰기(56.5%), 돌차기(56.1%), 군사놀이(55%), 돈치기(54.9%), 풀싸움놀이(54.7%) 순으로 나타났다. 반면 모르는 놀이는 남승도놀이(80.7%), 잰부닥불 넘기(80.2%), 달집사르기(66.1%), 단지팔기(63.5%), 달따기(63%), 청어엮기(61%), 장치기(58.7%), 대말타기(58%), 쫄기접시(58%), 고리잡기(57.7%), 진빼기놀이(56.6%) 순으로 나타났다.

일본의 전통유아놀이에 대한 실시 현황을 살펴본 결과는 다음과 같다. 실시하는 비율이 높은 전통놀이들은 종이접기(99.7%), 소꿉놀이(99.0%), 縄跳び(줄넘기, 짧고 긴 줄을 사용한 놀이)(98.6%), カルタとり(카드에 적힌 글을 읽으면 그에 맞는 그림카드 고르는 놀이)(98.9%), かごめかごめ(술래 주위를 돌다 뒤에 있는 사람 이름을 맞추는 놀이)(98.3%), 무궁화 꽃이 피었습니다(96.8%), 숨바꼭질(96.7%), 실뜨기(96.5%), 벌레잡기(96.3%), 술래잡기(96.3%), 꽃잡기놀이(95.6%), 인형놀이(95.1%), あぶくたった(노래를 부르면서 시작되는 놀이)(93.7%), 팽이치기(92.2%) 순으로 나타났다. 알지만, 실시하지 않는 비율이 높은 놀이는 缶蹴り(빈 캔을 사용한 술래잡기)(80.1%), 目かくし鬼(봉사놀이)(79.3%), メンコ(멘코를 사용한 놀이)(72.3%), 地面の陣取り(땅에 돌을 던져 자기 영역을 만드는 놀이)(72.5%), 돌 던져 땅뺏기 놀이(64.2%), 신발을 숨기면 술래가 찾는 놀이

(62.4%), 달구경하기(61.0%), 닭싸움(61.7%) 순으로 나타났다. 모르는 놀이의 경우는 どこゆき(町内めぐり: 장난감 이름에 돌 던지고, 그 장난감을 만지고 오는 놀이)(70.1%), Sケン(지면의 S 안팎에서의 놀이)(48.8%), 田んぼの田(田 위에서 술래에게 잡히지 않도록 하는 놀이)(45.6%), 字かくし遊び(땅에 글씨 쓰고, 모래로 덮은 후 다른 이가 맞히는 놀이)(41.2%), 靴取り(술래에게 잡히면 신발 한 짝을 뺏기는 놀이)(33.0%) 순으로 나타났다.

한 · 일 간에 공통된 전통유아놀이별 실시 현황은 표 2와 같다. 한 · 일 간 공통된 전통유아놀이의 종류는 15가지였다. 두 나라 간의 공통된 전통유아놀이 각각의 실시 현황은 15가지 놀이 모두 한 · 일 간에 차이가 있었다. 한국이 일본에 비해 '실시한다' 의 비율이 높은 놀이는 꼬리잡기(78.8%), 닭싸움(83.3%), 봉사놀이(56.6%), 팔씨름(78.8%), 대문놀이(79.6%)였다. 일본은 한국에 비해 죽마놀이(55.1%), 연날리기(85.9%), 줄넘기(98.6%), 팽이치기(92.2%), 풀싸움 놀이(79.7%), 실뜨기(96.5%)의 실시 비율이 높았다. 소꿉놀이, 술래잡기, 숨바꼭질은 한국과 일본 모두 '실시한다' 의 비율이 높았으나, 일본의 경우에 '실시한다' 의 비율이 한국의 경우보다 약간 높았다. 한국에서 '모른다' 고 응답한 비율이 높은 놀이는 죽마놀이(43.0%), 풀싸움놀이(26.2%)로 나타났다. 일본의 경우 '모른다' 의 비율이 높은 놀이로는 꼬리잡기(24.1%), 봉사놀이(7.9%)였으나, 대체로 15가지 한 · 일 간 공통 놀이에 대해 교사들이 '모른다' 고 응답한 비율은 낮은 편이었다.

표 2 한 · 일 간 공통된 전통유아놀이별 실시 현황

N(%)

놀이명	나라	모른다	알지만 실시하지 않는다	실시한다	계	x^2
꼬리잡기	한국	11(1.1)	204(20.1)	799(78.8)	1014(100.0)	441.07***
	일본	151(24.1)	285(45.5)	191(30.5)	627(100.0)	
눈싸움	한국	4(0.4)	267(26.3)	743(73.3)	1014(100.0)	11.29**
	일본	13(2.1)	174(27.7)	441(70.2)	628(100.0)	
닭싸움	한국	3(0.3)	167(16.4)	847(83.3)	1017(100.0)	484.71***
	일본	52(8.3)	385(61.7)	187(30.0)	624(100.0)	
대문놀이	한국	49(4.8)	158(15.6)	808(79.6)	1015(100.0)	93.70***
	일본	18(2.8)	229(36.3)	384(60.9)	631(100.0)	
봉사놀이	한국	42(4.1)	398(39.3)	574(56.6)	1014(100.0)	312.14***
	일본	50(7.9)	499(79.3)	80(12.7)	629(100.0)	
소꿉놀이	한국	1(0.1)	91(9.0)	924(90.9)	1016(100.0)	45.61***
	일본	0(0.0)	6(1.0)	624(99.0)	630(100.0)	
술래잡기	한국	1(0.1)	106(10.4)	910(89.5)	1017(100.0)	28.38***
	일본	2(0.3)	21(3.3)	607(96.3)	630(100.0)	
숨바꼭질	한국	1(0.1)	179(17.6)	835(82.3)	1015(100.0)	76.66***
	일본	1(0.2)	20(3.2)	610(96.7)	631(100.0)	
연날리기	한국	7(0.7)	599(59.0)	409(40.3)	1015(100.0)	330.95***
	일본	1(0.2)	88(14.0)	541(85.9)	630(100.0)	
죽마놀이	한국	436(43.0)	527(51.9)	52(5.1)	1015(100.0)	664.87***
	일본	4(0.6)	279(44.3)	347(55.1)	630(100.0)	
줄넘기	한국	5(0.5)	255(25.1)	757(74.4)	1017(100.0)	170.20***
	일본	3(0.5)	6(1.0)	622(98.6)	631(100.0)	
팔씨름	한국	2(0.2)	214(21.0)	801(78.8)	1017(100.0)	62.13***
	일본	5(0.8)	241(38.3)	384(61.0)	630(100.0)	
팽이치기	한국	5(0.5)	414(40.8)	596(58.7)	1015(100.0)	214.58***
	일본	0(0.0)	49(7.8)	581(92.2)	630(100.0)	
풀싸움놀이	한국	265(26.2)	554(54.7)	193(19.1)	1012(100.0)	600.34***
	일본	10(1.6)	118(18.7)	502(79.7)	630(100.0)	
실뜨기	한국	11(1.1)	319(31.4)	687(67.6)	1017(100.0)	194.64***
	일본	0(0.0)	22(3.5)	609(96.5)	631(100.0)	

*** : $p<.001$, ** : $p<.01$

한국과 일본 유치원과 보육시설에서의 전통유아놀이 적용 여부를 비교해 본 결과는 표 3과 같다. 표 3에 의하면, 한국과 일본 모두 전통놀이를 적용하고 있다는 반응이 높게 나타났으나, 일본은 전통놀이를 적용한다는 비율이 99.2%로 한국(84.4%)에 비해 적용하는 비율이 더 높은 것으로 나타났다(x^2=95.33 df=1, p < .001).

표 3 **전통유아놀이 적용 여부**

N(%)

나라	예	아니오	전체	x^2
한 국	850(84.4)	157(15.6)	1007(100.0)	95.33***
일 본	626(99.2)	5(0.8)	631(100.0)	

*** : p<.001

전통놀이를 적용하지 않는다고 응답한 한국과 일본의 교사들에게 그 이유를 물어본 결과는 표 4와 같다. 한국의 경우에는 '놀이 자료나 도구를 구하기 어려움'(32.4%), '놀이의 내용이나 방법을 알지 못함' (26.6%), '생활주제와 연관짓기 어려움' (25.4%)의 순으로 나타났으며, 기타 의견으로 '교사의 관심 부족' 과 '장소와 공간의 협소' 라는 응답이 있었다. 반면, 일본은 전통놀이를 적용하지 않는다는 응답자가 거의 없는 가운데, 적용하지 않는 이유로 '생활주제와 연관짓기 어려워서' , 기타 의견으로 '자연스럽게 아이들이 하는 활동이기 때문에' 특별히 계획해서 적용하지 않는다고 응답하였다.

표 4 **전통유아놀이를 적용하지 않는 이유(복수응답)**

N(%)

나라	놀이의 내용이나 방법을 알지 못해서	놀이 자료나 도구를 구하기 어려워서	생활주제와 연관짓기 어려워서	현대유아들 생활에 맞지 않고 흥미 관심이 적어서	유아의 성장과 발달에 적절치 않아서	기타	전체
한 국	46(26.6)	56(32.4)	44(25.4)	9(5.2)	5(2.9)	13(7.5)	173(100.0)
일 본	0(0.0)	0(0.0)	2(33.3)	1(16.7)	0(0.0)	3(50.0)	6(100.0)

한국과 일본의 유치원과 보육시설에서 전통유아놀이를 적용하는 가장 큰 동기를 알아본 결과는 표 5와 같다. 한국, 일본 모두 '유치원 내의 방침'을 가장 큰 동기로 응답했으나, 두 나라 간 응답에 차이가 있었다(x^2=28.09, p< .001). 일본에 비해 한국은 유치원 내의 방침과 개인적인 관심 이외에 관할 교육청 및 행정기관의 권유가 동기인 경우가 있었으며, 기타 의견으로 '아이들이 좋아하기 때문에', '교육과정과 행사를 연계하여 실시하기 위해' 라는 응답이 많았다. 반면 일본은 유치원 내의 방침과 개인적인 관심 이외에 기타 의견으로 '재미있고 아이들이 좋아하기 때문에', '자연스럽게 아이들이 놀이를 하기 때문에' 라는 응답이 많았다.

표 5 **전통유아놀이를 실시하는 가장 큰 동기**

N(%)

나라	개인적인 관심	유치원 내의 방침	관할 교육청/행정기관의 권유	기타	전체	x^2
한 국	280(35.1)	364(45.7)	29(3.6)	124(15.6)	797(100.0)	28.09***
일 본	213(35.7)	312(52.3)	0(0.0)	71(11.9)	596(100.0)	

*** : p<.001

전통유아놀이를 계획할 때 참고하는 자료에 대해 살펴본 결과는 표 6과 같다. 한국의 경우 '교육부 유아 전통놀이 교육활동 지도자료(30.9%)', '전통놀이에 관련된 전문서적' (22.4%), '인터넷을 통한 자료' (20.3%), '유아교육관련 잡지, 신문, TV' (13.9%), '유아교육기관 시범 및 연구보고서' (9.4%)의 순으로 나타난 반면, 일본은 '전통놀이에 관련된 전문서적' (30.9%), '유아교육 관련 잡지, 신문, TV' (25.1%), '유치원 시범 및 연구보고서' (24.0%) 등의 순으로 나타났다. 일본의 경우 '인터넷을 통한 자료' (1.3%)의 이용은 한국과 대조적으로 매우 저조한 것으로 나타났으며, 기타 응답으로 '양성학교에서 사용했던 교과서 및 자료를 참고' 하거나 '교사 자신의 개인 경험', '지역의 노인들을 통해' 라는 응답이 있었다.

표 6 **전통유아놀이 계획 시 참고하는 자료(복수응답)**

N(%)

	교육부 지도자료	전통놀이에 관련된 전문서적	유아교육기관 시범 및 연구보고서	유아교육 관련 잡지, 신문, TV	인터넷을 통한 자료	기타	전체
한국	502(30.9)	363(22.4)	153(9.4)	225(13.9)	329(20.3)	51(3.1)	1623(100.0)
일본	103(8.1)	395(30.9)	307(24.0)	321(25.1)	17(1.3)	136(10.6)	1279(100.0)

한 · 일 간 전통놀이를 교육과정에 포함시키는 시기를 조사한 결과는 표 7과 같다. 일본은 전통놀이를 '모든 생활주제에 포함시켜 일상적으로 실시' 한다는 의견이 대부분(91.6%)인 것으로 나타난 반면, 한국은 '명절 등 관련 생활주제를 다루면서 실시' 한다는 경우가 가장 많았고(44.3%), 그 다음이 '모든 생활주제에 포함시켜 일상적으로 실시(29.8%)', '정기적으로 전통놀이를 계획하여 실시(16.9%)' 하는 순서로 나타나 두 나라 간에 차이를 보였다(x^2=571.84, p < .001).

표 7 **전통유아놀이를 교육과정에 포함시키는 시기**

N(%)

	명절 등 관련 생활주제를 다루면서 실시	정기적으로 전통놀이를 계획하여 실시	모든 생활주제에 포함시켜 일상적으로 실시	특정 행사를 연간계획에 포함하여 실시	기타	전체	x^2
한국	324(44.3)	124(16.9)	218(29.8)	52(7.1)	14(1.9)	732(100.0)	571.84***
일본	0(0.0)	21(3.4)	566(91.6)	12(1.9)	19(3.1)	618(100.0)	

*** : p<.001

한 · 일 간 전통놀이를 교육과정에 도입하는 방법, 지도 방법과 전통놀이 도구 준비 방법에 대한 응답은 표 8, 표 9, 표 10과 같다.

표 8 전통유아놀이를 교육과정에 도입하는 방법(복수응답)

N(%)

	자유롭게 놀 수 있도록 전통놀이 교구 교재를 준비하여	관련된 행사를 정기적으로 계획하여	가정에서 전통놀이를 할 수 있게 부모교육을 실시	기타	전체
한국	504(75.2)	138(20.6)	21(3.1)	7(1.0)	670(100.0)
일본	526(73.1)	146(20.3)	24(3.3)	24(3.3)	720(100.0)

표 8에 의하면 전통놀이를 교육과정에 도입하는 방법은 한국과 일본 두 나라의 대부분 유아교사들이 '자유롭게 놀 수 있도록 전통놀이 교구나 교재를 준비' 해두고 있었으며, '관련된 행사를 정기적으로 계획' 하거나 '가정에서 전통놀이를 할 수 있게 부모교육을 실시' 한다고 응답하였다. 특이할 만한 점은 일본의 경우 기타 응답으로 지역의 노인분들과 교류 시간을 가짐으로써 전통유아놀이를 교육과정에 도입한다는 의견이 있었다.

표 9 전통유아놀이 지도 방법

N(%)

나라	전통놀이의 내용과 방법을 알려주고, 그대로 실천하게 함	전통놀이의 내용과 방법을 알려주되, 유아들이 창의적으로 놀게 함	전통놀이 도구를 제공해 주고 유아들이 자유롭게 놀도록 함	기타	전체	x^2
한국	239(32.7)	376(51.4)	107(14.6)	10(1.4)	732(100.0)	89.16***
일본	269(45.6)	162(27.5)	122(20.7)	37(6.3)	590(100.0)	

*** : $p<.001$

한국과 일본의 전통놀이 지도 방법은 두 나라 간에 통계적으로 유의한 차이($x^2=89.16$, $p< .001$)가 나타났다. 한국은 '전통놀이의 내용과 방법을 알려주되, 유아들이 창의적으로 놀게 한다' 는 응답이 51.4%로 가장 높게 나타난 반면, 일본은 '전통놀이의 내용과 방법을 알려주고 그대로 실천하게 한다' 는 응답이 45.6%로 가장 높게 나타났다.

표 10 **전통유아놀이 도구 준비 방법(복수응답)**

N(%)

나라	상품화된 놀이 도구를 구입	교육부에서 나누어준 교구를 활용	교사가 직접 제작	교사와 유아가 함께 제작	부모에게 제작하도록 함	기타	전체
한국	535(37.3)	154(10.7)	436(30.4)	274(19.1)	9(0.6)	25(1.7)	1433(100.0)
일본	485(34.5)	11(0.8)	344(24.5)	459(32.7)	72(5.1)	34(2.4)	1405(100.0)

표 10에 의하면 전통놀이 도구를 준비하는 방법으로 한국과 일본 모두 '상품화된 놀이 도구를 구입' 하는 경우가 가장 많았다. 다음으로 한국은 '교사가 직접 제작' 하는 경우가 30.4%로 많은 반면, 일본은 '교사와 유아가 함께 제작' 하는 경우가 32.7%로 많았다. 특히 한국 유치원 교사의 경우 교육부에서 나누어 준 전통놀이 교구를 활용하는 경우도 10.7%나 되었으며, 기타 의견으로 '놀이 도구가 없는 놀이나 자연물을 활용한 놀이를 주로 한다' 와 '타 기관에서 빌려서 사용한다' 는 응답이 있었고, 일본의 경우에는 '지역의 노인들이 제작한다' 는 응답이 있었다.

끝으로 전통놀이에 대한 유아들의 반응과 교사들이 전통유아놀이를 알게 된 동기를 살펴본 결과는 표 11, 표 12와 같다.

표 11 **전통유아놀이에 대한 유아들의 반응**

N(%)

나라	흥미로워하고 재미있어 함	흥미는 있지만 오래 참여하지 않음	별르 관심이 없음	하기 싫어하고 어려워함	전체
한국	645(83.5)	125(16.2)	1(0.1)	1(0.1)	772(100.0)
일본	458(73.5)	164(26.3)	1(0.2)	0(0.0)	623(100.0)

표 11에 의하면 전통놀이에 대한 유아들의 반응은 한국과 일본 모두 '흥미로워하고 재미있어 한다' 는 응답이 가장 많았으나, 일본(73.5%)에 비해 한국(83.5%)이 좀 더 높은 비율을 보인 반면, '흥미는 있지만 오래 참여하지 않는다' 는 응답은 한국(16.2%)보다 일본(26.3%)의 경우 좀 더 높은 비율을 나타냈다.

표 12 교사가 전통유아놀이를 알게 된 동기(복수응답)

N(%)

	어렸을 때 해 본 경험을 통해서	전통놀이 관련 연수 경험을 통해	서적이나 잡지 등을 통해서	TV나 대중매체를 통해서	선배 또는 동료 교사를 통해서	대학에서 전공과목을 통해서	기타	전체
한국	612(37.3)	389(23.7)	227(13.8)	167(10.2)	138(8.4)	90(5.5)	16(1.0)	1639(100.0)
일본	616(37.3)	236(14.3)	262(15.9)	46(2.8)	380(23.0)	102(6.2)	9(0.5)	1651(100.0)

표 12에 의하면 전통놀이를 알게 된 동기로는 한국과 일본 모두 '어렸을 때 해 본 경험을 통해서'가 각각 37.3%로 가장 많았다. '전통놀이 관련 교사연수 경험을 통해서'와 'TV나 대중매체를 통해서' 전통유아놀이를 알게 된 경우는 한국의 교사들이 일본의 교사들보다 많았으며, '선배 또는 동료 교사를 통해서'와 '대학에서 전공과목을 통해서' 알게 된 경우는 일본의 교사들이 더 많았다. 그 밖에 한국의 경우에는 기타 의견으로 '인터넷을 통해서' 알게 되었다는 응답이 있었으며, 일본의 경우에는 기타 의견으로 '지역생활 안에서 자연스럽게 배워서', '초등학교와의 교류회를 통해'라는 응답이 있었다.

2. 전통유아놀이에 대한 한국과 일본 교사들의 인식 비교

한국과 일본 유치원 및 보육시설 교사들의 전통유아놀이에 대한 인식을 비교하기 위해 교사들의 관심도, 기관의 교육과정에 전통유아놀이를 포함시키는 것에 대한 인식과 그 이유, 전통유아놀이를 유아교육과정에 포함시키는 시기, 방법 및 지도법에 대한 인식, 적용 시 어려운 점과 전통유아놀이의 활용 및 보급을 위해 필요한 것이 무엇인지에 대해 알아보았다. 우선 전통유아놀이에 대한 교사들의 관심도를 살펴본 결과는 표 13과 같다.

표 13 **전통유아놀이에 대한 교사의 관심도**

N(%)

	아주 관심이 많다	조금 관심이 있다	별로 관심이 없다	전혀 관심이 없다	전체
한국	315(33.5)	583(62.1)	40(4.3)	1(0.1)	939(100.0)
일본	396(63.2)	229(36.5)	1(0.2)	1(0.2)	627(100.0)

표 13에 의하면 전통유아놀이에 대한 관심도에 있어서 한국과 일본 교사들은 대부분 관심이 있는 것으로 나타났으나, 일본의 경우에는 아주 관심이 많다는 응답이 63.2%로 가장 많은 비율을 차지한 반면, 한국은 조금 관심이 있다는 응답이 62.1%로 가장 많았다. 또한 한국의 경우에는 939명의 응답자 중에서 40명(4.3%)이 별로 관심이 없다고 응답함으로써 한 · 일 간 관심의 정도가 다른 것으로 나타났다.

전통유아놀이를 교육과정의 일환으로 포함시키는 것에 대한 한국과 일본 교사들의 인식은 표 14, 표 15, 표 16과 같다.

표 14 **전통유아놀이를 교육과정에 포함시킬 필요성**

N(%)

	전혀 필요하지 않다	별로 필요하지 않다	조금 필요하다	매우 필요하다	전체	x^2
한국	1(0.1)	14(1.5)	395(42.1)	529(56.3)	939(100.0)	82.02***
일본	2(0.3)	6(1.0)	128(20.4)	490(78.3)	626(100.0)	

*** : $p<.001$

표 14에 의하면 전통유아놀이를 교육과정에 포함시키는 것에 대해 한국과 일본 교사들은 대부분 필요하다고 생각하고 있는 것으로 나타났으나, 일본 교사들이 한국 교사들에 비하여 그 필요성을 좀 더 강하게 느끼고 있는 것으로 나타났다(x^2 =82.02, $p<.001$). 좀 더 구체적으로 살펴보면 '매우 필요하다' 고 응답한 교사들이 일본의 경우 전체 응답자의 78.3%로 나타난 반면, 한국은 56.3%에 불과했다.

교육과정 속에 전통유아놀이를 포함시키는 것이 필요하다고 생각하는 이유로 한국의 교사들은 '우리 문화에 대한 자긍심과 문화적 정체성 확립을 위하여' 라고 응답한 경우가 30.9%로 가장 높게 나타난 반면, 일본은 '유아의 성장과 발달에 많은 도움이 되기 때문에' 라고 응답한 비율이 39.4%로 가장 높았다. '고유의 문화에 관심을 갖고, 이를 계승하기 위하여' 라는 응답은 한국(30.7%)과 일본(36.5%) 모두 두 번째로 높은 비율을 보였다. 다음으로 한국은 '유아의 성장과 발달에 많은 도움이 되기 때문에' 라는 응답이 20.0%를 나타낸 반면, 일본은 '교육과정의 내용을 다양하게 하기 위하여' 라는 응답이 12.4%로 높게 나타났으며, 기타 의견으로 '조부모와의 교류 때문에' 라는 응답이 있었다. 전반적으로 볼 때 한국 교사들은 문화에 대한 관심과 자긍심을, 일본 교사들은 유아의 성장과 발달에 도움을 준다는 점을 교육과정에 전통놀이가 필요한 가장 큰 이유로 들고 있다(표 15 참조).

표 15 **교육과정에 전통유아놀이가 필요하다고 생각하는 이유(복수응답)**

N(%)

	고유문화에 대한 관심과 계승	우리 문화에 대한 자긍심과 문화적 정체성 확립	교육과정 내용의 다양화를 위해	세계화/국제화 교육을 위한 일환으로	유아의 성장과 발달에 도움이 되기 때문에	기타	전체
한국	592(30.7)	596(30.9)	151(7.8)	186(9.7)	385(20.0)	17(0.9)	1927(100.0)
일본	492(36.5)	116(8.6)	167(12.4)	19(1.4)	531(39.4)	23(1.7)	1348(100.0)

전통유아놀이를 교육과정에 포함시키는 것이 '전혀 또는 별로 필요하지 않다' 고 응답한 교사들을 중심으로 필요하지 않은 이유를 조사한 결과, 응답자가 극히 적은 수치이지만 한국의 경우 '현대 유아들의 생활에 맞지 않고, 유아의 흥미와 관심에 맞지 않아서' 와 '교사 자신이 전통놀이에 관심이 없어서' , '유아의 성장과 발달을 위해 적절치 않아서' 등의 의견이 나타났다. 또한 기타 의견으로 한국과 일본 모두 '전통유아놀이는 교육과정으로 구성하기보다 자연스럽게 실시하는 것이 더 좋다' 고 생각하기 때문이라는 응답도 있었다(표 16 참조).

표 16 교육과정에 전통유아놀이가 필요하지 않은 이유(복수응답)

N(%)

	교사 자신이 전통놀이에 관심이 없어서	현대 유아의 흥미와 관심에 맞지 않아서	유아의 성장과 발달을 위해 적절치 않아서	세계화/국제화 교육에 도움이 되지 않아서	기타	전체
한국	2(18.2)	3(27.3)	1(9.1)	1(9.1)	4(36.4)	11(100.0)
일본	1(16.7)	1(16.7)	0(0.0)	0(0.0)	4(66.7)	6(100.0)

전통놀이를 교육과정에 포함시키는 이상적인 시기와 도입 방법 및 전통놀이 지도 방법에 대한 교사의 인식은 표 17, 표 18, 표 19와 같다.

표 17 전통유아놀이를 교육과정에 포함시키는 이상적인 시기에 대한 인식

N(%)

	우리나라 또는 명절이라는 생활주제를 다루면서 실시	정기적으로 전통놀이를 계획하여 실시	모든 생활주제에 포함시켜 관련된 놀이를 일상적으로 실시	특정 행사를 연간-계획에 포함하여 실시	기타	전체	x^2
한국	204(23.7)	173(20.1)	461(53.5)	13(1.5)	11(1.2)	862(100.0)	304.24***
일본	0(0.0)	22(3.6)	562(92.4)	6(1.0)	18(3.0)	608(100.0)	

*** : p<.001

표 17에 의하면 전통놀이를 유아교육과정에 포함시키는 이상적인 시기로 한국과 일본 두 나라 교사 모두 '모든 생활주제에 포함시켜 일상적으로 실시한다' 라고 응답한 비율이 가장 높았으나, 한국은 이와 더불어 '우리나라 또는 명절이라는 생활주제를 다루면서 실시' (23.7%)와 '정기적으로 전통놀이를 계획하여 실시' (20.1%)의 비율도 높게 나타나 차이를 나타냈다(x^2=304.24, p〈 .001).

표 18 **전통유아놀이를 교육과정에 도입하는 방법에 대한 인식(복수응답)**

N(%)

	유아들이 자유롭게 놀 수 있도록 교구나 교재를 준비	전통놀이와 관련된 행사를 정기적으로 계획	가정에서의 전통놀이 장려를 위해 부모교육을 실시	기타	전체
한국	685(62.7)	227(20.8)	177(16.2)	4(0.4)	1,093(100.0)
일본	565(70.9)	165(20.7)	48(6.0)	19(2.4)	797(100.0)

표 18에 의하면 전통놀이를 교육과정에 도입하는 방법으로 한국과 일본의 교사들은 모두 '유아가 자유롭게 놀 수 있도록 교구나 교재를 준비한다' 는 응답이 가장 높게 나타났고, 다음이 '전통놀이와 관련된 행사를 정기적으로 계획한다' 였다. 그 밖에 한국의 경우 '가정에서 전통놀이를 할 수 있게 부모교육을 적극적으로 실시한다' 는 응답은 일본보다 조금 높게 나타났다. 일본의 경우에는 기타 의견으로 '지역 노인회나 조부모와 함께 할 수 있게 시간을 마련한다' 라는 응답이 있었다.

표 19 **전통유아놀이 지도 방법에 대한 인식**

N(%)

	전통놀이의 내용과 방법을 그대로 실천하게 함	전통놀이의 내용과 방법을 알려주되, 창의적으로 놀게 함	전통놀이 도구를 제공하고 자유롭게 놀도록 함	기타	전체	x^2
한국	90(9.9)	688(75.4)	108(11.8)	27(3.0)	913(100.0)	141.64***
일본	188(31.0)	288(47.5)	86(14.2)	44(7.3)	606(100.0)	

*** : p<.001

전통놀이 지도 방법에 대해서는 한국과 일본 교사들 모두 '전통놀이의 내용과 방법은 알려주되 창의적으로 놀게 한다' 는 응답이 가장 높게 나타났으나, 구체적인 응답 비율에 있어서는 두 나라 교사들 간에 유의한 차이를 보였다(x^2=141.64, p< .001). 한국이 일본에 비해 '전통놀이의 내용과 방법을 알려주되, 창의적으로 놀게 한다' 는 응답의 비율이 높고, 일본은 한국에 비해 '전통놀이의 내용과 방법을 그대로 실천하게 한다' 는 응답의 비율이 높았다. 기타 의견으로는 한국과 일본

모두 '위의 제시된 3가지 방법을 병행하여 지도한다' 는 응답이 있었다.

끝으로 전통유아놀이를 교육과정에 적용할 때 느끼는 어려운 점과 전통유아놀이의 활용 및 보급을 위해 필요하다고 생각하는 것이 무엇인지에 대한 교사들의 응답을 정리한 결과는 표 20, 표 21과 같다.

표 20 **전통유아놀이를 교육과정에 적용할 때 느끼는 어려운 점(복수응답)**

N(%)

	놀이 도구의 구입 및 제작의 어려움	전통놀이 이해 및 전달의 어려움	교사의 사전 지식 부족	유아의 수가 많아 실시가 어려움	놀이 시간 부족으로 적용하기 어려움	장소의 제약이 많음	기타	전체
한국	448(24.1)	243(13.1)	483(25.9)	294(15.8)	127(6.8)	247(13.3)	20(1.1)	1,862(100.0)
일본	72(8.2)	151(17.1)	366(41.5)	82(9.3)	59(6.7)	62(7.0)	89(10.1)	881(100.0)

표 20에 의하면 전통놀이를 교육과정에 적용할 때 느끼는 어려운 점으로 한국과 일본 교사들 모두 '교사의 사전 지식 부족' 을 꼽았으나, 응답의 비율에는 다소 차이가 있었다. 한국은 '교사의 사전 지식 부족' 이 25.9%인 반면, '놀이 도구의 구입 및 제작의 어려움' 도 24.1%였고, '유아의 수가 많아 실시가 어려움' , '전통놀이를 유아들에게 이해시키고 전달하는 데 어려움' , '장소의 제약이 많음' 이라는 응답이 13~15%로 비슷한 비율을 나타냈다. 그 밖의 기타 의견으로는 '교사의 무관심' , '진행해야 하는 다른 활동에 밀려서' , '부모의 호응도가 낮아서' , '유아의 발달에 맞지 않고 어렵고 힘들어서' 등의 응답이 있었다. 이에 비해 일본은 '교사의 사전 지식 부족' 이 41.5%로 나타났으며, '전통놀이를 유아들에게 이해시키고 전달하는 데 어려움' 과 '유아의 수가 많아서 실시가 어려움' 이 10~17% 정도로 나타났다. 그 밖의 기타 의견으로는 '다른 업무가 많아서' , '유아의 발달에 맞지 않고 안전을 위협하는 놀이들은 진행하기 어렵다' 는 응답이 있었다.

표 21 **전통유아놀이의 활용, 보급을 위해 필요한 것에 대한 인식(복수응답)**

N(%)

	전통놀이에 관련된 풍부한 교육자료를 개발하여 보급	전통놀이에 관한 교사연수 기회를 늘림	전통놀이 전문가를 양성하여 활용	가정과 연계하여 부모들의 관심 촉진	교사들의 직전교육에서 전통놀이를 충분히 지도	기타	전체
한국	855(43.8)	632(32.3)	104(5.3)	196(10.0)	158(8.1)	9(0.5)	1,954(100.0)
일본	190(17.7)	366(34.1)	34(3.2)	239(22.3)	203(18.9)	40(3.7)	1,072(100.0)

전통유아놀이의 활용 및 보급을 장려하기 위하여 가장 필요하다고 생각되는 것으로 한국은 '전통놀이에 관련된 풍부한 교육 자료를 개발하여 보급하는 것' (43.8%)과 '전통놀이에 관한 교사연수 기회를 늘리는 것' (32.3%)이라고 응답한 비율이 높게 나타났다. 반면, 일본은 '전통놀이에 관한 교사연수 기회를 늘리는 것' (34.1%)과 '가정과 연계하여 부모들의 관심을 촉진시키는 것' (22.3%)이라고 응답한 비율이 높게 나타났다. 또한 일본의 경우에는 '대학 교육과정에서 전통놀이를 충분히 지도하는 것' 도 전통유아놀이의 활용 및 보급을 위해 필요하다고 응답한 경우가 18.9%로 한국의 8.1% 교사들이 응답한 결과보다 높은 비율을 나타냈다. 더불어 기타 의견으로 '지역의 어린이들이 많이 하는 놀이를 활용해야 한다' 는 것과 '조부모와 지역의 어른들과 함께 전통놀이를 전승시켜 나가야 한다' 는 의견이 있었다.

Ⅳ 논의 및 결론

본 연구는 21세기 '세계화' 시대가 열리면서 우리의 문화적 정체성 문제가 심각하게 제기되고 있는 상황에서 우리나라 전통유아놀이를 비교 문화적인 관점에서 기초적으로 규명해 보고자 하였다. 이를 위하여 구체적으로 한국과 일본의 전통유아놀이 중 유사한 놀이는 무엇이고, 이러한 전통놀이가 현재 한국과 일본의 유치원 · 보육시설에서 어떻게 적용되고 있으며, 두 나라 교사들이 어떻게 인식하고 있는지를 비교 분석해 보았다. 구체적인 연구 문제별로 연구 결과를 요약하고 논의하면 다음과 같다.

첫째, 문헌과 전문가 면담을 통해 한국과 일본 두 나라의 전통유아놀이로 선정된 놀이들에 대해 각 나라별 실시 현황을 살펴본 결과, 두 나라 모두 유치원 및 보육시설에서는 교사들이 잘 알고 현장에서 주로 많이 실시하고 있는 전통유아놀이들이 있었으며, 알지만 실시하지 않고 있는 놀이와 대부분의 교사들이 전혀 모르고 있는 놀이들도 있었다. 그중에서 꼬리잡기, 눈싸움, 닭싸움, 대문놀이, 봉사놀이, 소꿉놀이, 술래잡기, 숨바꼭질, 실뜨기, 연날리기, 줄넘기, 죽마놀이, 팔씨름, 팽이치기, 풀싸움놀이는 한국과 일본 간에 공통된 놀이로, 꼬리잡기, 닭싸움, 봉사놀이, 팔씨름, 대문놀이는 한국에서 많이 실시하고 있었던 반면, 죽마, 연날리기, 줄넘기, 팽이치기, 풀싸움놀이, 실뜨기는 일본에서 많이 실시하고 있는 것으로 나타났다.

위와 같은 결과를 통해 볼 때, 각 나라의 전통놀이는 시대가 흐르면서 계속 유지되고 있는 놀이뿐 아니라 소멸되고 있는 놀이들도 있다는 것을 알 수 있다. 또한 한국과 일본 간에는 공통된 놀이가 존재하지만 놀이에 따라 교사들이 알고 있고 현장에서 실시되고 있는 정도는 한 · 일 간에 차이가 있다고 볼 수 있다. 한국의 유아교육은 초기 설립 당시부터 일본의 유아교육 영향을 많이 받아 왔다. 유아의 노래, 율동, 이야기 등 많은 유아의 활동들이 일본의 것과 유사하며 그중에서도 특히 유아의 놀이는 상당히 공통점이 많다고 할 수 있다(이상금, 1987). 하지만 본 연구 결과를 통해 볼 때, 현재까지 놀이와 문화가 지속되어 오면서 두 나라 간에 공통된 놀이가 많이 존재하는 것은 사실이나 현장에서의 실시 정도에 있어서는 각 나라의 문화가 다르기에 차이가 있었다. 특히 문헌과 전문가 면담을 통해 추출된 각 나라의 전통놀이 목록들을 보면 일본의 경우에는 현재까지 많이 시행되고 있는 놀이들을 그 놀이가 어디서 왔는지에 상관없이 자신들의 전통놀이로 규정(小川清實, 2001)하고 있는 반면, 한국은 한일합방 이전뿐 아니라 이후 행해져 전래된 우리 민족의 놀이 중에 놀이의 내용이나 방법을 확인할 수 있는 것을 전통놀이로 정의(이은화 외, 2001)하고 있다. 특히 일본인의 자녀를 위한 유치원이 이 땅에 처음 유치원으로 자리 잡으면서 유아의 놀이는 일본의 많은 영향을 받게 되고 지금까지 어느 것이 우리 것이며 어느 것이 일본의 놀이인지 알 수 없게 혼재되어 있는 실정에서 한일합방 이전에 존재했던 놀이만을 우리의 전통놀이로 보려는 한국인의 생각은 어쩌면 당연하다고 볼 수 있다. 공통된 놀이의 실시 현황에 있어서도 한국에서 많이 실시되고 있는 꼬리잡기, 닭싸움, 봉사놀이, 팔씨름, 대문놀이는 2명 이상의 유아들이 함께 모여 할 수 있는 놀이들인 반면, 일본에서 많이 실시되고 있는 죽마, 연날리기, 줄넘기, 팽이치기, 풀싸움놀이, 실뜨기는 대집단보다는 소집단으로 실시되거나 개인의 능력이나 기술이 더 강조되는 놀이들이다. 즉, 전통놀이에 대한 이해는 그 나라의 역사와 문화를 함께 고려하지 않고는 논의되기 어렵다고 볼 수 있다(Harris, 1981; Huizinga, 1993; Roopnarine & Johnson, 1994; Schwatzman, 1978). 하지만 본 연구 결과 밝혀진 한 · 일 간 전통유아놀이의 차이점이 어떤 구체적인 문화적 차이를 반영하는 것인지에 대해서는 각국 문화에 대한 보다 심도 있는 비교 연구가 추후에 이루어져야 설명이 가능할 것이다.

다음으로 한 · 일 유치원과 보육시설에서의 전통유아놀이 적용 현황에 대해 살펴본 결과, 양국 모두 기관에서 전통유아놀이를 많이 적용하고 있었으며 전통유아놀이를 실시하는 가장 큰 동기는 유치원 내의 방침인 것으로 나타났다. 전통유아놀이를 교육과정에 도입하는 방법은 한국과 일본 두 나라 모두 자유롭게 놀 수 있도록 전통놀이 교구나 교재를 준비해 주는 것으로 나타났으며, 전통놀이 도구는 상품화된 놀이 도구를 구입해서 사용하고 있었고, 전통놀이에 대해 많은 유아들이 대체로 흥미로워하고 재미있어 하는 것으로 나타났다. 반면 적용 현황에서 양국 간의 차이점도 발견할 수 있었다. 특히 전통유아놀이를 기관에서 적용하지 않는 이유가 한국의 경우에는 놀이 자료나 도구를 구하기 어렵거나 놀이 내용 및 방법을 잘 몰라서인 것으로 나타났으나 일본은 전통유아놀이는 자연스럽게 일어나는 활동이므로 특별히 교육 및 보육과정 내에 계획을 하지 않는다는 응답도 있었다. 전통놀이를 계획할 때 참고하는 자료의 경우, 일본의 교사들은 양성학교에서 사용했던 자료나 전문서적을 많이 이용하지만 한국의 교사들은 인터넷을 통한 자료를 많이 참고하고 있어 한국 사회의 정보화 정도를 반영하고 있었다. 그러나 인터넷을 통한 정보 검색은 누구나 손쉽게 자료에 접근할 수 있다는 장점은 있으나 자료의 신뢰성이나 정확성 등에서 한계가 있는 점도 감안할 필요가 있겠다. 특히 전통유아놀이를 포함시키는 시기는 두 나라 간에 많이 달랐는데, 한국은 명절 등 관련 생활주제를 다루면서 전통놀이를 많이 실시하고 있지만, 일본은 모든 생활주제를 진행하면서 일상적으로 전통유아놀이를 실시하는 비율이 높았다. 또한 전통유아놀이 지도 방법도 한국은 전통적 놀이 방법을 그대로 고수하기보다 창의적으로 놀게 권장하지만 일본은 전통놀이의 내용과 방법을 알려주고 그대로 실천하게 하는 경우가 많았다. 적용 현황에서 특히 한국과 다르게 일본의 특징으로 나타난 것은 지역사회의 노인분들을 통해 전통놀이를 배우고 그들과의 교류 시간을 통해 교육과정에 전통유아놀이를 도입하며 전통놀이 도구도 지역의 노인들이 제작해 주는 경우가 많았다는 점이다.

위와 같은 결과를 통해 볼 때 한국과 일본의 유치원과 보육시설에서 전통유아놀이를 적용하는 현황 역시 한 · 일 간에 유사점과 차이점이 존재한다는 사실은 앞으로 좀 더 전통놀이가 문화적인 맥락에서 고려되어야 한다는 Huizinga(1993)의 견해를 뒷받침해 준다. 미국에 비해 한국을 포함한 아시아 국가들은 개인을 '우리' 라는 집단의 일부로 보고 정체감의 근원을 개인이 속해 있는 사회적 그물망 속에 있다고 보는 집합주의의 문화적 특성을 가지기에 창조성을 표현하도록 하기보다 집단이 함께 모여 전통적으로 내려오는 놀이 방법대로 놀이를 하는 경향이 있다(Farver, Kim, & Lee, 1995). 하지만 시대를 거쳐 오면서 한국의 경우에는 특히 개인주의적 문화의 특성을 지니는 서양식 문화 특성이 유아교육 현장에 많이 스며들게 됨에 따라(이은화 외, 2001) 전통놀이의 경우에도 방법을 그대로 알려주기보다 창의적으로 놀잇감을 가지고 놀도록 허용하는 것으로 이해할 수 있다. 전반적인 적용 현황을 살펴볼 때 일본의 경우에는 지역사회를 통해 자연스럽게 전통놀이를 접할 수 있도록 하는 반면, 한국의 경우에는 최근 유아들이 집단 속에서 자연스럽게 전통놀이를 접할 수 없는 상황이기에 유치원과 보육시설에서 좀 더 의식적으로 전통놀이를 유아들이 접해 볼 수 있도록 노력하고 있는 모습이 엿보인다.

둘째, 한 · 일 유치원과 보육시설 교사들의 전통유아놀이에 대한 인식을 비교해 본 결과, 양국 교사들은 모두 전통유아놀이에 대해 많은 관심을 갖고 있었으며 교육과정에 포함시키는 것에 대해 대부분 필요하다고 생각하고 있었다. 하지만 그 이유에 있어서는 양국 교사들의 인식 간에 차이가 있었다. 한국 교사들은 문화에 대한 관심과 자긍심 때문에, 일본 교사들은 유아의 성장과 발달에 도움을 주기 때문에 전통유아놀이가 교육과정에 도입되어야 할 필요가 있다고 생각하는 경우가 가장 많았다. 전통놀이를 교육과정에 포함시키는 시기와 도입 방법 및 지도 방법에 있어서는 양국 간에 차이가 있었다. 한국의 교사들은 실시 현황에 비해 전통유아놀이는 모든 생활주제에 포함시켜 일상적으로 실시하는 것이 이상적이라고 인식하는 비율이 높았지만 그래도 명절 등 관련 생활주제를 다루면서 실시하는 것이 이상적이라고 생각하고 있는 경우도 많았다. 또한 유아들이 자유롭게 놀 수 있도록 교구나 교재를 준비해 주고 놀이 방법과 내용을 알려주되 창의적으로 놀게 하는 것이 이상적인 방법이라고 생각하고 있었다. 반면 일본의 교사들은 어떤 특정 주제를 통해서보다 연간 일상적으로 전통유아놀이를 도입하되 지역 노인회나 조부모와 함께 할 수 있도록 도입하는 것을 이상적이라고 생각하는 경우가 많았다. 또한 전통놀이의 내용과 방법을 그대로 실천하게 하는 경우가 이상적이라고 생각하는 경우가 많았다. 전통유아놀이를 교육과정에 적용할 때 한국과 일본 교사들은 모두 교사의 사전 지식 부족을 가장 어려운 점으로 생각하고 있었고, 교사로서 다른 업무가 많아서 전통놀이를 적극적으로 도입하지 못한다고 하였다. 그 밖의 어려운 점으로 한국의 교사들은 놀이 도구의 구입 및 제작의 어려움을 많이 지적하였다. 따라서 한국의 교사들은 전통유아놀이의 활용 및 보급을 위해 전통놀이 관련 교육자료 개발과 보급 및 교사연수 기회를 원한 반면, 일본의 교사들은 교사연수 및 직전교육에서 전통놀이를 충분히 지도해 주는 것과 함께 지역사회를 중심으로 그 지역의 유아들이 많이 하는 놀이를 활용하고 조부모와 지역의 어른들과 함께 전통놀이를 전승하도록 노력하는 것을 중요하게 생각하였다.

위와 같은 결과를 통해 볼 때 실제로 한국과 일본 교사들은 모두 전통유아놀이의 중요성을 인정하면서도 전통놀이에 대한 사전 지식이 부족하여 유아들에게 지도하지 못하는 경우가 많은 것으로 보인다. 놀이는 자연스러운 과정 속에서 문화적 정체성을 갖게 하는 매체이다. 특히 전통놀이는 옛날부터 행해지면서 민간에 전승되어 오는 놀이로서 이를 유지하고 보존하고 이어가는 것은 그 사회 집단의 독특한 문화를 계승, 발전시키는 데 있어 매우 중요하다. 그러나 생활양식이 급격히 변화되고 있으며 이러한 변화의 추세 속에서 전통적인 놀이 문화를 간직하고 전수하려는 교육적인 노력이 따르지 않는 한 쉽게 소멸되는 속성을 가지고 있다(이은화 외, 2001). 따라서 각 나라 교사들의 전통유아놀이에 대한 인식을 고려하여 좀 더 교육 현장에서 효율적으로 전통유아놀이를 활성화할 수 있는 방안을 마련해 나가야 할 것이다.

본 연구는 전통놀이를 비교 문화적 입장에서 재조명해 봄으로써 놀이를 발달적 차원에서 연구하던 편협성에서 벗어나 문화적인 관점에서 놀이를 이해하도록 하는 데 도움을 주고자 하였다. 문화적 다양성이 놀이의 기회와 형태에 영향을 주고 또한 다양한 문화적 조건들을 만들어 간다고 볼 때, 놀이와 문화의 관련성을 찾고 의미를 규정하는 일은 무엇보다 필요한 일이라고 할 수 있다. 전통놀이는 문화의 원인인 동시에 결과로 비추어질 수 있다는 점에서 놀이가 갖는 문화 내, 문화 간의 차이를 비교해 보는 것은 전통유아놀이가 어떻게 유치원과 보육시설 교육과정의 중심 부분으로 통합될 수 있는지를 이해하는 데 도움을 줄 수 있을 것이며 학문적 담론과 후속 연구의 활성화에 일조할 수 있을 것이다.

끝으로 본 연구의 제한점을 기초로 하여 추후 연구를 위한 제언을 하면 다음과 같다. 첫째, 본 연구는 한·일 간의 전국적인 현황과 인식을 조사하기 위해 질문지를 통해 연구를 진행하였기에 좀 더 심층적인 분석이 이루어지지 못했다는 제한점이 있다. 따라서 한국과 일본에서 실행되고 있는 전통유아놀이를 심층 면접 및 현장 관찰을 통해 좀 더 심층적으로 비교·고찰하기 위하여 국가 간 협력 연구 체제를 수립하고 비교 문화적인 관점에서 고찰해 나갈 필요가 있다. 이러한 연구 체제를 통하여 그 동안 각 나라에서 독자적으로 수행되어 왔던 이 분야의 연구를 국가 간 상호 영향 및 변화 과정을 중심으로 고찰할 수 있을 것이며 좀 더 심도 있는 자료 수집과 다각적인 분석을 통해 이 분야에 새로운 학문적 담론을 이끌어 낼 수 있을 것이다. 둘째, 각국의 전통유아놀이가 시대에 따라 어떻게 발전되어 왔는지, 가정과 기관에서의 발달 과정의 차이, 할머니와 어머니 세대의 차이, 아기가 태어나면서부터 전통놀이를 통한 모자 상호 작용의 유형, 또래 간 놀이 및 남여 간 놀이와 놀잇감의 차이, 저출산 시대의 소자화 현상 속에서 양국의 전통유아놀이가 어떻게 발달되는지 등에 대한 연구가 앞으로 진행될 필요가 있다. 셋째, 한국을 중심으로 한 동아시아의 새로운 유아교육연구 네트워크를 구축하여 전통유아놀이를 한·일 비교뿐 아니라 동아시아 문화권의 놀이 비교로 좀 더 확장하여 비교 연구가 이루어질 필요가 있다.

≫≫ 참고문헌

고미순(2000). 유아교육기관에서 실시하는 전통놀이 교육 실태에 관한 조사연구. 군산대학교 교육대학원 석사학위 청구논문.

교육부(1992). 제5차 유치원 교육과정. 서울: 대한교과서.

______(1993). 유치원 교사용 지도서: 유아 전통놀이 교육활동 지도자료. 서울: 대한교과서.

______(1998). 제6차 유치원 교육과정. 서울: 대한교과서.

김경희(1987). 전통놀이 프로그램 개발 및 효과에 관한 연구: 유아교육을 중심으로. 대구대학교 교육대학원 석사학위 청구논문.

김광언(1982). 한국의 민속놀이. 인천: 인하대학교출판부.

김유희(2000). 전통놀이 교육에 대한 유치원 교사들의 인식 정도와 활용에 관한 연구. 경남대학교 교육대학원 석사학위 청구논문.

김종만(1993). 아이들 민속놀이 백 가지. 서울: 우리교육.

도유호 · 박시형 · 황철산 · 전장석 · 김신숙 · 문하연 · 홍기문 · 최원희 · 계정희 · 박은용 · 선희창 · 정시경 · 채희국 (1999). 북한 학자가 쓴 조선의 민속놀이. 서울: 푸른숲.

신동주(1998). 유아전통놀이의 현장 적용을 위한 기초연구. 유아교육연구, 19(1), 141-154.

심우성(1998). 한국의 민속놀이. 서울: 대광문화사.

양영미(2002). 유아의 전통놀이에 대한 인식과 현황에 관한 연구. 영남대학교 대학원 석사학위 청구논문.

엄정애(2000). 중국 조선족 유치원 교사들의 한국 전통놀이에 대한 인식 및 적용 실태에 관한 연구. 유아교육연구, 20(2), 53-67.

유안진(1981). 한국 고유의 유아놀이. 서울: 정민사.

______(1990). 한국 전통사회의 유아교육. 서울: 서울대학교 출판부.

이경우 · 이은화(1987). 한국 어린이의 전통적 집단놀이에 관한 조사 연구. 서울: 이화여자대학교 한국문화연구원.

이기현(1987). 아동이 즐길 수 있는 민속놀이에 관한 연구. 어린이연구, 23, 9-27.

이상금(1987). 한국 근대 유치원 교육사. 서울: 이화여자대학교 출판부.

이은화(1989). 전통놀이의 유아교육 현장 적용을 위한 연구. 연세대학교 대학원 박사학위 청구논문.

이은화 · 홍용희 · 조경자 · 엄정애(2001). 한국의 전통아동놀이 고찰. 유아교육연구, 21(1), 117-140.

이종명(1997). 우리나라의 전통놀이. 서울: 배영사.

조기곤(2001). 유아교육기관의 전통놀이활동에 관한 조사연구. 원광대학교 행정대학원 석사학위 청구논문.

지춘상(1980). 아이 놀이. 민족문화대관. 서울: 고대민족문화연구소.
최재용 · 이철수(1999). 우리가 정말 알아야 할 우리 놀이 백 가지. 서울: 현암사.
홍금연(2002). 한국 전통유아놀이에 관한 조사연구. 우석대학교 대학원 석사학위 청구논문.
홍양자(1997a). 한국 어린이가 부르고 있는 일본의 와라베우타. 중앙대 교육논집, 14, 261-276
홍양자(1997b). 빼앗긴 정서 빼앗긴 문화. 서울: 다림.

秋葉英則, 神田英雄, 勅使千鶴, 渡辺弘純(1994). 幼兒とあそび. 東京: 勞働旬報社.
相場大(1976). わらべうた－子どもの遊びと文化－. 大阪: 創元社.
小川清實(2001). 子どもに伝えたい伝承あそび. 東京: 萌文書林.
多田道太郎(1974). 遊びと日本人. 東京: 筑摩書房.
かこさとし(1979a). 日本の子どもの遊び(上). 東京: 青木書店.
かこさとし(1979b). 日本の子どもの遊び(下). 東京: 青木書店.
芸術教育研究所(1985). 伝承遊び事典. 名古屋: 黎明書房.
勅使千鶴(1999). 子どもの發達とあそびの指導. 東京: ひとなる書房.
勅使千鶴(2003). 일본의 보육과 문화와의 결합. 삼성복지재단 제11회 국제학술대회, 어린이와 문화, pp. 123-149. 6월 25일 서울: 성균관대학교 600주년 기념관 새천년홀
無藤隆編(2000). 子どもの遊びと生活. 東京: 金子書房.
村山貞夫(1982). 図解遊びの事典 : 幼兒編. 東京: 明治図書出版
森 洋子(1989). ブリューゲルの子供の遊戲. 東京: 未來社.
守屋毅編(1989). 日本人と遊び. 東京: ドメス出版.
山田　敏(1996). 遊び研究文獻目錄. 東京: 風間書房.
村山智順 編(1992). 조선의 향토오락. 박전열 역. 서울: 집문당. (원전은 1936년에 출판).

Farver, J., Kim, Y., & Lee, Y.(1995). Cultural differences in Korean- and Anglo-American preschooler's social interaction and play behavior. *Child Development, 66*, 1088-1099.
Harris, J. C.(1981). Beyond Huizinga: Relationships between play and culture. In Cheska, A. T. (Ed.), *Play as context*. West Point, New York : Leisure Press.
Huizinga, J.(1993). 호모루덴스: 놀이와 문화에 관한 한 연구. 김윤수 역. 서울: 까치(원전은 1955년에 출판).
Roopnarine, J. L., & Johnson, J. E.(1994). The need to look at play in diverse cultural settings. In J. L. Roopnarine, J. E. Johnson, & F. H. Hooper(Eds.), *Children's playing diverse cultures*(pp.1-8). Albany, NY : State University of New York Press.
Schwartzman, H.(1978). *Transformations : The anthropology of children's play*. New York : Plenum.

| 저 | 자 | 소 | 개 |

이기숙

이화여자대학교 사범대학 교육학과(학령전교육 전공)를 졸업한 뒤
미국 피바디대학교 대학원에서 유아교육을 전공(Ph. D)하였으며,
한국유아교육학회 회장과 OMEP(세계유아교육기구) 한국 회장직을 역임하였다.
현재 이화여자대학교 사범대학 유아교육과 교수와 부속유치원장을 겸임하고 있다.
주요 저서로는 『유아교육과정』, 『유아교육프로그램』, 『유아를 위한 교수 · 학습 방법』,
『유아교육개론』 등이 있다.

정미라

이화여자대학교 사범대학 교육학과(학령전교육 전공)를 졸업한 뒤
프랑스 Caen 대학교 대학원에서 유아교육을 전공(Ph. D)하였으며,
프랑스 파리 제13대학교 객원교수를 역임하였다.
현재 경원대학교 아동학과 교수로 재직하고 있으며,
한국육아지원학회 회장으로 활동하고 있다.
주요 저서로는 『어린이와 멀티미디어』, 『유아건강교육』, 『세계의 영유아 교육제도』,
『유아교육개론』 등이 있다.

엄정애

이화여자대학교 사범대학 교육학과(학령전교육 전공)를 졸업한 뒤
동 대학원에서 유아교육을 전공(Ph. D)하였으며,
배재대학교 유아교육과 교수와 부속유치원장을 역임하였다.
현재는 이화여자대학교 유아교육과 교수로 재직하고 있다.
주요 저서로는 『영유아 놀이와 교육』, 『유아교사를 위한 유아음악교육』,
『유아교육개론』 등이 있다.

청삼아동연구시리즈 20
전통유아놀이의 연구와 실제

초판 1쇄 인쇄 2010년 3월 22일
초판 1쇄 발행 2010년 3월 26일

저　　자 | 이기숙 정미라 엄정애
펴 낸 이 | 김기섭
책임편집 | 태선옥
본문삽화 | 정은숙
펴 낸 곳 | 창지사 www.changjisa.com
121-809 서울시 마포구 대흥동 161
전화 (02) 719-2211~3
팩스 (02) 701-9386
등 록 | 1977년 4월 28일 · 제1-421호

ISBN 978-89-426-0561-3 93370

값 12,000원